# 사람입니다, 고객님

# 사람입니다, 고객님
**콜센터의 인류학**

초판 1쇄 발행 / 2022년 1월 20일

지은이 / 김관욱
펴낸이 / 강일우
책임편집 / 곽주현 홍지연
조판 / 신혜원
펴낸곳 / (주)창비
등록 / 1986년 8월 5일 제85호
주소 / 10881 경기도 파주시 회동길 184
전화 / 031-955-3333
팩시밀리 / 영업 031-955-3399 편집 031-955-3400
홈페이지 / www.changbi.com
전자우편 / human@changbi.com

ⓒ 김관욱 2022
ISBN 978-89-364-7902-2  03300

콜센터의
인류학

김관욱
지음

사람입니다, 고객님

창비
Changbi Publishers

# 프롤로그
# 안녕하세요,
# 콜센터 연구하는 인류학자입니다

대학에 입학한 후 첫 아르바이트를 통해 작지만 내 나름의 용돈을 벌었다. 할머니에게 한껏 자랑하며 "손주에게 필요한 것 아무거나 말하세요"라며 으스댔다. "그럼, 식탁! 쩨쩨한 거 말고!" 그렇게 첫 벌이를 모두 4인용 식탁에 써버렸다. 그 식탁은 여전히 본가 거실에 놓여 있다. 이 오래된 식탁은 우리 가족에게 노동의 기쁨을 배불리 느끼게 만드는 부적과도 같은 존재다. 갓 성인이 된 나에게 노동은 그렇게 삶을 긍정하는 실천이었다. 하지만 그로부터 20여년이 지난 지금, 인류학자로서 내가 마주한 노동은 전혀 다르게 느껴진다. '손전화'는커녕 '집 전화'에 의존해야 했던, 브라운관 TV와 모니터를 사용했던 그 시절이 원시적으로 느껴질 만큼 모든 것이 진일보하고 편리해진 지금, 왜 노동은 많은 이들의 심신을 불편하고 아프게 만들고 있는 것일까. 내가 머무는 아파트 단지에서 택배를 배달하던 40대 남성이 운전석에서 심장마비로 사망했으며, 내가 강의했던 대학교에서는 엘리베이터 없는 건물의 계단을 오르내리며 청소를 하던 50대 후반 남성이 돌연사했다. 조금만 주위를 돌아보아도 '노동이 곧 질병'인 세상이다.

2003년 의과대학 졸업 후 수련의와 전공의를 거쳐 2007년부터 가정의학과 전문의로 진료를 시작했으니 의사 면허증을 가지고 병원 안에서 환자를 마주한 경력이 2020년까지 17년이나 되었다. 이 세월 동안 수많은 노동자를 만났다. 병원 안에서는 질병 때문에 노동이 불가한 환자들을 마주했지만, 병원 밖에서는 노동 때문에 질병이 불가피한 이웃들을 마주했다. 어디서부터 잘못된 것일까. 병원 안에서는 그 해답을 찾을 수 없어 병원 밖으로 나와 현장 연구를 시작했다. 그렇게 30대 중반에 노동과 건강을 연구하는 인류학자의 길로 접어들었다.

'따르릉' 핸드폰 벨소리가 울리면 화면을 확인한다. '02-0000-0000' 핸드폰 화면에 지역번호로 시작하는 모르는 번호가 뜨면 대부분의 사람들은 전화를 받지 않고 익숙하게 종료 버튼을 누를 것이다. 으레 판촉 전화일 것이니 말이다. 그런데 나는 바로 통화 버튼을 누르고 조용히 기다린다. 콜센터 연구자의 직업병이다. 녹음된 여성 목소리가 나오면 전화를 종료하고, 실제 여성 목소리가 나오면 통화를 이어간다. '~요'(요죠체)와 '~다'(다나까체)를 적절히 섞어 리드미컬하게 이야기를 진행하는 상담사의 목소리에 집중하고 전화기 건너의 모습을 상상하며 대화를 나눈다. 그리고 통화를 마칠 때 꼭 '너무 친절하게 설명해주셔서 감사합니다'라고 응답한다. 이렇게 해야 상담사가 추가 점수를 획득할 수 있고 월말 평가에서 높은 등급을 받는 데 유리하다는 점을 알기 때문이다. 2012년 3월부터 지금까지 다양한 분야의 상담사들을 만나고 인터뷰했다. 통신사, 카드회사, 홈쇼핑 업체, 온라인 마켓, 신문사, 보험회사, 은행, 대학교, 공공기관, 리서치 업체, 병원… 그들이 전화기 너머에서 어떤 삶을 살아내고 있는지를 들어왔기에 이제는 모르는 전화번호라도 쉽게 끊을 수 없게 되어버렸다.

"왜 하필 콜센터를 연구하나요?" 참 많이도 들은 질문이다. 첫 시작은 좀 엉뚱할지도 모르겠다. "상담사들이 흡연을 많이 한다고 해서 연구를 시작했습니다." 의사로서 흡연이 여성들 사이에서 확산하는 이유를 밝혀내려 했고, 보건소 등을 통해 콜센터 여성 상담사 중에 흡연자가 많다는 이야기를 들었다. 그렇게 '왜 상담사들은 담배를 많이 피울까?'에 대한 답을 찾고자 석사 시절이던 2012년 처음 콜센터에 방문했다. 여성 흡연자층이 확산하는 하나의 이유를 찾고자 했던 셈이다. 그런데 연구가 끝날 무렵 나는 콜센터가 낮은 임금으로 여성 상담사의 노동력을 사용하면서 이들의 건강을 조금씩 빼앗아가는 것은 물론, 더 나아가 '이상적인 여성상'에 대한 고정관념마저 재생산하고 있다고 느끼게 되었다. 친절하고 공감에 능통하며 순종적인 딸과 아내, 어머니의 모습 말이다. 수화기 너머 상대방이 불친절하거나 짜증과 화를 내도, 상황이 불쾌하거나 어색해도, 조금 무리한 부탁을 해도, 그리고 임금이 많지 않아도 당연히 이해할 수 있는 여성. 그래서 박사과정 때는 좀더 폭넓은 역사적·경제적 맥락 속에서 콜센터 안팎의 현장 연구를 계획했다.

왜 콜센터를 연구하는지에 대한 이후의 답변은 "한국 사회에 콜센터 산업이 등장한 이유는 무엇이고, 이것이 여성 노동자에게 어떤 영향을 끼쳤는지 밝히고 싶다"라고 하겠다. 그렇게 2014년 가을부터 서울디지털산업단지에서 콜센터를 찾아 헤매기 시작했다. 그 결과가 바로 이 책에 담겨 있다. 내가 목격하고 탐구했던 내용들이 제한적일 수 있지만, 2021년 그동안의 연구를 정리하면서 나는 하나의 사실을 인정할 수밖에 없었다. 그것은 여성 상담사의 위치가 많은 경우 한 세대 전 여성 노동자의 지위에서 그리 달라지지 않았다는 점이다. 과거의 공장노동 현장과 달리 현대식 건물 안에서 전자통신기계로 정보를 제공하고 있지만, 여전히 상담사의 노동의 가치를 판단하는 사회의 기준은 여성이 저임금 고강도 노동에 '본능적으로' 적합하다는 편견에서 한발짝도 나아가지 못한 듯 보인다. 정말 그럴 수 있을까 하는 의구심에 조금의 변화라도 찾아보려 했던 나에게 현장은 끊임없이 같은 답을 제시하고 있었다. 어느 여성학자의 표현처럼 '충격적이리만치' 여성 노동자는 오랫동안 저임금 고강도 노동의 현장에서 목격되어왔다.

이 책은 낯선 현장에서의 헤맴과 어색한 첫 만남들의 연속 속에 얻어진 내용들이다. 나는 아무도 관심 없는 소화기처럼 콜센터 구석에 멀뚱히 앉아 있기도 했으며, 업체 관리자로부터 연구 홍보물을 제거하라는 항의 전화를 받기도 했다. 바쁘니 전화로만 이야기하자던 상담사의 사무실에 무작정 찾아가 청소를 도우며 겨우 시간을 마련했던 일도, 점심때 시작한 인터뷰가 늦은 밤까지 이어진 경우도 있었다. 가정의학과 전문의가 된 후 뒤늦게 시작한 인류학 연구였으니 여러모로 부족한 점이 많은 시절이었다. 그런 나를 깊이 성찰할 수 있게 한 몇번의 변곡점이 있었다. 어떤 분은 나에게 한국인이 한국 사회를 연구할 때 인터뷰 몇건만으로 쉽게 글을 써버리는 '꿀단지에서 꿀 찍어 먹기' 식의 연구를 경계하라고 조언해주었다. 그리고 현장에서 마치 모든 것을 파악하고 이해할 수 있다는 듯 지독히 애쓰는 자세가 행여 전지전능한 '구원자적 연구자'라는 착각에 빠지게 할 수 있음을 경고하고 타인의 위치에서 절대로 이해 불가능한 영역이 존재한다는 것을 일깨워준 분도 있었다. 한국인인 내가 정말 열심히만 한다면 알아내지 못할 것이 없다고 어깨에 잔뜩 힘만 들어갔던 나에게 현장에서 만난 수많은 이들이 모두 크고 작은 스승이었다.

인류학자가 걷는 여정의 끝은 글쓰기다. 그 결과물을 흔히 민족지ethnography 혹은 문화기술지라고 부른다. 현장연구fieldwork는 결국 민족지에서 끝난다. 2012년에 시작된 콜센터 현장연구도 글을 쓰는 지금 이 순간 마무리되고 있는 셈이다. 민족지는 그 자체로 하나의 글쓰기 장르라 볼 수 있으며, 인류학자는 곧 저자의 위치에 있다. 미국 문화인류학의 아버지로 불리는 해석인류학자 클리퍼드 기어츠Clifford Geertz는 작가writer에게 글쓰기가 타동사(어떤 목적을 위한 수단)라면, 저자author에게 글쓰기는 자동사(그 자체로 목적)라고 보았다. 즉 저자로서의 인류학자는 현장에서 보고 겪은 이야기들을 '어떻게 쓰는가'라는 문제를 해결해야만 한다.[1]

그렇다면 나는 이 콜센터 민족지를 쓰며 어떤 저자이기를 바라는 것일까? 우선 아무리 오랜 기간 콜센터를 연구했어도 당사자들을 온전히 대변하는 저자는 못 될 것이다. 실제로 인류학계에서는 1980년대 중반 이후 민족지가 '부분적 진실'partial truth[2]만을 담을 뿐이라는 논의가 있었다. 내 경우도 상담사들의 기쁨, 슬픔, 분노가 담긴 대화 내용을 글자 그대로 옮기는 것이 아니라 그 감정을 어떻게 글로 생생히 표현해낼 수 있을까 끊임없이 고민했다. 마침표, 쉼표 하나까지 진실되기 위해 노력했다. 따라서 내가 콜센터 민족지를 써왔던 그동안의 여정은 온전히 배움의 과정이었다. 영국의 인류학자 팀 잉골드Tim Ingold의 표현처럼 인류학이란 "사람 속에서 사람과 함께하는 철학"이며, 이것의 가장 큰 목표는 "참여적 관찰을 통해 배우는 것"이라는 데 전적으로 동의한다.[3] 현장연구 이후 부족한 부분을 계속 학습했고, 글쓰기 과정을 통해 인류학자로서의 온전한 모습을 찾아갔다. 그 최종 결과물인 이 책이 비록 부분적 한계가 있을지라도 독자에게 어떤 의미와 가치를 전달할 수 있다면, 그것은 나에게 기꺼이 자신들의 삶을 보여주고 이야기해준 여러 상담사들의 분투 덕분이라고 말하고 싶다.

이 책의 모든 장은 그 같은 배움의 흔적이다. 구체적으로 1장 '공순이에서 콜순이로'는 박사 시절 현장연구 초기에 서울디지털

산업단지를 헤매며 콜센터를 찾아다니던 시기에 보고 듣고 기록한 내용을 담았다. 1970, 80년대 소위 '공순이'로 불리던 여공의 삶이 50여년이 지난 2010, 2020년대 현재 콜센터 여성 상담사(자신들을 공순이에 비유해 '콜순이'로 부르기도 한다)의 삶과 과연 얼마나 달라졌는지를 다룬다. 2장 '담배 연기 속 한숨들의 무덤'에서는 콜센터의 담배 연기를 과거 공장 굴뚝의 연기에 비유할 정도로 여성 상담사들의 흡연율이 높은 원인을 현장에서 찾아본다. 3장 '감정 이상의 노동 현장, 콜센터'는 콜센터 현장에서 상담사들이 구체적으로 어떤 노동 환경에서 고객과 상사, 그리고 동료와 갈등을 겪으며 지내는지를 생생한 경험담을 중심으로 소개한다. 4장 '어느 상담사의 하루'에서는 중년의 여성 상담사를 중심으로 개인이 겪은 콜센터 경험을 밀도 있게 다룬다. 5장 '코로나19 팬데믹이 들춰낸 콜센터의 현주소'에서는 팬데믹 상황으로 인해 상담 업무량이 폭증하고 집단감염의 위험에 처하는 등 극적으로 변화한 노동 환경에서 상담사들이 어떤 어려움에 직면해 있는지를 보여준다. 6장 '상담사들의 노동운동 도전기'는 콜센터 상담사들이 직접 노동조합을 조직하여 고용주 측에 대항하는 과정을 담았고, 7장 '일단 몸부터 펴고 이야기합시다'는 상담사들 사이에서 스스로 자신의 몸을 돌보기 위해 실천하는 생활운동을 소개한다. 마지막으로 8장 '사이버타리아의 시대, 콜키퍼의 탄생'은 일찍이 콜센터가 발달하고 관련 연구도 많이 진행된 영국과 인도의 콜센터 사례를 검토하고 이를 한국의 사례와 비교·분석하여 콜센터 산업과 여성 노동자의 현실을 폭넓은 시각으로 조망한다.

끝으로 누군가 "왜 콜센터 인류학 책을 쓰려 했나요?"라고 묻는다면, 나는 지고 싶지 않은 마음 때문이라고 답하고 싶다.[4] 내가 지고 싶지 않은 대상은 폭언을 하는 고객도, 강압적인 상사도, 외면하는 동료들도 아니다. 이러한 개인들을 점차 확산하게 만드는 사회와 문화에 지고 싶지 않다는 뜻이다. '직업에는 귀천이 없다' '행복은 성적순이 아니다'라는 말이 오히려 폭력적으로 들리기도 하는 이 사회에서 콜센터를 붙잡고 대항하고 싶었다. 연구를 진행해오면서 힘든 고통을 겪는 이들을 만나고, 때로는 정말 안타까운 선택을 한 이야기를 전해 들으며 연구자로서 큰 무력감에 좌절하기도 했다. 그렇지만 이렇게 지고 싶지는 않았다. 내가 콜센터 상담사들을 만나면서 느낀 한국 사회는 영국의 사회학자 리처드 세넷Richard Sennett의 지적처럼 "우리가 왜 인간적으로 서로를 보살피며 살아야 하는지 그 소중한 이유를 제시해주지 못하는 체제"[5]처럼 느껴졌다. 적어도 내가 목격한 범위 안에서는 홀로 분투하며 자립하는 개인들, 그럼에도 함께 연립하는 개인들이 혼재되어 불안한 균형을 유지하고 있는 듯 보였다(이런 내 생각이 틀리기를 바란다). 이런 현실 속에 우리가 공유하는 '문화'라는 것이 실체로서 존재한다면, 인류학자로서 나는 정말로 지지 않고 그 문화를 파헤치고 싶었다. 이제 그 여정으로 여러분을 초대한다.

# 차례

# 콜센터의
# 탄생

**1**

# 1장
# 공순이에서 콜순이로

## 여성 노동자의 흔적을 찾아

"자, 그럼 이제 어디로 가지?"

현장연구를 나서기 전 던진 첫번째 질문이자 모든 인류학자의 큰 난제 중 하나다. 콜센터를 연구하겠다고 결심했지만, 막상 어디서부터 시작해야 할지 막막했다. '도대체 어디로 가야 콜센터를 찾고 여성 상담사를 만날 수 있을까?' 무작정 밖으로 나갔다. 물론 내 나름의 목적지는 있었다. 바로 서울디지털산업단지(이하 디지털단지)다. 1960년대 중반부터 수도권 지역 수출산업공단의 핵심 장소였던 구로공단이 1990년대 후반부터 서울디지털산업단지로 전환되었다. 1970, 80년대 각종 공장에서 수많은 젊은 여공이 육체노동을 했던 곳이 디지털 정보 중심의 산업단지로 바뀌면서 다수의 콜센터 업체들이 입주하기 시작했다. 나에게 디지털단지는 콜센터 여성 상담사들의 현실을 과거 여성 노동자들의 경험과 비교할 수 있는 더할 나위 없이 좋은 출발점이었다.

막막한 여정이었지만 디지털단지를 첫 목적지로 정하게 된 데에는 두편의 기사가 큰 자극이 되었다. 첫 기사는 『프레시안』에 게재된 2012년 한국비정규노동센터 '비정규노동 수기 공모전' 수상작으로, 노동자 권리 찾기 사업단 '노동자의 미래' 김희서 사무국장이 사업단에 걸려온 상담 전화를 소개한 글이다. 「'현대판 여공'들이 월 100만원에 밤샘하는 구로공단」이라는 기사의 제목처럼 예전 구로공단 시절 여공으로 일했던 중년의 여성이 지금도 디지털단지에서 비정규직으로 일을 하고 있었다. 그녀는 대학을 졸업한 자녀가 계약직으로 2년을 근무하다가 정규직 전환을 앞두고 해고된 일을 토로하며 '노동자의 미래'에 상담을 요청했다.[1]

"우리 아이가 너무 힘들게 일을 하는데요. 너무 억울해서 전화를 걸었습니다. 새벽에 나가서 밤 10시가 넘어서까지 야근을 하고, 불쌍할 정도로 열심히 일을 하는데 정규직 시켜준다고 해놓고서 근무한 지 2년을 바로 코앞에 두고서 이제 그만 나오라고 하네요. 이건 아니지 않습니까? (…) 저도 독산동에서 일을 합니다. 처녀 때 구로공단 봉제공장에서 일했었고, 애 키운다고 일 안 하다가 어느정도 키우고 나서 삶이 쪼들려서 다시 이곳에서 일을 합니다. 그때나 지금이나 별반 달라진 건 없습니다. 그래도 나는 그냥 조금이라도 살림에 보탬이 되려니 해서 일하는 거니 사대보험도 없고, 보너스도 없고, 공장 사정에 따라서 어떤 때는 일 나오라고 하고 어떤 때는 기약도 없이 갑자기 쉬라고 해도 참고 일할 수 있습니다. 한달에 80만원 받을 때도 있고, 야근도 하고 그러면 100만원 받을 때도 있고 해도 참고 일할 수 있습니다. 그런데 대학도 졸업하고 이제 꿈과 자기 계획도 갖고 일하려는 애들한테까지 이렇게 하는 건 절대 아니죠. 그렇지 않나요?"

또다른 기사는 2014년 9월 17일 『한겨레』에 게재된 「50년 전에는 '공순이'… 지금은 '비정규 인생'」이라는 제목의 글이었다. 40여명의 노동자가 '50년 전에는 공순이 인생, 50년 후에는 비정규 인생'이라고 쓴 팻말을 들고 과거 구로공단 시기 혹독했던 노동 환경이 오늘날까지 전혀 개선되지 않았음을 강조하며 항의시위를 벌였다. 이 기사의 주인공 역시 실제 구로공단에서 일했던 여공이다. 연구를 진행하며 이날 시위에 참여한 오숙자씨를 이후 영화 시사회, 전시회 등에서 만날 기회가 있었고, 이를 계기로 직접 인터뷰를 진행하기도 했다.[2] 그녀 역시 '독산로107길 봉제거리' 하청 봉제공장에서 일하며 '비정규직 인생'으로 살고 있었다.

주목할 점은 노동자들이 이런 시위를 한 날짜와 장소다. 2014년 9월 17일, 디지털단지 내 한국산업단지공단. 바로 박정희정부 때 시작된 구로공단 50주년을 축하하는 자리였으며 박근혜 당시 대통령이 참석한 행사였다. 이들의 외침을 확인한 후 지금의 여성 노동자의 삶을 이해하기 위해서는 반드시 한 세대 전 여공의 삶부

세월호 특별법 제정

# 50년 전에는 공순이 인생
# 50년 후에는 비정규 인생

1-1 구로공단 50주년 기념행사에서 노동자들이 팻말을 들고 항의시위를 하고 있다.

터 출발해야 한다는 생각이 더욱 확고해졌다.

두편의 기사 외에 객관적인 연구 결과도 한몫했다. 2013년에 금천구청에서 발간한 디지털단지 내 여성 서비스직 종사자 건강실태조사[3] 결과를 확인한 나는 완전히 마음을 굳히게 되었다. 디지털단지는 서울시 구로구 구로동에 1단지, 구로구 가리봉동에 2단지, 금천구 가산동에 3단지가 있는데, 2012년 디지털단지 중 3단지인 가산동을 중심으로 일곱개 업종(전자산업, 의류 제조업, 콜센터 보유 업종, 정보통신업, 의류 판매업, 건물 청소업, 음식업)에 종사하는 여성 노동자의 건강실태조사를 시행했다. 그 결과 콜센터 상담사가 우울증 유병률 27.1%, 근골격계 질환 의심 유병률 31.3%, 흡연율 26.0%로 모든 질병에서 가장 높은 유병률을 보였다. 이런 결과의 이유가 궁금했다. 당시 설문지를 돌리고 인터뷰를 진행한 연구자들을 만나서 이야기를 듣고 싶었고, 또 어떻게 디지털단지 내에서 상담사와 접촉할 수 있었는지 노하우도 얻고 싶었다(물론 뒤에서 이야기하겠지만 그 어떤 노하우도 존재하지 않았다는 것을 오래지 않아 깨달았다). 이런 실낱같은 희망을 품고 디지털단지로 향하게 되었다.

그런데 정말 운명적이게도(나는 지금도 이렇게 믿고 있다) 내가 현장연구를 시작한 2014년은 구로공단 50주년이 된 해였다. 구로공단 조성의 근거법인 '수출산업공업단지개발조성법' 제정일인 1964년 9월 14일을 기준으로 2014년 9월 14일이 정확히 50년이 되는 때였다.[4] 갖가지 행사들이 개최되고 한국의 산업 근대화를 위해 헌신한 여공들의 땀과 희생을 칭송했다. 이를 상징하는 조형물이 바로 '수출의 여인상'이다([사진 1-2] 참조). 서울 지하철 2호선 구로디지털단지역에 내려 붐비는 식당 골목길을 지나 조금만 가면 빌딩 숲 사이에 서 있는 수출의 여인상을 볼 수 있다. 2014년 새로이 색을 입히고 지금의 자리인 한국산업단지공단 건물 앞에 놓인 이 철의 여인은 오른손에는 횃불을, 왼손에는 당시 주된 수출 분야였던 섬유산업을 상징하는 둥근 실타래를 들고 있다. 조각상 아래에는 여공들이 '희생'한 것에 대한 설명이 기록되어 있다.

이곳이 '한강의 기적'으로 대변되는 고도성장과 수출 성과를 얻기까지 수많은 여성 근로자들의 헌신적인 땀과 노력이 있었기에 가능했

1-2  수출의 여인상.
1-3  수출의 여인상 옆에 세워진 '신산업의 터전' 기념비.

습니다. 여인상은 1970년대 당시 산업화와 수출의 역군이자 구로공단의 주인공이었던 수많은 여성 근로자의 열정과 헌신 그리고 미래를 향해 나아가는 진취적인 기상을 형상화하였습니다.

— 한국산업단지공단

여성 근로자의 열정과 헌신이라! 정말 자발적인 열정과 헌신일까. 혹은 그 같은 칭송을 발판 삼아 고위직 공무원들이 자화자찬을 하려는 것은 아닐까. 신경숙 작가의 소설 『외딴방』(문학동네 1999)은 10대 여공의 삶을 생생히 들여다볼 수 있는 작품이다. 이 소설에서 나는 10대 여공의 삶이 강요된 헌신, 혹은 어쩔 수 없는 차악의 선택 정도로 읽혔다. 소설을 읽으며 적어놓은 필드노트만 보아도 생생히 느껴진다. '보건체조, 산업역군, 군대 내무반, 도시로 나오니 하층민, 노조 가입 안 돼, 납 중독, 저임금, 공순이, 이런 게 바로 수치야, 시골은 자연이 상처이지만, 도시는 사람이 상처다, 남자는 아이를 떼라, 똑같은 자세로 일어난다…' 구로공단의 주인공이라 칭송받는 여공들이 기념식 자리에 초청받지 못하고, 오히려 팻말을 들고 시위를 해야만 했던 이유는 무엇일까. 나는 '도시는 사람이 상처다'라는 말을 이해하고 싶었다. 콜센터 상담사들이 마주한 현실도 이렇지 않을까. 감사하게도 이런 의문을 간접적으로나마 해소할 곳이 마련되어 있었다. 디지털단지 안에 있는 구로공단 노동자 생활체험관, 내가 향한 첫번째 필드였다.

## 구로공단 노동자 생활체험관, 그곳에서 목격한 과거

서울 지하철 7호선 가산디지털단지역에 내려 2번 출구로 나와 목적지인 구로공단 노동자 생활체험관으로 향했다. 지하철역 출구를 나와 조금 걷다보니 눈에 띄는 현수막이 있었다. '여성안심 동행 귀가 서비스.' 어두워진 밤길을 지나가야 하는 여성 직원이 많다는 사실을 간접적으로 알려주는 현수막이었다. 도로변을 빼곡하게 점령한 술집들이 왜 이런 현수막이 걸리게 되었는지를 조금은 짐작게 했다. 현수막 옆쪽에 높이 쌓인 빈 박스 더미들이 묘한 대비를 이루었는데, 당시 한 할머니가 열심히 그 종이박스들을 수거하고 있었기 때문이다. 젊은 여성의 밤길이 위험한 곳, 그리고 노년 여성의 생활이 위태로운 곳. 구로공단 노동자 생활체험관으로 가는 길목에서 많은 생각이 교차했다.

구로공단 노동자 생활체험관은 지하철역 출구에서 그리 멀지 않았다. 2층짜리 가정집을 개조해 만든 생활체험관은 '가리봉상회'라는 옛 구멍가게까지 재현해놓았다. 체험관에는 다양한 사진과 옛 기사들이 전시되어 있었다. 그중 당시 여공들이 머물던 '닭장집'이라고 불린 월세방 골목 사진이 있었다. 두평도 채 안 되는 방에서 서너명씩 함께 거주하고, 그래서 한집에 무려 60여명이 머물던 곳. 닭장집 안에는 보통 비키니 옷장(조립식 임시 옷장), 3단 옷장, 흑백 텔레비전, 쓰레기통 등이 있었고, 키가 150센티미터 정

1-4 구로공단 노동자 생활체험관.

도 되는 여성 세명이 눕기에도 자리가 좁아 보였다. 그 좁디좁은 닭장집이 지금은 미로와 같은 구조를 한 주택으로 변모되었다(이 곳에는 현재 조선족과 이주노동자들이 거주한다고 한다).

전시된 여러 사진 중 눈길을 끈 것은 다 타고 재만 남은 연탄들이 탑을 이룬 사진이었다. 고된 노동으로 지친 몸이 저 연탄 하나 하나에 기대어 한밤의 추위를 버텼겠구나 하는 감상과 함께, 밀폐된 작은 공간에서 몸을 녹여주는 연탄이 쉽사리 죽음의 가스로 돌변할 수 있다는 가혹한 현실을 떠올리게 해주었다. 담벼락 밑 연탄재들 하나하나에는 젊음이 소진된 우울한 가슴들이 깃들어 있는 듯했다. 그래서인지 체험관 안에 적힌 김사이 시인의 시 앞에 발걸음이 오래 머물렀다.

가리봉오거리 가는 공장들 담 아랜

우울한 가슴들이 다 모였다

담벼락에 달라붙어 눌은 먼지들 빈 담뱃갑

썩은 나뭇잎 비닐봉지 팔다리는 물론, 머리 없는 나무들

한겨울 매일같이 옷깃 세우고 지나다닌 길

아무것도 보지 않고

그저 그러려니 사는 게 그러려니 하면서

— 김사이 「초록눈」 부분[5]

 

 

체험관에는 노동자로서 자신의 위치를 각성하고 목소리를 내게 된 여공들의 사진도 전시되어 있었다. 머리에 '단결' 띠를 두르고 자신들의 목소리를 힘껏 외치는 모습들이 이전 사진들과는 사뭇 다른 풍경이었다. 1970년 11월 13일, 서울 청계천 평화시장에서 재단사로 일하던 스물두살 전태일이 "근로기준법을 준수하라! 우리는 기계가 아니다!"라고 외치며 화염 속에서 생을 마친 이후 그동안 존재하지 않았던 것처럼 무시되었던 열악한 노동 현실이 정치적 관심을 얻게 되었다. 구로공단의 여공들 역시 1970년대 시민단체나 도시산업선교회 등을 통해 자신들이 처한 현실에 눈을 뜨게 되었고, 유신정권이 물러난 1980년대에 들어서자 본격적으로 자체적인 노동운동을 펼쳤다. 그것이 1985년 구로동맹파업[6]의 실행으로 표출되었다. 이 동맹파업은 '한국전쟁 이후 최초의 동맹

파업'이라는 평가를 받는다.

체험관의 벽 곳곳에는 이곳에 방문한 학생들이 그린 그림들이 전시되어 있었다. 그중 눈에 띄는 그림이 두개 있었는데, 첫번째 그림은 어느 중학생의 작품이다. 다친 손가락을 감고 있는 밴드와 투박한 두 손. 그 두 손이 정성스럽게 떠받치고 있는 것은 미래를 표상하는 최첨단 디지털 건물들이다. 뚜렷이 구분된 과거와 미래, 그 중간에 거친 두 손이 들어갈 수 있는 미래는 없는 것처럼 보인다. 고가도로 너머 디지털 시대에 살면서도 여전히 과거에 머무르고 있는 노동자의 현실을 보여준다고 할까? 건물들 뒤로 오색찬란한 무지개 빛깔을 그려넣은 것은 그래도 희망을 이야기하려고 한 것인지 모르겠다.

두번째 그림은 한 고등학생의 작품이다. 만화 같은 이 그림은 제복을 입은 인물과 미싱을 돌리며 눈물을 흘리는 인물의 대비가 눈길을 사로잡았다. 제복을 입은 인물이 손에 든 것은 수학책이다. 두 인물이 서로 아는 사이라면, 그렇다면 상상해보건대 제복을 입은 인물은 공부를 해서 출세한 오빠 혹은 남동생, 미싱을 돌리는 인물은 이를 뒷받침하기 위해 공장에서 돈을 벌어야만 했던 여동생 혹은 누나일 것이다. 이들이 어떤 관계이든 간에 이 그림은 여공이 흘리는 눈물로 시선을 붙잡기 충분했다. 어떠한 의도였는지는 모르겠지만 배경이 공장 안이 아니라 공장 밖 차가 보이는 도로변이라는 것도 인상적이다. 여공의 삶은 감출 곳 없이 만천하에 노출되고 그 부끄러움은 숨길 곳이 없다. 왼쪽 구석에 놓인 가발

1-5 구로공단 노동자 생활체험관에 전시된 한 중학생의 작품.

1-6 구로공단 노동자 생활체험관에 전시된 한 고등학생의 작품.

쓴 마네킹 얼굴 두개가 기댈 수 있는 유일한 친구인 듯 보여 슬프다. 청소년들의 눈에 비친 부모세대의 자화상은 이러했다.

체험관 2층에 가면 구로공단과 관련된 기록물을 상영하는 영상관이 있고 그 뒤에는 '제1회 수출의 날'을 기념하는 '오백만불 수출의 탑'이 여공 모형과 함께 재현되어 있다. 방문객들이 기념사진을 찍는 곳이란다. 마지막 관람 장소인 이곳에서 나는 기념사진보다는 한쪽 벽에 새겨진 김사이 시인의 시 「사랑은 어디에서 우는가」에 시간을 빼앗겼다. 한참을 되뇌며 읽어보았다. 어디 하나 쉽게 넘어갈 수 있는 문구가 없었다. 제목을 왜 '사랑은 어디에서 우는가'로 정했을까 끊임없이 생각해보았다. 도망가는 발길을 멈추게 한 울음소리, 그게 사랑이었나보다. 그곳에 머문.

재개발도 안 되고 철거만 가능하다는 곳
삶이 문턱에서 허덕거린다
햇살은 아무것이나 붙들어 들어갔다 뺐다 하고
선과 악이 날마다 쌈박질하며
그 속으로 더욱 궁둥이를 들이밀고
달아나려 매번 자기를 죽이면서도 눈을 뜨는
내 바닥 불륜의 씨앗이 작은 방죽처럼 둥그렇게 모여 있는
닭장촌, 정착지도 모르고 날아들었다가
가로등 불빛에 타죽어가는 날벌레 목숨 같은
오누이가 사랑을 하고 사촌오빠가 누이를 범해 애를 낳는 그곳

온몸 짙푸른 얼룩을 감추기 위해 더워도 옷을 벗지 않는

엄마가 얇은 시멘트 벽 옆집 남자랑 도망가 없어도

어른이 되어가는 그곳

수많은 세대들이 서너 개의 공동화장실을 들락거리는 그곳

문밖에 버려진 작은 화초들, 으깨진 보도블록에서 솟아나는 풀들

바닥 틈 속에서 살랑살랑 흔들리고 있다

간혹 보일 듯 말듯 한 꽃도 토해놓고


나 도망가다 멈춰 선 그곳

— 김사이 「사랑은 어디에서 우는가」 전문[7]


## 구로공단 노동자 생활체험관에서 목격한 현재

체험관을 방문한 날 우연히도 정말 소중한 경험을 하게 되었다. 그날 동남아시아 여성 관료들이 체험관에 견학을 온 것이었다. 체험관 관리자가 한국어로 설명하면 동행한 통역이 말을 옮겨주는 식으로 견학이 진행되었다. 나는 그 모습을 옆에서 지켜보면서 과연 이 타국의 관료들이 이곳에서 무엇을 보고 느꼈을지 궁금했다. 그들이 관심 있어 하는 것은 과거 여공의 고달픈 삶이었을까, 아니면 이들의 희생이 바탕이 된 오늘날 한국의 모습일까. 만일 방점이 현재에 찍혀 있다면, 그들에게는 흑백사진 속 여공의 절규 역

시 국가 근대화 혹은 사회의 진보를 위한 불가피한 대가로 여겨졌을지 모르겠다. 설명을 듣는 관료들의 얼굴에 가끔씩 미소가 번지는 것을 보고 간접적으로나마 그들이 무엇을 듣고자 하는지를 예상할 수 있었다. 이곳은 한국의 근대를 미화하고 한강의 기적 이데올로기를 수출하는 또다른 무역의 현장이었다.

이 뜻밖의 만남이 나에게는 어딘가 모르게 불편함으로 다가왔다. 그것은 1970, 80년대 한국에서 벌어졌던 외국계 기업의 후진국 여성 노동자 착취의 역사[8]가 이제는 한국 기업들에 의해 인도네시아, 방글라데시, 캄보디아, 베트남 등 동남아시아의 여러 국가에서 똑같이 반복되고 있다는 사실 때문이다. 동남아시아의 여성 관료들이 이곳에서 해야 할 일은 한국이 어떻게 여성 노동력을 통해 오늘날의 산업 근대화를 이룩했는지 알아내기보다는 왜 한국의 기업들, 특히 여성노동집약적인 섬유회사들이 자신들의 나라에서 여성 노동력을 착취하는지에 대한 문제 제기가 아닐까 싶었다.

이 같은 불편함은 2014년 캄보디아 봉제공단에서 울린 총성에 대한 기억이 나의 몸을 더욱 예민하게 만든 탓이기도 했다. 사건은 2014년 1월 3일 캄보디아 카나디아 봉제공단 지역에서 발생했다. 임금 인상을 요구하는 현지 여공들의 외침에 사측이 인근 공수부대를 앞세워 무력 진압으로 대응했고, 그 결과 노동자 다섯 명이 사망했다. 이 사건이 당시 한국 언론의 주목을 받은 이유는 첫째 사건에 현지 한국 기업이 개입되어 있었기 때문이며, 둘째 캄보디아 현지 여공들이 일하는 장면이 한국의 1970, 80년대 봉제공장의 풍경을 연상시켰기 때문이다. 일렬로 늘어선 재봉틀과 머리에 스카프를 쓴 여공들의 모습이 체험관에 전시된 사진 속 한국의 여공들과 너무 닮아 있었다. 저임금, 장시간 노동, 열악한 근무 환경, 벌집 같은 숙소까지도 구로공단과 판박이였다.

　캄보디아의 여공들 그리고 구로공단 노동자 생활체험관에서 만난 동남아시아 여성 관료들에 대한 기억은 그뒤로 꽤 오랫동안 내 머릿속에 남았다. 시간과 장소는 다르지만 역사가 자본의 흐름 앞에 반복되는 듯 보였기 때문이다. 나중에 한 영화 시사회에서 이러한 피상적인 감상을 재차 확인하게 되었다. 구로구청과 금천구청이 구로공단 50주년 역사 세우기로 바쁠 때, 다른 쪽에서는 구로동맹파업 30주년을 기념하는 행사가 열리고 있었다. 이 기념행사의 일환으로 한국 여성 노동자의 삶을 추적한 임흥순 감독의 다큐멘터리 영화 「위로공단」(2014)의 비공개 상영 자리가 마련되었다. 이 자리에서 나는 실제 1985년 구로동맹파업의 주인공들을 만날 수 있었고, 그중 한명에게서 영화 속 캄보디아 봉제공장 여공들에 대해 "캄보디아 아이들 얼굴을 보니 옛날 우리와 다를 바가 없더라. 저 여공들이 앞으로 겪어야 할 일들에 걱정이 앞선다"라는 소회를 들을 수 있었다. 그녀의 생생한 증언처럼 캄보디아의 현재는 한국의 과거와 연결되어 있으며, 캄보디아가 꿈꾸는 미래는 한국의 현재, 디지털단지에서 진행 중인 듯하다.

## 여공, 타이밍 그리고 결핵

체험관 전시물을 살펴보던 중 나의 시선을 사로잡은 오래된 신문기사가 있었다. 기사 중간에 조금 큰 글씨로 "잠 안 오는 약藥 먹여 일 시키는 업주業主도"라고 쓰여 있었다(〔사진 1-7〕참조). 여기서 지적하는 약이란 바로 고농도의 카페인이 함유된 '타이밍'이라는 각성제다. 타이밍은 여공들 사이에서 일종의 '드러그 푸드'drug foods처럼 이용되었다. 미국의 인류학자 시드니 민츠Sidney Mintz는 노동력과 관련된 식품이나 약물을 드러그 푸드라고 불렀다. 민츠는 19세기 산업자본주의와 식민지 정책이 태동할 당시 노동자 계층이 담배를 커피, 홍차, 초콜릿, 설탕과 함께 일종의 '드러그 푸드'로 즐겨 사용하게 되었고, 그 이유로 '대용 식품'으로서의 가치를 꼽았다. 그는 "알코올이나 담배처럼 그것들은 현실을 잠시 잊도록 만들어주고 배고픔의 고통을 일시적으로 마비시켜준다. 커피나 초콜릿이나 홍차처럼 그것들은 영양분 공급 없이 더 큰 노동력을 불러일으킨다"라고 설명했다.[9] 실제로 타이밍은 여공의 삶을 다룬 기사와 영상물 등에서 빠지지 않고 등장하는 단골 소재였다.

"수출 선적 날짜에 맞춰야 한다고 보름씩 집에 안 보내고 야근을 시켰어요. 각성제인 **'타이밍'**을 쌓아놓고 비타민처럼 먹도록 했죠. 그거 많이 먹으면 손이 덜덜 떨리고 코가 빨개지는 등 부작용이 컸어요. 타

1-7　노동자들의 열악한 노동 환경을 지적한 신문기사.

**이밍**으로도 안 되면 추운 겨울에 문을 활짝 열어놔요. 그래도 졸리니
까 미싱에 머리를 부딪치고 바늘에 손가락을 찔리곤 했죠."

— 영등포 도시산업선교회 인명진 목사[10]

사장님네 강아지는 감기 걸려서 포니 타고 병원까지 가신다는데 우
리들은 **타이밍 약** 사다 먹고요. 시다 신세 면할 날만 기다리누나.

— 노래를 찾는 사람들 '야근'(김민기 작사) 부분

당시 여공들의 장시간 노동은 한국의 노동집약적 산업의 핵심
경쟁력이었다. 잔업은 물론이고 철야 작업까지 자주 이어지다보

1-8 크라운제약에서 제조했던 카페인 각성제 타이밍.

니 졸음을 쫓아내는 일은 노동력 유지를 위해 필수였다. 1984년 구로공단 대우어패럴에서 일했고 구로공단 50주년 항의시위에도 참여했던 오숙자씨는 당시 자신이 겪었던 장시간 노동에 대해 다음과 같이 설명했다. "한달에 두번만 쉬고 일했다. 야근은 기본이었는데 밤 10시까지였다. 철야를 할 때는 새벽 2시까지 했다. 그리고 토요일에는 무조건 일요일 아침 6시까지 철야를 했다."

그녀 역시 앞의 기사 내용처럼 타이밍을 비타민인 양 먹으면서 일했고, 타이밍마저 없을 때는 쓴 커피 가루를 그냥 숟가락으로 퍼서 먹었다고 한다. 이렇게 해서라도 졸음을 쫓아내려 한 이유는 잠깐 조는 사이 재봉틀 바늘에 손톱이 찔린다든지 프레스에 눌려 손이 '오징어'가 된다든지, 심지어 업무에 따라서는 꾸벅하는 사이에 기계에 말려들어가 죽을 수도 있었기 때문이다. '각성된 여공의 몸'이란 밤새 쉬지 않고 돌아가는 기계의 부속품과 다를 바가 없었다. 이름이 아닌 번호, 예를 들면 '평화시장 7번 시다'[11]로 불렸던 여공의 현실이 바로 그 증거가 아닐까 싶다. 그것도 사고로 부서지면 버리고 새것으로 갈아 끼우면 그만인 저렴한 일회용 부속품 말이다. 당시 자료들을 살펴보니 산업재해는 여공들이 벗어날 수 없는 굴레였다.

"일주일에 평균 2~5명 정도 산재 환자를 치료했어요. 그런데 대개 다친 환자들은 산재라고 생각하지 못했어요. 자기가 잘못해서 다쳤다고 생각해서 오히려 동료들에게 다친 것을 미안해하고 죄스러워했어요. (…) 그때 사람들은 일하다 다친 것을 산재라고 생각하지 못했고, 또 대부분 산재로 인정받지도 못했어요. 흔히 자기 개인 돈으로 치료를 했죠. (…) 그때 약 10%만 공상公傷으로 처리했던 것으로 보고되었어요. 산재가 엄청나게 많은데 전혀 알려져 있지 않았고, 노동자 스스로도 산재라고 자각하지 못했던 게 가장 안타깝죠."

— 의사 양길승[12]

실제 가리봉오거리에서 1985부터 1986년 사이 '우리의원'을 운영했던 의사 양길승은 당시 여공들의 열악한 업무 환경을 증언했다. 여공들은 타이밍을 밥 먹듯 먹어도 과도한 장시간 업무에 의

한 산업재해를 피할 길이 없었다. 더욱이 당시에는 산재라는 개념조차 잘 알려져 있지 않았다. 양길승은 당시 많은 노동자들이 프레스에 손가락이 잘려서 왔으며, 도금공장에서 크롬에 중독되어 코안에 구멍이 뚫린 환자도 있을 정도였다고 말한다. 1981년에 노동자의 안전과 건강을 확보하고 쾌적한 작업 환경의 형성을 촉진할 목적으로 산업안전보건법이 제정되었지만, 노동 환경은 양길승의 진술처럼 열악하기만 했다. 특히 1980년대 들어 중공업이 집중 육성되면서 여공들의 중금속 중독 사례가 지속적으로 발생했고, 그중 대성전기의 톨루엔 중독, 오리엔트전자의 집단 수은 중독 사례가 대표적으로 알려져 있다.[13] 양길승은 당시 이 같은 산업재해 이외에도 제대로 된 위생 개념이 확산되지 않아 치아 관리를 소홀히 해 20대 나이에 틀니를 해야 하는 환자들도 많았으며, 여성의 경우에는 특히 피임 교육을 제대로 받지 못해 소파수술을 받는 경우도 생각보다 많았다고 이야기한다.

여공의 몸을 고통스럽게 만든 또다른 질병은 바로 결핵이었다. 봉제공장에서 일하던 수많은 여공은 결핵이라는 질병 앞에 무력하기만 했다. 당시 널리 불렸던 민중가요 가사에도 '폐병 3기' '폐병쟁이'라는 표현이 명시되어 있을 정도였다. 심지어 결핵에 걸린 여공들 중 상당수가 그 사실을 감추기 위해 얼굴에 짙은 화장을 하기도 했다고 하니 1970, 80년대 여공의 현실이 어떠했는지를 가늠해볼 수 있다. 결핵에 걸린 것이 알려질 경우 당연히 회사가 아닌 개인이 책임져야 했고, 그 책임이란 바로 퇴사였다.

돈 벌어대는 것도 좋긴 하지만 무슨 통뼈 깡다구로 맨날 철야유?
'누구는 하고 싶어 하느냐'면서 힘없이 하는 말이 **폐병 3기**래. 남 좋은
일 해봐야 헛거지. 고생하는 사람들만 손해야. (…) 3년만 지내보면 알
게 될 거다. 귀머거리 **폐병쟁이** 누구누군지.

　　　　　　　　　　　　　　　　　—노래를 찾는 사람들 '야근' 부분


　**봉제공장과 결핵**, 이 둘은 떼려야 뗄 수 없는 함수관계를 지니고 있
었다. 처음엔 한움큼의 알약을 동료들 몰래 삼키던 여공도 차차 시간
이 지나면 **창백한 얼굴을 가려보고자 안간힘을 쓰곤 했다.** 입술에 루주를
바르고, 양 볼에 분화장을 하는 모습은 경숙도 여러차례 보아온 터였
다. 또한 그것은 연민을 넘어 같은 여자로서 참담한 아침이 아닐 수 없
었다. 저기 저만큼에 죽음의 사선을 그어놓고, 가난이라는 이름 때문
에 미싱을 밟아야 한다는 것! 그것은 직접 겪어보지 않은 사람이면 그
심정을 헤아리기가 어려웠다.[14]


　훗날 나는 실제 봉제공장에서 일했던 여공들의 결핵과 관련된
증언을 영화「위로공단」시사회 자리에서 들을 수 있었다. 당시 봉
제공장 직원들은 먼지가 많은 곳에서 장시간 업무를 하다보니 코
를 풀면 시커먼 콧물이 나오기 일쑤였고, 그래서 3년만 봉제공장
에서 일하면 몸이 망가진다고 생각했다. 이때는 "못 먹어서 그런
건지 근무 환경이 안 좋은 건지" 결핵 환자가 생각보다 훨씬 많았

다고 한다. 당시에는 병에 걸리면 회사에서 책임지는 게 아니라 당사자가 회사를 떠나야만 했다. 그 시절 구로공단 효성물산에서 일했던 한 직원은 "예쁜 언니들이 폐결핵에 걸려 퇴사를 하게 되면 〔다른 공장에 취직을 할 수가 없어] 술집으로 많이 갔다"라고 기억했다.[15] 그렇게 술집에서 일하는 언니를 길을 걷다 우연히 마주쳤을 때 그녀는 "너는 병 걸리지 말고 건강히 있어라"라는 이야기를 들었다고 회상했다. 당시 여공의 삶이 얼마나 취약한 상태에 놓여 있었는지를 적나라하게 드러내주는 사례다.

## 공장새마을운동의 겉과 속

체험관 안에는 흥미로운 사진 두장이 함께 걸려 있었다. 바로 박정희 전 대통령이 구로공단 방직공장의 여공들을 방문한 사진과 그의 딸 박근혜 전 대통령이 여공과 악수를 하는 사진이다. 두 전 대통령에게 당시 구로공단은 매우 중요한 상징적 공간이었다. 이곳은 박정희 전 대통령이 1970년에 태동시킨 새마을운동이 1974년 공장새마을운동[16]으로 확산한 대표적 장소이며, 박근혜 대통령 취임 이후 새마을운동에 대한 재조명이 이루어지고 있었기 때문이다. 체험관에서 공장새마을운동의 흔적들을 홍보하는 것은 어떤 의미였을까. 2012년에 발간된 연구서 「공장새마을운동의 재조명과 구미시의 시범추진 방안」[17]을 검토해보니 이유를 알 수 있을 것 같았다. 연구서에는 공장새마을운동을 재조명하는 것은 "경제위기를 극복"하기 위함이라고 명시되어 있었다. 이어진 나의 질문은 다음과 같았다. "그렇다면 어떻게?" 자료를 좀더 살펴보니 1983년에 작성된 공장새마을운동의 추진 지침에는 경제 활성화를 위한 기본 이념과 구체적 실천 목표들[18]이 제시되었는데, 그것은 "노동자를 가족처럼, 공장 일을 내 일처럼"이라는 구호로 집약될 수 있다.[19] 국가기록원 홈페이지에 들어가 확인해보니 이 구호가 뜻하는 바를 좀더 잘 이해할 수 있었다.[20]

> 공장새마을운동은 '**한국적 노사관계의 형성**'을 목표로 삼았던 정부가 노동자 계층을 국가정책에 적극적으로 동참토록 하는 동원의 기제로 활용되었다. 따라서 공장새마을운동은 가시적이며 물질적인 성격이 아니라 **지극히 정신적이며 의식적인 성격의 운동**으로 작동되었다.

이처럼 공장새마을운동은 기본적으로 '정신적이며 의식적인 성격의 운동'이었다. 여기서 노동자를 국가정책, 즉 수출 증대에 적극적으로 동참하게 만드는 정신적 가치란 전통적 유교사상인 충효 정신이었다. 이것은 새마을운동이 추진될 당시 공장, 학교 및 여러 단체에 유교적 담론을 전파하려 했던 '새마음운동'에 더욱 명확히 드러나 있다. 이 새마음운동의 핵심 기조는 당시 '구국여성봉사단'의 단장이었던 박근혜 전 대통령이 1979년에 발간한 『새마음의 길』에 뚜렷이 소개되어 있다.[21]

충효 정신은 조상이 물려준 가장 소중한 자산

구슬이 서말이라도 꿰어야 보배

충은 자기 정성을 다해 자신이 해야 할 일을 하는 것

진정한 의미의 선진국이 되려면 최선의 노력 속에 충은 존재

**종업원을 내 가족같이, 공장을 내 집같이**

깊은 뜻에서 충은 관용성을 의미

국가가 있고 나서 나도 있을 수 있다

민족의 선척적 예지를 모아 도의 사회를 재건

 

   새마음운동의 구체적 방식은 다음과 같았다. 각 회사별로 배치된 '새마음직장봉사대'에서 모범적인 여성 노동자를 선발해 새마을교육연수원에서 열리는 4일간의 세미나에 참석시킨다. 이곳에서 충효사상을 중심으로 한 '새마을정신'을 교육한다. 참가자들은 세미나에서 정부가 원하는 전형적인 여공의 모습, 즉 검소하며 연장 근무까지 적극적으로 참여함으로써 경제적 안정을 찾은 여공의 모습을 담은 홍보영상을 시청한다. 이후 각자의 회사로 돌아가 헌신과 자기희생이라는 새마을정신을 전파하길 기대한다. 또한 회사에 일찍 출근하여 자발적으로 공장은 물론 공장 앞 도로를 청소하고, 작업 오류와 자원 낭비를 최소화하며, 추가 수당에 대한 요청 없이 휴식 시간과 점심시간에도 선뜻 일할 수 있도록 교육받는다.[22]

당시 새마음운동의 근본적 논리에는 "충과 효가 한국 사회 모든 문제, 특히 노동문제의 진정한 해결책"이라는 인식이 있었다. 그 근거는 바로 "민족의 지혜"인 전통적 유교 담론에서 찾았다. 더 나아가 이 같은 새마을정신은 구체적인 일상적 의례, 특히 군대식 질서를 공장 내부에서 반복적으로 시행 및 학습(국민체조, 구보, 아침 청소, 건전가요 보급, 바자회 개최, 식기 자율 반납, 부모님 생신에 소액환 부치기, 하절기에 묘목에 물주기, 군것질 안 하기 운동 등)시킴으로써 여공들을 공동체의 한 일원으로 만들기 위한 "정치적 기획의 일환"으로 분석되기도 한다. 이는 당시의 여공들을 '산업전사' '산업역군' '수출역군' 등으로 호명한 것과 맥을 같이한다. 한편 새마음운동은 충효사상을 바탕으로 국가의 논리가 곧 가족과 공장의 논리와 동등하다고 담론화하는 데 역점을 두었다. 이것은 여성 노동자와 기업이라는 고용주의 관계를 계약에 근거한 것으로 보지 않고, 가족 내 가부장의 위치처럼 은혜에 기초한 관계로 전환한다. 여공은 고용주에게 은혜를 입은 노동자이고 그 은혜에 맞게 대가 없는 헌신과 자기희생을 제공해야만 한다.[23] 공장새마을운동은 이외에도 구체적으로 노동조합을 관리하는 역할까지 수행했다. 일례로 노동조합의 간부들을 위한 정신교육 기구, '노동계 정화 조치'로써 실제 활용되기도 했다.[24] 체험관을 살펴보면 이렇게 새마을정신을 강요받았던 여공들의 실제 삶의 단면도 엿볼 수 있다.

영화 「위로공단」 시사회에서 만난 이에게서 좀더 생생한 이야기를 들을 수 있었다. 그녀는 2014년 9월 14일 구로공단 50주년 기념행사 관련 기사 속 주인공이다. '50년 전에는 공순이 인생, 50년 후에는 비정규 인생'이 적힌 항의 팻말을 들고 현장에 있었던 오숙자씨는 실제로 한국 최초의 동맹파업으로 기록된 구로동맹파업의 노조 집행부에 속했었고, 2015년 6월 25일이 되어서야 구로동맹파업 30주년 행사의 주인공으로 설 수 있었다. 구로동맹파업 당시 대우어패럴 노조 집행부였던 오숙자씨와의 면담 내용은 헌신과 자기희생이라는 공장새마을운동의 기조 아래 노동자들이 어떤 대우를 받고 있었는지를 여실히 보여준다.

"그네들이 [수출의 여인상 복원 기념] 행사할 때 난 맞은편에서 데모했다. 자, 50년 전에 우리는 공순이였다. 그런데 지금은 비정규직이 되었다. 그래도 그 당시에는 정규직이었다. 지금은 불안정한 비정규직이다. 무슨 수출역군이냐. 개뿔! (…) 난 초졸이다. 그래서 이 나이에 학력도 없고 할 수 있는 게 기능, 청소, 주방 일밖에 없어서 기능 쪽 일 중 미싱을 하고 있는 것이다. **그때 우리를 산업역군이라고 불렀는데 정말 '개지랄'이다. (…) 당시 우리 여공의 목숨은 파리만도 못했다. 인권이고 뭐고 없었다.** 성폭행 같은 것은 정말 비일비재했다. 실제로 대우에서 여공 한명이 사망했는데도 쉬쉬했다. 남한산성에서 변사체로 발견됐었다. (…) 당시에 우리는 '기계, 촌년, 촌닭, 공순이, 소매다리' 등으로 불렸다. 그러면서 손가락으로 기분 나쁘게 이마를 툭툭 밀면서 치고는 했다. 같이 일하던 남자 미싱 기사[미싱 고치는 사람]는 여공 알기를 정말 노리개로 알았다.

　　**그때는 진짜 가난하니깐 엄마 아빠 입 하나 덜어주려고 서울로 온 거다.** 내가 그때 어떤 목적이 있어서 온 건 아니었다. 그냥 먹고살기 위해 온 거다. (…) 그때 언니가 서울 여기 있었을 땐데, 나보고 야간학교라도 가라고 해서 왔다. 내가 대우어패럴에 언니 면회를 가면 그 공장 가운 입고 명찰 달고 스카프를 쓰고 나왔다. 점심때 **잔디밭에서 작업복 입고 앉아 있는 모습들이 너무너무 평화로워 보였다.** (…) 그렇게 해서 스물두 살에 들어갔는데, 들어가서 일을 해보니 **그 잔디밭의 평화로운 생활이 아니라 완전히 생지옥이었다.**"

　　산업전사로 칭송받던 여공은 그녀의 이야기 속에서 '파리 목숨'처럼 취급받고 있었다. 노동자를 가족처럼 돌보는 것을 기대하기는커녕 최소한의 인권조차 지키기 어려웠던 시절이었다. 그녀가 서울로 상경한 이유는 그저 가난한 시골집의 입 하나를 덜어주기 위해서였다. 더욱 직접적인 계기는 대기업 공장의 여공들이 입는 작업복에 대한 동경이었다. 작업복을 입는 순간 그녀 역시 국가와 기업체가 원하는 저임금의 순종적인 산업역군이 된다는 사실은 변하지 않지만, 실제 그녀의 시선을 이끈 것은 가난한 시골 마을에서 볼 수 없었던 근대화된 도시 공장의 작업복이었다. 물론 그녀의 진술에도 나왔듯 그 작업복이 산업전사의 명예로운 전투복이 아니라 감옥과 같은 생지옥의 죄수복이었음을 깨닫는 데 그리 오랜 시간이 걸리지 않았다.

오숙자씨가 다니던 대우어패럴의 노동 강도는 살인적이었다. 대우어패럴을 '대우어퍼져라'라고 외칠 만큼 고통스러웠다고 한다. 나는 그녀의 설명을 듣고 그녀가 근무했던 대우어패럴 공장과 기숙사 자리에 찾아가보았다. 옛 공단사거리는 이제 대형 쇼핑몰들로 둘러싸인 마리오사거리로 이름이 바뀌었지만 오숙자씨는 이곳을 거닐 때마다 구수한 옥수수빵 냄새가 항상 떠오른다고 했다. 1980년대 대우어패럴 뒤에 있었던 삼립빵공장에서 나던 빵 냄새였다. 너무나도 배고파 먹고 싶었던 빵. 빵이라도 실컷 먹을 수 있었다던 삼립빵공장 여공들을 마냥 부러워했던 그 시절. 그녀에게 마리오사거리는 생지옥과 같았던 공장과 처절했던 구로동맹파업의 현장이기도 하지만, 그녀의 몸이 가장 먼저 떠올린 것은 20대 초반의 '꽃다운 또래 아가씨들'과 함께 고생하며 맡았던 옆 건물의 빵 냄새였다.

생지옥과 같았던 여공의 삶을 버티게 해주었던 것은 무엇일까. '산업전사'니 '헌신'이니 이야기하고 있지만, 실제 오숙자씨의 이야기를 들어보면 빵 냄새와 같은 구체적인 위로를 준 공간들과 여가들이 자리 잡고 있었다. 특히 그녀의 기억을 붙잡은 곳은 옛 공단사거리 바로 위에 위치한 가리봉오거리였다. 그곳에 있었던 '가리봉' '나포리' '다빈치' 음악다방들과 '팽대팽대' '도라도라' 디스코텍들, 그리고 순대와 떡볶이 가게들로 북적거렸던 가리봉 먹자골목이야말로 지옥과도 같았던 공장의 현실을 잊고 버틸 수 있게 해주었던 곳일지 모른다. 외출이 허용된 수요일 저녁과 외박이 가능했던 토요일 밤, 사람에 쓸려 갈 정도로 붐볐다던 가리봉 오거리는 그녀를 비롯한 수많은 여공들의 낙원이었다. 오숙자씨는 한달 월급이 8만원 하던 시절 팽대팽대 디스코텍에서 천원짜리 음료수를 시켜놓고 밤새 춤을 추었던 시간을 떠올리며 여전히 함박웃음을 지었다. 그 웃음 속에서 구로동맹파업으로 10개월 간 구속되었던 여공의 모습은 잠시 잊히는 듯했다.[25]

## 구로공단에서 서울디지털산업단지로

오늘날 디지털단지에서 과거 공장새마을운동의 흔적을 찾기란 쉽지 않다. 구로공단 시절 공장새마을운동의 일환으로 1975년에 설립된 공장새마을지도자 양성기관이었던 새마을연수원은 현재 대형 마트로 바뀌었으며, 당시 구로 제3공단에서 노사한마음전진대회, 공장새마을운동 집체교육, 합동결혼식 등의 장소로 활용되었던 공단 운동장은 현재 인조 잔디가 깔린 '서울디지털산업단지 운동장'으로 변해버렸다. 이제는 높게 올라선 아파트형 공장들로 둘러싸여 있으며, 동호회 회원들이 유료로 이용하는 운동장이 되어버려 그 어디에서도 새마을운동의 흔적을 찾을 수 없다.

그렇지만 구로공단 50주년을 맞이하여 구로구와 금천구를 중심으로 다양한 행사와 전시회가 진행되고 있어 간접적으로나마 과거의 흔적을 느낄 수 있었다. 나는 2014년 12월 26일 금천구청을 찾았다. 그곳에는 구로공단 50주년 기념 그림 공모전에 출품된 작품들이 전시되어 있었다. 우수작으로 '선발'된 그림들 속에 과거와 현재가 어떻게 재현되어 있는지 궁금했다. 그중 가장 인상적이었던 그림은 대상을 차지한 초등학교 5학년 학생의 것이었다. 시대별로 구로공단의 산업 변화를 표현한 작품이다. 가발과 옷을 만드는 여공에서 시작해 컴퓨터를 사용하는 남성, 그리고 인간을 대신한 로봇의 모습. 아이의 시선 속에서도 여성 노동자는 과거 육체노동의 주인공일 뿐 이후 첨단화된 곳에서는 설 자리를 잃은 듯했다. 그림을 감상하며 문득 이런 의문이 들었다. 그럼 그 많던 여공들은 지금 어디에 있는 걸까? 공장새마을운동 정신에 따라 성실히 일하고 저축해 이제는 안정적인 삶을 누리고 있을까? 그들의 자녀들은 이제 재봉틀이 아닌 컴퓨터 앞에서 편안한 직장생활을 하고 있을까? 아이의 시선대로라면 그래야 마땅할 것이다. 마치 구로공단에서 '서울디지털산업단지'로 이름이 바뀐 것처럼 말이다.

시대에 따라 구로공단의 주요 산업 분야가 달랐다. 1960, 70년대에는 섬유·봉제, 1980년대에는 전기·전자, 1990년대에는 종이·인쇄, 2000년 이후 IT 분야로 그 모습이 변해왔다. 특히 한국산업단지공단은 1997년에 '구로단지 첨단화 계획'을 수립하고 10년간 고도기술, 벤처, 패션디자인, 지식산업 등 네개의 첨단 업종을 주력 산업으로 배치했다.[26] 이에 따라 2000년에 들어서면서 공단 지역의 정식 명칭을 '서울디지털산업단지'로 변경했다. 이 같은 계

1-9　서울디지털산업단지의 전형적인 아파트형 공장들(3단지).

1-10　디지털 2단지 사거리(옛 공단사거리)에 자리 잡은 대형 쇼핑몰.

획에 맞춰 내가 압도당한 수많은 고층 아파트형 공장들에 공장 입주 및 건축 시 자금 지원과 세제 혜택이 주어졌다. 그 결과 2010년에는 공단 내 거대한 아파트형 공장이 무려 100군데를 넘게 되었다. 이러한 공장들은 비제조업 노동자들을 흡수해 2001년 비제조업 노동자가 1,000여명에 그쳤던 것이 2011년에 이르러서는 무려 8만 8,000여명으로 약 88배가 증가하게 되었다.[27]

산업구조의 변화는 자연스럽게 단지 내 여성 노동자의 일자리 또한 바꾸었다. 앞서 소개했던 것처럼 2012년 금천구청은 가산디지털단지를 중심으로 일곱개 업종의 여성 노동자에 대한 건강실태조사를 실시했다. 콜센터 상담사가 모든 질병에서 가장 높은 유병률을 보였다. 나는 당시 실태조사를 진행했던 연구자들은 물론 서울근로자건강센터, 금천구청, 구로근로자복지센터 등도 찾아가보았다. 이 큰 디지털단지 안에서 어떻게 콜센터와 상담사를 찾아 설문 작업과 인터뷰를 할 수 있었는지 알고 싶었다. 그런데 안타깝게도 돌아온 답변은 "콜센터 상담사가 어디에 있는지 정확히 모른다"였다. 나중에 끝까지 수소문해 확인해본 결과 연구자들은 단지 내 업체 목록을 구해서 그중 왠지 콜센터일 것 같은 회사들을 골라 무작정 전화를 걸어 '그곳에 콜센터 상담사가 근무합니까?'라고 물었다고 한다. 그렇게 일일이 통화를 거쳐서 설문 대상자와 인터뷰 대상자를 발굴한 것이다. 어렵게 당시 발굴한 업체 목록을 얻을 수 있었지만, 실태조사가 아닌 박사 연구자 개인 신분으로 그곳에서 현장연구를 실행하는 것은 완전히 다른 문제였다.

이제 한국에는 콜센터가 진출하지 않은 분야가 없고,[28] 인터넷 구직 사이트에 접속하면 언제든 일자리가 있다. 그리고 디지털단지 역시 끊임없이 상담사 구직 광고에 등장한다. 하지만 대부분의 콜센터 업체가 원내 혹은 원외 하청업체이기 때문에 간판만 보고는 그곳이 콜센터인지를 쉽게 파악할 수 없다. 하청에 의해 업무가 진행되다보니 결국 도급을 받고 콜센터 업무를 대행해주는 회사들(이런 회사들을 '콘택트 회사'라고도 부른다)이 증가했고 이들 중 몇몇 업체는 몸집을 불려 전국 곳곳에서 콜센터를 운영하고 있다. 이렇게 콜센터는 정말로 어디에나 존재했지만, 아이러니하게도 하청으로 이루어지는 산업구조상 직접 찾아내기가 쉽지 않았다.

콜센터 상담사와 접촉하기 위한 나의 노력은 결국 노동조합을 찾기에 이르렀다. 분명 도움을 받을 수 있는 노동조합이 디지털단지 내에 있을 거라는 막연한 확신을 가졌다. 이 같은 확신은 구로 동맹파업이 발생했던 과거 구로에 대한 지나친 기대감 때문이었는지도 모르겠다. 하지만 확신이 무너지기까지는 그리 오래 걸리지 않았다. 그리고 이 경험은 디지털단지에 근무하는 여성 노동자가 현재 어떠한 상황에 처해 있는지를 간접적으로나마 이해하게 해주었다.

'노동조합'이란 이미 이곳에서는 사라진 단어였다. 구로공단 시절 '구로에서 거제까지'라는 말이 있었다. 구로의 노조가 임금협상에 성공해 임금을 올리면 전국의 임금이 뒤따라 오른다는 이야기가 있을 정도였다. 그만큼 한국 노동운동에 있어 구로는 공단의 규모만큼이나 중요한 위치를 차지했고, 노조 결성률은 1990년대에 25%에 달해 전국 최고를 자랑했다. 그런데 제조업이 쇠퇴하고 공장들이 싼 노동력을 찾아 지방과 동남아시아 등으로 이주하기 시작하면서 노조 역시 점차 설 자리를 잃게 되었다. 아파트형 공장이 들어선 후에는 하청에 하청을 주는 다단계 시스템이 자리 잡으면서 노조가 설 자리는 더더욱 사라졌다. 이곳은 어느새 2015년 기준 2%라는 전국 최하의 노조 결성률을 지닌 곳으로 변해 있었다.[29] 이렇게 콜센터 상담사는 스스로의 목소리를 낼 수 있는 중요한 통로를 가져보지도 못한 채 대부분 하청업체의 비정규직으로 머물러 있는 게 현실이었다.


## 가리봉오거리를 나오며 :
### 과거와 현재, 그리고 미래가 교차하는 공간


앞서 여공 오숙자씨의 기억 속 가리봉오거리는 여전히 1단지와 2단지를 가로지르는 남부순환로에 위치하지만 이제 그곳은 '디지털단지오거리'라는 새로운 명칭을 얻었다. 그녀가 그렇게 강조했던 가리봉오거리와 그곳에 위치한 가리봉시장을 꼭 한번 찾아가보고 싶었다. 체험관 밖에서 여공의 흔적을 찾고 싶었던 건지도

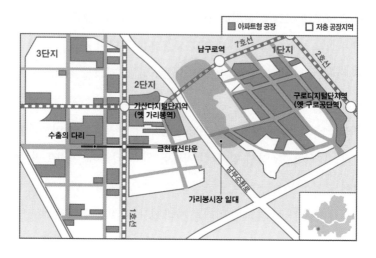

1-11　서울디지털산업단지 모식도.30

모르겠다. 가리봉오거리는 가산디지털단지역에서 나와 2단지 중
심에 위치한 금천패션타운 거리를 지나서 도착할 수도 있고, 남구
로역에 내려 가리봉시장을 가로질러서 도착할 수도 있다. 가리봉
시장은 1단지와 2단지 사이에 위치한 곳으로 거주지역이라는 특
징도 있지만, 소설『외딴방』의 배경이자 닭장집으로 대표되는 옛
구로공단의 흔적이 남아 있는 곳이기도 하다.

　나는 가리봉시장을 제대로 관찰하기 위해 남구로역에서 출발
했다. 남구로역을 나와 길을 따라 내려오면서 내 시선을 끈 곳은
헌 옷과 신발을 파는 곳이었다. 모두 공장 작업복과 안전화였다.
이곳이 첨단산업을 육성하기 전 그 유명한 구로공단이었다는 사
실을 간접적으로나마 확인할 수 있었다. 이제는 IT 산업에 밀려

1-12 가리봉시장의 모습.

주인을 잃은 옷과 신발이 언제 올지 모를 주인을 기다리고 있었다. 가리봉시장 입구에 거의 다다랐을 즈음, 이곳이 중국 교포들이 밀집한 곳이라는 것을 쉽게 알 수 있는 현수막이 보였다. 이제 가리봉동의 주민 40%가 화교라고 한다. 그래서인지 가리봉시장은 거의 모든 상가 간판이 중국어로 쓰여 있다. 이곳이 한국인지 중국인지 순간 혼돈스러울 정도였다. 시장 골목 안쪽으로 들어가니 고물상이 있었다. '파지'는 110원, '옷'은 450원, '물랭이'는 200원이었다. 고물상 앞에는 '선원 모집' '간병인 모집' 광고 전단지 두개가 붙어 있었다. 중국 교포를 특별 우대한다는 선원 모집 광고가 눈길을 끌었다. 이곳에 모여 사는 사람들이 어떤 이들인지, 또 어떤 일을 할 수밖에 없는지 간접적으로 알 수 있었다.

첫 방문 이후로 정말로 수도 없이 가리봉오거리를 넘나들며 디지털단지를 걷고 또 걸었다. 콜센터를 방문하지도, 상담사를 만나지도 못하는 날이 더욱 많았지만, 시간이 허락할 때마다 이곳을 거닐며 머물렀다. 거의 1년여 동안 말이다. 그렇게 단지를 걸으면서 몸으로 체험한 시각, 청각, 후각의 기억들은 한국의 '산업 근대화'가 여전히 과거와 현재가 복합된 미완의 근대라는 생각이 들게 했다(물론 수없이 먹었던 3단지의 길거리 떡볶이, 2단지의 짬뽕밥, 1단지의 계란말이 김밥이 가장 먼저 떠오르지만 말이다). 우선 가리봉동에서는 조선족 음식이 뿜어내는 특유의 강렬한 향과 간밤에 길거리에 버려진 음식 잔여물이 내뿜는 시큼한 냄새가 나의 후각을 자극했다. 옛 가리봉오거리를 벗어나면 요란한 K팝 노래들이 나의 청각을 자극해 패션타운에 진입했음을 알게 해주었다. 이어서 패션타운을 통과해 수출의 다리를 지나 가산디지털단지로 들어서면 후각과 청각은 소실되고 거대한 유리벽에 반사되는 차가움에 시각이 자극되었다.

각각의 감각에 맞춰 나의 발걸음은 도시와의 대화를 조절했다. 때로는 빠르게, 때로는 즐기면서 그렇게 지금의 디지털단지를 걸어 다녔다. 구획마다 나의 몸이 전혀 다른 감각을 경험한 만큼이나 디지털단지는 과거와 현재가 혼재되어 있다. 봉제공장에서 젊은 시절을 보냈던 여공들은 디지털단지 외곽에 있는 독산동에서 여전히 재봉틀을 돌리며 생계를 꾸리고 있다. 여공들이 고된 몸을 숨기던 가리봉동 닭장집에는 돈을 벌기 위해 한국으로 이주해온

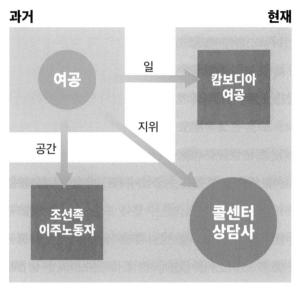

1-13　과거 여공의 일, 공간, 지위의 대체 모식도.

해외 노동자들, 특히 조선족 이주노동자들이 집성촌을 이루며 지
낸다. 그리고 가산동에는 한 손에는 스마트폰을, 다른 한 손에는
아메리카노를 든 젊은 여성들이 거리와 아무런 대화도 없이 걸음
을 재촉하고 있다(그 인파 중에는 분명 상담사가 있을 것이다). 이
모든 것이 동시간대에 공존하는 곳이 바로 한국의 산업 근대화가
만들어낸 오늘날의 서울디지털산업단지다.

　과거와 현재가 혼재한다는 사실은 구로공단 50주년을 맞아 역
사 세우기에 한창인 해당 구청의 바람과는 사뭇 달랐다. 구청은
과거 공단의 기억은 역사 속에 남겨두고 이제는 그 희생이 일궈낸
근대화의 결과물을 잘 가꾸는 데 여념이 없었다. 그렇기에 여전히

진행 중인 디지털 여공의 고통을 보이지 않는 것으로 치부하고 있었다. 구체적 노동과 삶의 양상, 그리고 그에 따른 질병의 양상은 세월이 지나면서 조금씩 변했지만, 여성 노동자가 처한 고단한 삶의 현장은 변화된 건물의 외형만큼 진전되지 못한 듯하다. 무엇이 달라졌고, 무엇이 달라지지 않은 것일까? 그 이유는 도대체 무엇 때문일까? 콜센터 여성 상담사들은 나에게 어떠한 대답을 해줄 수 있을까? 디지털단지는 마치 블랙홀의 반대인 화이트홀인 양 끝없이 질문을 뿜어내는 시공간이었다.

# 2장
# 담배 연기 속 한숨들의 무덤

## 공장 굴뚝 연기에서 담배 연기로

5층짜리 (주)엔씨파워 건물 옥상에서 연기가 뿜어져 나와 서너개의 머리 위에서 흩어졌다. 삼삼오오 옥상 난간에 기대어 담배를 피우는 여자들의 입에서 독한 연기와 함께 탄식이 흘러나왔다. (…) 주리는 헬리콥터를 타고 위에서 내려다본다면 하루 종일 담배 연기가 끊임없이 올라오는 건물은 전국에서 이 건물뿐일 거라고 생각했다. (…) "담배 안 피우면 이 일 못해요."[1]

나는 옥상에 자주 올라갔다. 그곳은 늘 담배 연기로 자욱했는데 상담사들에겐 일종의 도피처였다. 전화를 받다가 힘들 때 눈치껏 그곳에 올라가 공기를 쐬고 와도 되었다. 그곳에서 뿜어져 나오는 담배 연기와 상담사들의 한숨 소리는 하늘 위로 올라가지 못하고 늘 상담사들의 머리께에서 산산이 흩어졌다. 그곳은 걱정과 분노로 가득한 장소였다.[2]

디지털단지 2단지에는 동양 최대의 패션아웃렛이라고 소개하는 '마리오아웃렛' 건물이 자리 잡고 있다. 마리오아웃렛 3관 입구에는 특별한 조형물이 설치되어 있는데, 옛 구로공단의 역사성을 계승했다는 것을 상징적으로 보여주기 위한 굴뚝 모형이다. 그리고 사람들이 잘 모르는 곳, 바로 아웃렛 옥상에도 굴뚝 조형물이 세워져 있다. 과거 공장 굴뚝이 지붕 위로 솟아오르듯 아웃렛 건물 위에도 굴뚝이 서 있다. 패션 수출의 관문이었던 구로공단의 상징성을 이제는 패션아웃렛이 계승했다는 의미일 테다. 그런데 정말로 이 굴뚝을 계승한 것은 쇼핑몰일까? 나는 다른 '연기'를 찾아 나섰다. 그것은 옥상에서 흩어져 올라가는 담배 연기였다. 바로 콜센터 여성 상담사들의 연기 말이다.

콜센터 여성 상담사를 떠올리면 아마 '감정노동'이 가장 먼저 생각날지 모른다. 그렇지만 김의경 작가의 소설 『콜센터』는 첫 장면으로 담배 연기가 끊이지 않는 건물 옥상을 그린다. 실제 피자 프랜차이즈 콜센터에서 상담사로 일했던 작가는 「작가의 말」에서 이 같은 장면을 선택한 이유를 설명했다. 흡연을 할 수 있는 옥상 공간이 상담사들에게는 '도피처'와 같은 곳이었다고. 2012년 금천구청에서 실시한 가산디지털단지 여성 노동자 건강실태조사에

2-1　마리오아웃렛 3관 쇼핑타운 앞에 세워진 '구로공단굴뚝 2012'의 모습. 1960, 70년대 패션 수출의 관문이었던 구로공단의 역사성을 마리오아웃렛 쇼핑타운이 계승한다는 상징적 조형물이다.

2-2　마리오아웃렛 3관 옥상에 세워진 굴뚝 조형물과 구로공단 시절 만들어졌던 실제 굴뚝이 대비된다.

서도 여성 상담사의 흡연율(26%)이 다른 여섯개 서비스 직종군의 흡연율에 비해 가장 높았다. 김의경 작가는 콜센터 건물을 굴뚝을 지닌 공장처럼 하얀 연기를 계속해서 뿜어내는 곳으로 묘사했다.

그런데 나는 이 같은 표현을 전세계 콜센터 산업의 중심에 서 있는 인도의 사례에서도 본 적이 있다. 인도의 콜센터를 현지조사 한 미국의 사회학자 셰흐자드 나딤Shehzad Nadeem은 "인도의 테크놀로지 단지들에서 올라오는 그 얇은 담배 연기는 디지털 혁명의 어두운 측면을 상징하는 것이다. 마치 공장 굴뚝으로부터 뿜어져 나오는 검은 연기들이 악명 높았던 산업혁명의 시기를 대변하듯이 말이다"라고 했다.[3] 인도의 상담사들은 까다로운 백인 고객들을 대상으로 일하면서 시차나 인종차별 등의 문제를 견뎌야 했고, 그들에게도 흡연이 하나의 도피처가 된 듯하다.

디지털단지에서 콜센터 여성 상담사를 찾아 헤매던 나는 이 연기의 흔적을 쫓았다. 옥상에서 연기가 올라오는 곳이 있다면 그곳이 콜센터일 거라 생각했다. 그렇게 연기의 흔적인 담배꽁초와 재떨이를 찾아 건물 옥상 이곳저곳을 찾아다녔다. 그리고 실제로 여러 여성 흡연자의 연기를 목격할 수 있었다. 내가 직접 목격했던 현장도 디지털단지 3단지에 위치한 대규모 콜센터 중 하나였다. 이곳의 옥상을 쉽게 관찰할 수 있었던 이유는 비교적 오래된 건물로 다른 아파트형 공장들에 비해 층고가 매우 낮고 면적이 넓었기 때문이다. 그래서 넓디넓은 옥상이 쉽게 눈에 띄었다. 실제 연기가 공장 굴뚝만큼 나올 리는 없겠지만, 정말 끊이지 않고 교대로 흡연 공간을 찾는 여성들이 보였다. 그들이 연기와 함께 어떤 탄식들을 뿜어내고 있을까 궁금했다.

이런 현실에 대해 다음과 같은 의문이 들 수도 있을 것이다. 첫째, 여성 상담사들이 정말로 흡연을 많이 하는 것일까? 둘째, 흡연을 많이 한다면 그 이유는 무엇 때문일까? 셋째, 왜 콜센터는 여성 상담사들에게 일하면서 흡연할 수 있도록 허용했을까? 구로공단 시절 여공들의 노동 특성을 적나라하게 보여주었던 것이 '잠 안 오는 약'(타이밍)을 먹이면서 거의 매일 야근과 철야를 시켰다는 사실이다. 그렇다면 여성 상담사의 경우 잠을 깨우는 카페인 대신 순간적으로 기분을 안정시키는 니코틴이 필요했던 것일까? 나 역시 콜센터 여성 상담사에 대해 2012년 첫 인류학 현장연구를 시작할 때 가졌던 의문이었다(당시에는 여공들이 타이밍을 복용했다는 사실을 알지 못했었다).

## 순결치 못한 연기, 콜센터에 쏟아지는 민원

소설 『콜센터』에는 콜센터의 실장이 옥상에 올라와 이렇게 말하는 장면이 나온다. "빨리빨리 내려가. 민원 들어왔어. 담배 피우는 것들 다 고소한대." 나는 이 부분을 읽으면서 깜짝 놀랐다. 실제로 2012년 내가 콜센터에 첫발을 디딜 수 있었던 것도 바로 이 같은 '민원'이 있었기 때문이다. 당시 인근 아파트 주민들이 자녀

교육에 좋지 않다며 여성 상담사의 공공연한 흡연에 대해 민원을 넣었고, 나는 이를 해결하기 위해 인근 보건소가 파견한 금연 상담 의사였다(물론 의학 상담보다 콜센터 이야기를 더 많이 주고받았다). 주민들은 여성 상담사들을 자녀들에게 올바르지 못한 행동, 즉 흡연을 '전염'시키는 위험인물로 보았다. 실제로 당시 해당 업체에서 파악한 여성 상담사들의 흡연율은 37%였다. 이는 비슷한 시기 일반 성인 여성 흡연율 6.2%에 비해 다섯배가 넘는 수치였으니 흡연자가 많다는 것은 부정할 수 없는 사실이었다.[4]

이런 상황에서 나는 콜센터라는 공간 자체가 궁금했다. 한국 사회는 여성의 흡연에 여전히 부정적인 시선을 보내는데 왜 콜센터라는 공간만은 그러한 시선이 해체 혹은 일시중지된 것일까? 나중에 인터뷰를 통해 들었던 것처럼 어떻게 콜센터가 여성들의 '흡연 천국'이라는 별칭을 얻은 것일까 궁금했다. 단순히 감정노동에 의한 스트레스가 많기 때문이라고 생각할 수 있지만, 그렇다고 여성에게 흡연을 권장할 것까지는 없지 않나 싶었다. 처음에는 어리석게도 '콜센터는 흡연하는 여성만 뽑는 건 아닌가?' 하는 생각도 해보았다. 이런 의문을 갖고 콜센터에서의 첫 연구 질문을 다듬었다. 나는 민원이 빗발칠 정도로 여성 상담사의 흡연율이 높다는 사실 자체보다는 여성 흡연을 금기시하는 한국 사회의 통념[5]과 정반대의 상황이 왜 콜센터에서 벌어지고 있는지 묻고 싶었다.

이렇게 나는 콜센터를 기존의 감정노동 담론의 관점이 아닌 여성 흡연에 대한 사회적 금기가 해체된 공간으로서 주목했다. 이러한 접근법은 인류학자 메리 더글러스<sup>Mary Douglas</sup>의 오염 이론을 중심으로 한다. 더글러스는 기본적으로 오염에 대한 사회적 기준이 단순히 외형적인 혐오감이나 위생적인 개념에서 출발한 것이 아니라는 점을 강조한다. 그녀는 오염의 기준이 어디까지나 사회를 통제하고 사회적 연대감을 증진하기 위해 상징적으로 선택된 것으로 보았다. 구체적으로 더글러스는 오염(혹은 더러움)을 "정상적인 분류체계에서 거부된 잉여적 범주"로 정의하며, "오물이 있는 곳에는 반드시 체계가 존재"한다고 말한다. 그녀는 오염의 상징성을 '식탁 위의 신발'을 통해 쉽게 설명한다. 즉 "신발은 그 자체가 더러운 것이 아니고 식탁 위에 올려놓는 것이 더럽다"는 것이다.[6]

이 같은 맥락에서 한국 사회의 여성 흡연자의 몸은 아직까지 사회가 규정해놓은 여성에 대한 순수의 체계를 벗어난 오염된 몸으로 취급된다. 그런데 모순적이게도 같은 여성 흡연자의 몸이라도 콜센터 안에서는 오염의 체계가 작동하지 않는다. 여성의 흡연은 콜센터라는 특정한 장소에서는 신발장의 신발처럼 전혀 낙인으로 인식되지 않다가 콜센터를 벗어난 바깥 사회에서는 식탁 위의 신발처럼 오염된 낙인으로 인식되는 것이다. 그렇다면 나에게 남은 질문은 이렇다. 왜 콜센터는 식탁이기를 거부하고 신발장이 되었을까?

# 상담사의 4분짜리 천국

"여기 콜센터에 입사해서 3년이 되었는데 **여기가 진짜 흡연 천국이다.** (왜 흡연 천국인가?) 여기는 흡연하기에 조건이 너무 좋다. 일반 서비스직의 경우, 예를 들면 커피숍 등과 같은 데는 직원들을 위한 흡연실이 없다. 그냥 본인들이 길거리 골목에 가서 피우지만, 콜센터는 딱 흡연 구역을 마련해준다."

—20대 후반 3년 차 상담사

민원이 빗발쳐 찾아간 한국콜센터는 500여 명의 상담사(그중 90%가 여성이다)가 3교대로 24시간 근무하는 곳으로 이들은 모두 세 개의 하청업체 소속이었다. 현장에 처음 방문하자마자 가장 먼저 찾아간 곳은 대다수의 상담사가 흡연 장소로 이용하는 일명 '테라스' 흡연실이었다. 콜센터는 기본적으로 외부인에게 철저히 닫힌 공간이다. 콜센터가 가진 본질적인 폐쇄성은 여성 흡연자에게 타인의 시선으로부터 자유로워질 수 있는 환경을 제공해준다. 흡연실은 이렇게 폐쇄적인 콜센터에서도 가장 안쪽, 업무 공간과 같은 층에 있는 테라스에 위치했다. 그곳에는 철제 재떨이가 세 개 비치되어 있었고, 그 안에는 셀 수 없이 많은 담배꽁초가 들어 있었다. 한국콜센터 상담사의 흡연율이 높다는 것을 간접적으로나마 확인할 수 있었다. 그리고 재떨이가 놓인 곳에는 성인 여성을 충분히 가릴 정도로 키 큰 대나무들이 가지런히 심어져 있었다. 차후 관리자에게 듣기로는 외부의 시선을 차단하기 위해 대나무를 두었다고 한다. 깨끗한 기업의 이미지를 여성 상담사의 흡연으로 오염시키고 싶지 않았던 것이다. 대나무는 상담사의 시선을 환기해주는 조경 목적이라기보다는 적극적인 무대장치인 셈이다. 콜센터 입장에서 흡연하는 여성 상담사는 숨기고픈 치부다. 이러한 흡연 공간의 구성은 콜센터 측이 여성의 흡연에 대한 한국 사회의 상징체계에 완전히 저항한 것이 아니라는 사실을 간접적으로 보여준다.

6개월간 방문하면서 목격했던 한국콜센터 흡연실의 특징은 세 가지로 정리할 수 있다. 첫째, 흡연실에 출입하는 여성이 끊임없이 이어진다. 둘째, 혼자 흡연실을 찾기보다는 무리를 지어 방문한다. 셋째, 흡연 시간이 평균 4분 이내로 매우 짧다. 이 중에서도 내가 주목했던 점은 바로 짧은 흡연 시간이었다. 이것은 흡연실에 출입하는 무리의 숫자와 크게 상관없이 반복적으로 관찰되었는데, 시간이 보통 4분을 넘지 않았다. 이 시간은 흡연실 출입문을 열고 들어온 후부터 흡연을 하고 다시 흡연실을 나가는 시간을 합한 것이기에 실제 담배를 피우는 시간은 2분 안팎이었다. 이곳에서 여성이 담배를 '연거푸' 흡입하는 모습은 낯선 풍경이 아니었다. 일반적인 흡연자들에게 담배를 피우는 것은 여유를 찾기 위한 휴식의 시간인 데 비해 콜센터 상담사들은 마치 시간에 쫓기듯 담배를 급하게 피우는 모습이었다.

담배를 피울 수 있는 공간과 시간이 주어졌고 함께하는 동료가 있지만 이들의 흡연 천국은 완벽하지 않았다. 이곳은 겨우 '4분짜리 천국'이었다. 이 지점에서 흡연이 콜센터 내부에서도 정당하게 마음껏 누릴 수 있는 여성의 선택사항이 아님을 알 수 있다. 그녀들에게 이 4분짜리 천국이 왜 필요했던 것일까? 네명의 상담사로부터 얻은 답변에서 많을 것을 이해할 수 있었다.

"(여기 흡연율이 왜 이렇게 높은 건가?) 다른 직장에 취직했으면 흡연을 이렇게 많이 하지 않았을 거다. 여기에 와서 흡연량이 증가하는 경우가 다반사다. **콜센터 업무와 흡연이 확실히 연관이 있다.** (⋯) **난 담배 냄새가 너무 싫다.** 다른 사람이 피운 담배 연기는 당연히 싫고, 내가 피운 담배 연기도 싫다. (그런데 왜 흡연을 계속하나?) 심리적 위안이다. 진짜 위안이 된다. 내가 고객 때문에 너무 흥분했을 때. '어, 얘는 진짜 또라이다. 얘는 정말 미쳤나봐. 나이도 어린 게, 정말.' 뭐 이러다가 담배를 한두개비 피우면 좀 안정이 되고, **감정 추스름에 도움이 되는 것 같다.**"

— 20대 후반 6년 차 상담사

"**콜 받고 스트레스 쌓이면 바람 쐬고 쉴 데가 사실 여기 ○층 휴게실밖에 없다.** 그런데 여기가 흡연실이다. 사실 스트레스 받으면 동료하고 얘기하면서 풀고는 하는데 흡연실이 야외라 여기가 더 얘기하기 편하다. 그래서 난 두시간에 한번씩 동료들하고 같이 와서 담배를 피운다. 우리 팀은 한 30명 정도 되는데 50% 이상은 담배를 피우는 것 같다."

— 20대 중반 1.5년 차 상담사

"흡연은 일단 좋은 점은 뭔가 심리적인 위안? 업무 스트레스에 대한 위안이 확실히 있다. **근무 시간 내에서는 흡연이 제일 좋은 방안이다.** (업무 스트레스가 흡연의 많은 부분을 차지하는 건가?) 한 80~90%는 업무 스트레스다. 그리고 나머지는 습관? 식후 땡? 그런 거다. 사실 그런 흡연 자리에서 업무 관련 일들을 이야기하면서 스트레스를 푼다. (그렇지만 흡연 이외에도 차를 마시거나 화장실을 가거나 다른 방법도 있지 않은가?) 그런 것도 있지만 그렇다고 매번 차를 마시거나 화장실을 갈 수는 없지 않은가. **흡연이 제일 낫다.**"

— 30대 초반 8년 차 상담사(관리직)


"(콜센터에서 어떤 일을 하는가?) 나는 C/S팀에서 일하는데, 우리 팀은 완전히 '초강성' 팀이다. (C/S 팀은 담배를 많이 피우나?) **90%는 피운다.** (원래 애연가들인가, 아니면 일이 힘들어서 그런가?) 다 애연가다. 물론 거기에 클레임 많은 것도 포함될 거다. 나도 사실은 임신하면서 10년 정도 담배를 끊었다. 그런데 여기에 입사해서 1년 넘게 일반 상담원으로 일하다가 C/S팀으로 옮기게 됐는데 이때부터 온갖 잡다한 일 다 맡게 되면서 다시 담배를 피우게 됐다. 갑자기 C/S팀으로 옮겨가면서 정말 업무 스트레스가 확 늘어난 거다. 그래서 열 받아서 휴게실 테라스로 나갔는데 '**여기서 흡연이냐 아니면 ○층에서 뛰어내리느냐**' 두가지밖에 길이 없는 거다."

— 30대 중반 5년 차 상담사(C/S팀)

상담사들의 이야기 중 핵심만 모아보면 이렇다. 업무와 흡연이 확실히 연관이 있고, 바람 쐬고 쉴 데가 휴게실(흡연실)밖에 없으며, 흡연이 제일 나은 스트레스 해소법이고, 여기서 흡연이냐 아니면 뛰어내리느냐 말고는 선택지가 없다. 흡연자의 경우 콜센터에서 일하는 데 담배가 중요한 역할을 차지한다. 특히 8년 전 상담사로 시작해 이제는 관리직에 오른 30대 초반의 여성은 흡연을 근무 시간 내에서 스트레스를 푸는 가장 효과적인 방안으로 여기고 있었다. 관리직의 인식이 이렇다면 민원을 고려해 흡연실을 아예 폐쇄하는 방안은 콜센터의 원활한 운영을 생각하면 있을 수 없는 조치일 것이다.

나는 실제로 '지금 일하는 콜센터에 흡연실이 없다면 어떻게 하겠냐'는 질문을 여러 상담사에게 해보았다. 거의 모든 상담사가 다른 콜센터로 이직하겠다고 대답했다(물론 개중에는 아예 금연을 위해 폐쇄하는 것도 좋다고 말한 이도 있기는 했다). 어차피 모든 콜센터가 흡연실을 구비하고 있다는 사실을 아는데, 이렇게 힘든 일을 굳이 흡연을 참아가면서까지 해야 하느냐고 말이다. 어리석은 질문이었다. 테라스에서 뛰어내리고픈 심정의 상담사에게 흡연실을 빼앗는 상상을 하다니. 고작 4분짜리지만 콜센터가 흡연 천국으로 자리 잡을 수밖에 없는 현실이다.

## 콜센터의 물리적·전자적 감시체계

　근본적인 문제는 콜센터의 노동 환경에 있다. 한국콜센터는 기본적으로 물리적·전자적 감시체계를 구축하고 있었다. 상담사들의 자리는 각자의 직책에 따라 물리적인 감시에 적합하게 배치되고, 상담사의 모든 콜 상황, 휴식 및 이석離席 상황은 컴퓨터 프로그램을 통해 초 단위로 확인할 수 있다. 콜센터 내부 모식도에서 확인할 수 있듯 센터장과 실장은 모든 자리를 한눈에 볼 수 있는 맨 앞 중앙에 위치한다([그림 2-3] 참조). 이 자리는 20~30센티미터 정도 높이의 단 위에 놓여 있어 전체 상담사를 바라보는 데 유리하다. 또한 둘씩 마주 보고 배치된 8열의 자리, 즉 16석의 자리는 동일한 파트원으로 이루어져 있으며, 그 열의 맨 앞자리는 한 파트를 책임지는 파트장과 파트장을 도와주는 선임이 차지한다. 이처

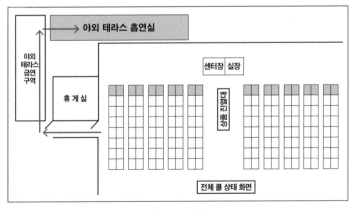

2-3　한국콜센터 내부 자리 배치 및 흡연실의 위치.

럼 자리 배치는 센터장, 실장, 파트장, 선임, 파트원(상담사) 순으로 직책에 따라 일렬로 되어 있다. 이로써 파트장과 선임은 자신들의 파트원을 감시하고 센터장과 실장은 기본적으로 파트장과 선임을 관리하면서 전체 상담사의 업무 현황(주로 이석된 자리 확인)을 관찰하게 된다.

이 같은 자리 배치는 프랑스의 사회학자 미셸 푸코<sup>Michel Foucault</sup>가 소개한 제러미 벤담<sup>Jeremy Bentham</sup>의 감옥 건축 양식 파놉티콘 panopticon을 연상하게 만든다.[7] 파놉티콘 구조는 관리자에게는 지속적인 가시성을 제공하고 상담사에게는 실제로 관리자가 감시하고 있지 않더라도 감시받는 위치에 있다는 사실을 항상 의식하게 만든다. 이러한 공간 배치는 매우 효과적인 감시체계로, 푸코의 표현대로 "권력의 자동적인 기능"을 보장해준다.

이와 함께 콜센터에는 또다른 감시 장치가 있는데, 바로 컴퓨터를 이용한 전자식 감시체계다. 상담사는 업무를 시작할 때 항상 프로그램에 로그인을 해야 하며, 로그인하는 순간부터 관리자의 컴퓨터에 이들의 업무 상황이 체크되기 시작한다. 상담사의 이름 앞에 뜨는 전화기 모양, 커피잔 모양 등의 특정 아이콘은 해당 상담사가 지금 어떤 업무를 하고 있는지 알려주며, 그 모든 상황은 초 단위로 관리자의 모니터에 보고된다.

"(근무자를 감시하는 프로그램이 있는가?) 있다. 파트장 모니터에 다 뜬다, 아이콘으로. **콜을 받고 있으면 이름 앞에 전화기가 뜨고, 쉬고 있**

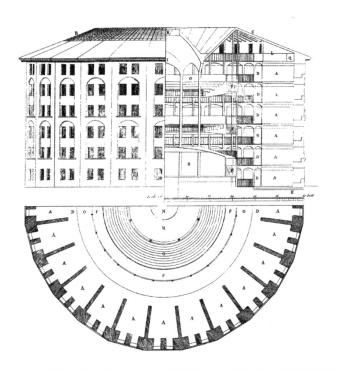

2-4　제러미 벤담의 파놉티콘 그림. 1791년 벤담은 파놉티콘이라는 이상적인 감옥을 디자인했다. 이 구조하에서 한명의 감시관이 모든 수감자를 관찰할 수 있다.

**으면 커피잔 모양이 뜬다.** 잠깐 레퍼〔reference, 고객과의 상담 내용을 정리하는 것〕쓰는 시간이면 특이한 모양의 아이콘이 뜬다. 파트장 모니터에는 관리하는 사람들이 전부 다 뜬다. 만약 로그인을 했으면. 그런데 로그아웃이 되어 있다, 그러면 이 사람 어디 갔냐고 하면서 바로 찾으러 간다. '이 사람 어디 갔어요?' 하고 소리 지르고 찾는다.

　(담배 피우러 갈 땐 어떻게 표시가 되는가?) 그게 아마 커피잔일 거다. 아웃바운드 할 때 쓰는 코드인데 그걸 잠깐 해놓고 나간다. 그러면

파트장 컴퓨터에 커피잔이 뜬다. 물론 **화장실 갈 때, 담배 피우러 갈 때** 커피잔이 뜬다. 그리고 파트장 화면에 몇분 몇초 동안 자리를 비웠는지도 함께 뜬다. 그래서 2~3분 정도 자리를 비우면 바로 찾으러 간다. 뭐 하고 있는지 확인하러. 한 1분 이상 커피잔이 떠 있으면 이건 분명 이 사람이 자리에 없다는 거다. 이렇게 모니터로 감시를 하고 관리를 해야 된다. 안 하면 위에서 쫀다.

(누가 쪼는가?) 실장님, 센터장도 쫀다. 이들은 그 전체를 보고 있으니깐. 예를 들어 파트장이 한 15명을 관리하면, 실장은 파트 두개를 담당해서 이 두개 것을 모아서 30명을 다 보고 있고, **센터장은 전체를 다 보고 있는 거다.** 그리고 센터장은 특히 콜이 몇개가 밀려 있는지도 같이 보고 있는데, 콜 안 밀릴 때는 터치를 안 한다. 그런데 일단 콜이 밀리면 지적을 하고 ○층 흡연실 나가는 문에도 '바'가 걸리고 닫혀버린다. 그리고 **콜이 밀리는 순간 센터에서 노래가 나온다.** 한 다섯 콜 정도 밀리면 센터장 자리에서 '땅띠 띠리리리 땅띠 띠리리리' 소리가 나온다. 그러면 실장님이랑, 우리가 듣고서 곧바로 순회하면서 이석한 사람들 바로 대기를 시킨다.

(노래는 누군가가 트는 건가?) 아니다. **노래는 아마 다섯 콜 정도가 밀리면 자동으로 나올 거다.**"

—20대 초반 3년 차 상담사

인터뷰 내용에서 잘 드러나 있듯 관리자는 컴퓨터 프로그램을 통해 상담사가 "자리에 앉아서" "전화 상담을 하느냐"를 감시한다. 상담사가 너무 오랫동안(이곳 한국콜센터에서 '오래'의 기준은 2~3분이다) 전화 상담을 하지 않고 자리를 비울 경우 관리자는 이를 즉시 확인한다. 이러한 관리는 파트장, 실장, 센터장이라는 직책에 의해 철저히 체크되고 있다. 또한 컴퓨터는 대기 중인 전화 상담이 다섯건 정도 발생하면 자동으로 경고 음악을 틀어준다. 관리자가 이석한 상담사를 직간접적으로 감시하는 동안 미처 확인하지 못할 수 있는 대기 중 전화 상담 숫자를 컴퓨터가 실시간으로 파악하고 있는 셈이다. 이 같은 물리적·전자적 감시체계 아래에서 상담사는 특별한 사정 없이 절대로 자리를 2~3분 이상 비우지 못했다. 흡연 천국이 고작 4분으로 끝나는 데에는 이러한 원리가 숨어 있었다.

## 테라스 흡연실이 존재하는 이유

콜센터가 이처럼 상담사를 철저히 감시하는 이유는 무엇일까? 한 관리자의 답변은 명료했다. "콜은 항상 밀려 있다." 그녀는 콜센터에 콜이 없을 때가 없고, 그렇기 때문에 상담사의 이석에 신경을 쓸 수밖에 없다고 말한다. 그렇지만 이렇게 실무적인 이유만 있었던 것은 아니었다. 관리자는 콜이 밀리고 있음에도 상담사가 특별한 이유 없이 자리를 비우는 것은 "일을 하지 않겠다는 것밖에 되지 않는다"라고 판단했다. 그렇다면 비록 4분이라는 짧은 시간이지만 흡연을 위한 이석은 왜 허용하는 것일까? 그것은 흡연을 위한 자리 이탈을 단순히 '일을 하지 않겠다'는 것으로 보지 않고 일종의 일의 연장선상으로 파악하기 때문이다.

사연을 들어보자. 한국콜센터는 3년 전 실내에 있던 흡연실을 지금의 테라스로 옮겼다고 한다. 본사 관리자 A는 인터뷰에서 흡연실을 실내에서 테라스로 옮긴 가장 주된 이유가 짧은 동선 때문이었다고 회상했다. 관리자 A는 당시 이러한 판단의 근거를 두 가지 언급했다. 첫째, 콜센터에는 담배를 피울 일이 확실히 존재한다. 둘째, 흡연자는 여건이 아무리 안 좋아도 담배를 피울 것이다. 따라서 상담사에게 가까운 흡연실은 업무상 불가피하게 필요한 것으로 받아들여졌다. 담배를 피우고 싶게 만들 만큼 심한 업무 스트레스가 콜센터에 존재한다는 사실은 기존의 여러 감정노동 논의를 통해 어렵지 않게 유추할 수 있다. 하지만 두번째 근거인 여성 상담사 중 기존 흡연자가 흡연실 유무 등 여러 여건과 무관하게 업무 중 흡연을 멈추지 않을 것이라는 관리자들의 확신을 나는 감정노동과 상관없는 흡연 여성 상담사 자체에 대한 선입견에 근거한다고 보았다.

상담 업무가 아무리 힘들어도 비흡연자에게 흡연실은 일의 능률에 전혀 도움이 되지 않을 것이다. 그렇지만 기본적으로 흡연하는 여성의 취직이 상대적으로 많은 콜센터의 특성상[8] 관리자들이 그들의 흡연 습관에 개입하는 것은 불가피해 보였다. 콜센터는 최대한 동선이 짧은 흡연실을 설치하기로 결정했는데, 이러한 선택은 흡연을 하는 상담사의 학력 및 출신 등에 대한 기본적인 선입견과 깊이 연결되어 있다.

관리자 B는 최근 콜센터에 '어린 사람들'이 많이 취직하고, '요즘 어린 사람들'이 대부분 중·고등학교 시절에 담배를 접하기 때문에 흡연자가 많다고 보았다. 그녀는 이런 여성들이 흡연실이 없는 콜센터에는 아예 취직을 하지 않을 거라고 못 박았다. 과거 자신의 세대와 달리 요즘 어린 여성들을 흡연이 필수품인 세대로 인식했다. 따라서 이들을 고용하기 위해서 흡연실은 반드시 구비해야 할 전제 조건으로 받아들여지고 있었다. 특히 실장 C는 이석을 최대한 줄이고 싶은 생각에 현재의 테라스 흡연실조차 없애는 것을 고려해보았지만, 흡연실이 없어도 상담사들이 지금처럼 지속적으로 흡연을 할 것이라고 확신하기 때문에 흡연실 운영을 유지한다고 했다. 이처럼 한번 흡연으로 오염된 상담사의 몸은 통제한다고 해도 개선될 여지가 없다고 여겨지고 있었다.

이러한 인식은 단순히 세대 차이에 따른 불가피한 선택을 넘어서는 것이었다. 실장 C는 이미 취직한 '이런 부류'의 여성들에게 흡연실을 마련해주지 않을 경우 생길 수 있는 부작용을 더욱 걱정했다. 그것은 바로 외부인에게 기업에 소속된 오염된 몸(흡연하는 상담사)이 노출될 확률이 높아진다는 점이었다. 상담사가 흡연실이 없어 회사 주변에서 담배를 피우게 되면 담배 냄새 및 담배꽁초 등으로 주변이 실제로 오염되는 것은 물론, 여성 직원의 흡연 장면으로 인해 기업 이미지도 오염될 수 있다고 보았다. 순수와

거리가 먼 오염된 몸을 은폐하는 방법은 최종적으로 외부와의 접촉 기회를 철저히 차단하는 것이었다.

앞서 다룬 내용들을 종합해볼 때 테라스 흡연실을 설치한 주된 이유는 회사 이미지를 위해 흡연하는 상담사를 가리기 위한 면도 있었지만, 근본적으로는 담배를 피우는 여성에 대한 깊은 선입견, 즉 담배로 오염되어 다시 순수해질 수 없는 몸이라는 인식 때문이라는 강한 의심이 들었다. 흡연실에 설치된 대나무는 그저 보조적인 장식일 뿐 아니라 오염된 몸에 가해지는 낙인을 무의식중에 드러낸 장치가 아니었을까.

콜센터가 흡연실을 설치한 것은 단순히 상담사의 금연이 애초에 불가능하다는 판단에만 머물지 않았다. 흡연이 일의 연장선상에서 고려되는 다른 이유가 있다. 또다른 관리자인 실장 D로부터 다음과 같은 이야기를 듣고 확신을 가지게 되었다.

"(콜센터 흡연율이 왜 높다고 생각하는가?) 콜센터이다보니깐 본인의 음성으로 계속 통화를 하게 된다. 요즘에는 솔직히 스트레스를 푸는 게 문화생활이다 뭐다 여러가지가 있지만 여기 직원들은 거의 시간적인 여유가 없다. **가장 손쉬운 방법이 음주인데 술을 먹으면 다음 날 머리도 아프고 목소리도 안 나오고 어지럽고 그래서 스트레스를 바로바로 풀려면 담배뿐인 거다.** 콜센터는 감성이 있는 직업이기 때문에 상처를 많이 받는다. 그리고 빨리 해소해야 하고. 또 하나가 담배는 여럿이서 갈 수도 있지만, 혼자서 한개비를 피울 때도 여러 생각을 하게 된다.

사람들이 스트레스 해소법으로 명상을 하곤 하는데 명상은 시간을 좀 가지면서 이 생각, 저 생각 하는 거지 않나. 담배를 피울 때는 한번 들이마시고 뱉어내면서 여러가지 생각을 빨리 할 수 있다. 그러니깐 수 초 안에 집중을 할 수 있는 거다. 그래서 나는 우리 직원들이 담배 피우는 것에 대해 뭐라고 안 한다. 왜냐면 나도 그걸로 위안을 받는 게 있고 그걸로 스트레스를 푸는 게 있기 때문에. 담배 피우는 사람보고 '일하면서 담배 피우지 마'라고 하면 워낙 담배를 피우면서 일을 했던 사람들이기 때문에 **업무 능률이 안 오른다.** 그래서 조금 스트레스를 받는 것 같으면 '다녀와' 이렇게 하면 또 업무를 잘한다. (…) 흡연을 하면 일단 마음이 안정이 된다. 센터에 있는 사람들은 이걸 다 인정할 거다. **그래서 이런 생각 때문에 나는 우리 직원들 담배 피우는 걸 절대 뭐라고 안 한다.**

(업무에 지장이 없는 한도에서 허락하는 건가?) 워낙 내가 이걸 자유롭게 해주니깐, **본인들도 알아서 업무가 많거나 하면 스스로 안 간다. 근데 압박한 파트는 콜이 밀리든 말든 막 다닌다. 그런 게 있다.**"

실장 D는 상담사가 업무 중 빠른 시간 안에 스트레스를 해소하는 것이 중요함을 강조하며, 이런 측면에서 흡연이 유용하게 이용될 수 있다고 말했다. 그녀의 이 같은 판단은 흡연 자체의 유용성에 대한 개인적 이해(그녀 역시 흡연자다)와 콜센터의 업무 환경에 대한 기본적인 이해가 바탕이 되었지만, 흡연을 통제하지 않을 때 오히려 업무 능률이 더 올랐었던 그녀의 과거 경험이 가장 큰 부분을 차지했다. 그녀는 과거 상담 중 흡연실 출입을 엄격히 통제했는데, 이것이 역효과를 일으켜 바쁜 상황에서도 흡연실 출입이 통제되지 않은 경험이 있었다. 그후 이전과 반대로 흡연실 출입을 자율에 맡겨놓았고, 그 결과 상담사 스스로가 업무 상황에 맞게 적절히 흡연실 출입을 조절하게 되어 오히려 업무 성과가 좋아지는 것을 경험했다고 한다.

고용주의 입장에서 흡연은 앞선 실장의 증언처럼 콜센터 노동의 중요한 도구로 받아들여지고 있었다. 흡연실은 바로 이러한 실질적인 경험을 근거로 설치한 것이다. 인류학자 시드니 민츠는 노동자 계층에서 담배를 '드러그 푸드'로 활용한다는 사실을 꼬집었고(1장 참조), 미국의 과학 저널리스트 데이비드 크로그David Krogh는 담배의 이런 특성을 강조해 '워킹 드러그'working drug라 부르기도 했다. 그는 흡연이 신체에 미치는 두가지 상반된 영향(각성 효과, 기분 안정)이 노동에 실질적인 효과가 있다고 판단해 이러한 명칭을 사용했다.[9]

또다른 인류학자 윌리엄 잔코비악William Jankowiak과 대니얼 브래드버드Daniel Bradburd는 총 94개 지역사회의 역사 및 문화 자료들을 분석해 드러그 푸드, 특히 술과 담배가 국가 간 노동력 및 상품 거래의 유도제로서 활용된 것은 물론, 종국에는 노동력을 강화하는 도구labor enhancer로 활용되었다고 설명한다.[10] 산업혁명이 본격화되기 이전에는 대규모 농원이나 탄광, 상선 및 군대에서 술이 노동력 강화제로 애용되었으나 산업화가 진행되고 기술이 더욱 복잡해지면서 술보다는 담배와 커피 등으로 대체되었다고 한다. 이런 면에서 한국콜센터 실장 D 역시 상담사들이 술보다는 담배를 더욱 선호한다는 점을 지적한 사실은 흥미롭다. 그녀는 술을 마시면 다음 날 머리도 아프고 목소리도 잘 나오지 않아 업무에 지장을 주기 때문에, 큰 부작용 없이 곧바로 스트레스를 해소할 수 있는 담배의 효용성을 강조했다. 시대가 변하고 노동의 성격은 물론 젠더까지 변했지만, 한국의 콜센터에서 담배는 여전히 상담사의 노동력 강화제로서 명맥을 이어가고 있는 듯하다.

## 흡연의 속사정

콜센터 업무와 관련해 흡연을 한다고 해도 모두가 똑같은 흡연자일 리는 없다. 나는 한국콜센터에 금연 상담 의사 신분으로 있었기에 여러 상담사의 흡연 사례를 접할 수 있었다. 그들이 보기에 내가 아무리 인류학 연구를 한다고 해도, 실제로 금연 상담보다 콜센터 이야기를 더 많이 나누었어도, 흰색 가운을 입고 일산화탄소 측정기나 니코틴 패치, 니코틴 사탕 등 금연 상담 관련 도구들을 지니고 있었으니 의사라는 정체성이 가장 크게 부각되었을 것이다. 그들에게 나는 자신들이 흡연자라는 사실을 비춰주는 거울과도 같은 존재였을지 모른다. 흡연을 할 수밖에 없는 이유, 흡연을 숨기고픈 이유, 담배를 끊고도 싶은 마음 등에 대해 논리적으로 설명하는 이부터 고해성사를 하듯 심정을 쏟아내는 이까지 다양한 상담사들을 만났다. 오랜 시간 그들을 지켜보고 그들의 이야기를 듣고 질문하며 보냈다. 물론 금연을 원해 방문한 상담사들에게 성심껏 상담을 해주었지만, 당시 나는 그분들에게 '그래도 흡연은 몸에 해롭습니다'라는 말을 감히 입 밖에 꺼낼 수 없었다. 정말 '감히'라고 말하는 것이 맞을 것 같다. 그 많던 사연 중 같은 듯 다른 네 사람의 이야기를 소개하려 한다. 콜센터 상담사이자 여성으로서 흡연을 둘러싸고 얼마나 다양한 심리적 갈등 혹은 열망을 가질 수 있는지를 이들에게서 배웠다. 편의상 네 사람을 은주, 서윤, 미현, 선영씨라 부르려 한다([표 2-1] 참조).

우선 은주씨와 서윤씨의 사례를 살펴보면 두 사람 다 여성의 흡연은 물론이고 흡연 자체에 대해서도 굉장히 부정적이라는 점에서 비슷했다. 그렇지만 콜센터에서 담배를 피우는 이유와 자신의 흡연 습관에 대한 해석에 있어서는 극명한 차이를 보였다.

은주씨는 외모에 신경을 많이 쓰는 깔끔한 성격의 소유자로 카페에서 흡연하는 여성을 '꼴불견'이라고 표현할 정도로 혐오했다. 그녀는 여성은 무조건 '천생 여자'여야 한다고 믿고 있었으며, 자신 또한 금연만 하면 정말로 이상적인 여성이라고 생각하고 있었다. 은주씨는 상담 업무 스트레스를 많이 받는 편은 아니었기 때문에 감정 조절을 위해서 담배를 피우기보다는 주변 동료들과 좀 더 가까워지기 위해 흡연 구역을 자주 방문했다. 담배 냄새가 싫어 흡연 후에는 항상 손을 씻고 구강 청결제를 사용하며 향수를

| | 은주 | 서윤 | 미현 | 선영 |
|---|---|---|---|---|
| 개인별 특성 | 만 21세<br>C/S 매니저<br>근무 기간 3년<br>10개비/일<br>흡연 기간 7년 | 만 29세<br>일반 상담사<br>근무 기간 3년<br>10개비/일<br>흡연 기간 8년 | 만 28세<br>일반 상담사<br>근무기간6개월<br>10개비/일<br>흡연 기간 13년 | 만 40세<br>일반 상담사<br>근무 기간 1년<br>10개비/일<br>흡연 기간 20년 |
| 흡연의 성격 | 버릇이 된<br>사교의 도구 | 떳떳하지 못한<br>위로의 도구 | 반발심 표현의<br>도구 | 버릴 수 없는<br>생계의 도구 |
| 여성 흡연자에<br>대한 외부<br>시선에<br>대처하는 법 | 천생 여자로<br>보이기 | 전혀 흡연하지<br>않을 것 같은<br>여자로 보이기 | 비판적 시각에<br>반발하기 | 의사에게<br>자신의<br>건강 상태를<br>끊임없이<br>확인받기 |
| 실제<br>흡연 행동 | 어두운 곳(차<br>안, 카페, 호프<br>집)에서 흡연 | 금연 상담사<br>피하기, 병가<br>중에도 흡연 | 여성적<br>이미지 위해<br>금연 시도 | 출근하자마자<br>흡연실에서<br>동료와<br>흡연하기 |

표 2-1　여성 상담사 4인의 개별적인 흡연 경험 사례 분석.

뿌리는 은주씨였지만 자신보다 나이 많은 동료들과 친해지기 위해 흡연을 지속했다. 그녀는 나에게 언젠가 반드시 담배를 끊을 거라고 자신감을 내비치며 자신이 다른 흡연자와 동일하게 분류되는 것을 꺼려했다. 은주씨는 그때 내가 만난 사람들 중 자신의 흡연에 대해 가장 당당했으나 그것은 본인이 흡연자임을 부끄러워하지 않아서가 아니었다. 오히려 반대로 자신은 다른 흡연자와 달리 곧 금연하고 '천생 여자'에 걸맞은 삶을 살 것이라 믿었기 때문이었다. 그렇지만 그녀는 일상에서 금연을 위한 노력을 하기보다는 주변에 자신의 흡연 사실을 철저히 감추고, 노상에서의 흡연을 피하고 술집과 카페를 이용하고 있었다.

"사실 그 버릇〔흡연〕이라는 게 여기 들어와서 생긴 거다. 물론 금연 생각은 항상 한다. 여자들이니깐 임신도 생각해야 하고 주변의 인식도 사실 여자가 담배 피우는 걸 좋게 보지는 않나. 난 여자는 '천생 여자'여야 한다고 생각한다. 애들끼리 만나면 '언제까지 피울 거냐. 우리 이제는 끊자, 끊어.' 이렇게 매번 얘기한다."

반면, 서윤씨는 담배 냄새를 무척 싫어했다. 이유는 담배 연기 자체의 불쾌한 느낌도 있었지만 어렸을 적부터 집 안에서 흡연했던 아버지에 대한 부정적 기억이 겹쳤기 때문이다. 그럼에도 은주씨와 달리 상담 업무로 인해 극심한 스트레스를 받던 서윤씨는 흡연에 크게 의지하고 있었다. 그녀는 자신이 흡연자임을 모르는 사람 앞에서는 철저히 그 사실을 숨겨왔다. 자신이 흡연자란 것을 매우 실망스럽게 생각하고 있었기 때문에 가능하면 타인에게 '담배를 안 피울 것 같은 여성'으로 보이기를 원했고, 또 그렇게 보이기 위해 노력했다. 그렇지만 그녀는 심한 몸살감기로 병가를 냈을 때도 함께 사는 친구의 담배를 빼앗아 피웠고, 콜 상담이 많은 날은 출근하면서 담배를 두갑씩 준비했다. 서윤씨는 자신이 금연에 여러번 실패하는 것에 대해 나에게 미안해하며 스스로를 자책하는 등 자괴감에 사로잡히곤 했다. 가끔은 금연 상담을 위해 방문한 나와 마주치지 않기 위해 흡연 구역으로 몰래 이동하기까지 했다. 이렇듯 서윤씨의 흡연에 대한 인식과 그에 대한 개인적 대처 방식은 은주씨와는 달랐다. 두 사람은 비록 목적은 다르지만 콜센터에 근무하면서 흡연을 지속한다는 점, 그로 인해 자신의 흡연 사실을 외부에 들키지 않기 위해 지속적으로 노력해오고 있다는 점에서 공통점을 보였다.

"나는 원래 담배 피우는 것을 진짜 싫어했다. 물론 그건 지금도 그렇다. 사실 집이 갑자기 망해서 그때 너무 힘들어서 친한 친구한테 담배 좀 배우고 싶다고 부탁을 했다. 그렇게 배워서 지금까지 피우고 있다. 지금은 그때 일을 어렵지 않게 이야기할 수도 있고 모든 게 해결됐는데 담배는 못 끊고 있어서 후회된다. 진짜 끊을 거다. 사람들이 나를 처음 보면 진짜 담배 안 피울 것 같다고 한다."

다음으로 미현씨와 선영씨의 사례를 소개해본다. 미현씨와 선영씨는 여성의 흡연에 대해서 앞의 두 상담사만큼 부정적이지는 않았다. 오히려 미현씨의 경우 아이를 낳을 여성이기 때문에 흡연을 해서는 안 된다는 사회의 통념에 반발했다. 더 나아가 흡연이 임신 및 출산에 해로울 수 있다는 의학 지식에도 동의하지 않았다. 미현씨는 어머니와 남자친구에게 자신의 흡연 사실을 당당히 공개했으며, 이들이 자신에게 금연을 강요하는 것에 강하게 반발했다. 그녀는 나와 이야기를 나눌 때도 흡연이 임신 및 출산에 끼치는 부정적 영향에 의문을 제기했고, 자신의 친구가 임신 중 흡연했던 경험을 근거로 금연할 생각이 전혀 없음을 자신 있게 피력했다.

이렇게 흡연에 대해 뚜렷한 주관을 지니고 있던 미현씨는 처음에는 나에게 흡연 시작 시기를 정확히 말하지 않았다. 그녀는 실제로 흡연 시작 시기를 중학교에서 고등학교 졸업 이후로 바꾸어서 대답했다(제출한 자가 기입 설문지에는 중학교로 표시되어 있었다). 또한 6개월간 혼자서 금연을 시도했었는데 그 이유가 담배로 인한 입 냄새와 옷에 밴 담배 냄새 때문이었다고 한다. 6개월간 힘들게 금연을 유지했지만 그사이 과도하게 체중이 증가해 결국 중도에 포기하고 말았다. 미현씨는 평소에 외모에 관심이 많았는데, 입 냄새, 담배 냄새 나는 옷, 과체중 등 소위 사회적으로 '이상적'으로 그려지는 여성상에 어긋나는 요소들에 신경을 쓰고 있었다.

"사실 여기 일이 힘들다고 하지만 담배 피우는 사람은 어딜 가도 피운다. 그리고 나는 끊을 생각이 별로 없다. 여자는 임신 때문에 담배를 끊어야 된다고 하는데 내 주변에는 임신 중에 담배를 피우고도 아기 잘 낳고 사는 사람들이 적지 않다. 하루에 한두개비 정도 피우는 사람은 많다."

마지막으로 선영씨의 경우 미현씨만큼 흡연을 옹호하지는 않았지만 오랫동안 사교의 도구로 흡연을 이용해왔기 때문에 금연에 대한 생각이 크지 않았다. 선영씨는 경미하지만 천식까지 앓고 있었으며 콜센터 근무 1년 만에 체중이 5킬로그램이나 빠질 정도로 건강이 좋은 편이 아니었다. 하지만 동료와 함께 흡연하는 즐거움을 포기하려 하지 않았다. 고등학생 아들 둘을 둔 그녀는 낮에는 학부모로서 아들들을 뒷바라지하고, 저녁 7시부터 자정까지 밤 시간에는 콜센터에서 근무하면서 생활비를 벌었다. 밤낮으로 힘든 일상 속에서 흡연은 그녀에게 큰 위안이 되었다.

그렇다고 흡연을 마냥 긍정적으로 받아들이지는 않았다. 아이들이 실망할까봐 아직까지 자신의 흡연 사실을 숨기고 있었다. 또한 나에게 자주 찾아와 수시로 일산화탄소 수치를 측정하고 "하루에 딱 한개비만 피우면 솔직히 건강에 별문제 없지 않느냐"라며 지속적으로 자신의 건강을 확인했다. 이처럼 흡연의 해로움을 항상 신경 쓰고 있다는 것을 인정받으려 했던 선영씨의 모습은 '천식을 앓는 콜센터 여성 흡연자'라는 중첩된 사회적 낙인으로부터 벗어나려는 의도가 아니었을까. 물론 그 결과는 결국 자기위안과 자괴감의 순환을 동반한 흡연의 장기화였지만 말이다.

"내가 원래 천식 기도 있다. 그래서 예전에는 깊게 빤 적도 있었는데 [지금은] 주로 '겉담배'를 많이 피운다. 그저 버릇처럼 피운다. 난 거의 '식후 땡'이다. 애들 학교 보내고 나서 커피 한잔 타서 텁텁한 입을 살짝 입가심하고 담배 한대를 피운다. 이 맛이 참 좋다.(웃음) 정말 하루에 딱 한개비만 피우면 솔직히 건강에 별문제 없지 않나?"

## 콜센터, 여성의 몸에 흠을 남기다

비록 네명의 사례만 소개했지만 콜센터라는 인위적 흡연 천국 안에는 정말 흡연자의 숫자만큼 다양한 흡연의 이유가 있었다. 악성 고객 때문에 테라스 휴게실로 나가 '[끊었던] 담배를 피우느냐 뛰어내리느냐' 갈등한다는 건 어떤 경험일까. 이들의 삶이 얼마나 힘들지 가늠하는 것조차 어렵다. 다만 그렇게 지속될 수밖에 없는 흡연이 여성이라는 이유만으로 이들을 어떤 시선 속에서 살아가게끔 만드는지는 말해볼 수 있을 것 같다.

가장 기억에 남은 것은 상담사들이 나에게 금연에 대해 이야기할 때면 자신의 건강보다는 '2세의 건강'을 주된 이유로 꼽았다는 점, 그러니까 흡연과 연관된 여성의 몸에 대한 여러 논의에서 늘 임신이 중심이었다는 점이다.[11] 흡연의 다양한 유용성이 상담사들 사이에서 공유되었지만 미래의 어머니 입장에서 바라보는 흡연은 전혀 다른 의미로 받아들여졌다(앞서 소개한 미현씨의 경우 임신과 흡연의 상관성을 인정하지 않았지만 이것이 2세에 대한 어머니로서의 책임 자체를 부정한 것은 아니었다). 이러한 사실은 크게 상담사들, 관리자, 보건소라는 세가지 경로를 통해 확인할 수 있었다.

가장 먼저 상담사들과의 인터뷰 내용을 살펴보면 여성의 몸은 대부분의 경우 아이를 위해 '깨끗이' 유지되어야 할 것으로 받아들여졌다. 그렇기에 담배는 어머니로서의 몸을 더럽게 만드는 오염 물질로 인식되었다. 특히 임신 전에 담배의 성분인 니코틴이 몸속에서 전부 빠져나가야 된다고 생각해 아이를 갖기 전에 적어도 2, 3년 담배를 끊겠다고 말하는 이도 있었다.

아이에 대한 이와 같은 절대적인 책임감은 본능적이라기보다는 성인 여성의 정상적인 삶의 궤도가 결혼과 출산이라는 사회의 오래된 합의를 학습한 결과로 보인다. 한 상담사의 표현처럼 여성에게 있어 흡연 습관은 아이를 가져야 할 몸에 '흠'을 남기는 행동으로 받아들여졌다. 지극히 개인적인 선택일 수 있는 흡연이 남성과 달리 여성에게는 흠으로 받아들여지는 것은 출산 및 양육이 여성에게 일종의 사회적 책무로 여겨지기 때문일 것이다.

한국콜센터 안에서도 이와 같은 양육의 책무를 실감케 하는 요소들이 있었다. 물론 이 역시 상담사의 높은 흡연율 때문이었다. 회사는 직원들의 건강을 위한다는 표면적 이유로 '금연 펀드' 형식의 금연 프로그램을 운영했다. 금연을 희망하는 상담사들이 참가비 10만원을 내고 회사가 일정 금액의 상금을 걸어 6개월간 금연에 성공한 참가자들에게 모인 돈을 동등하게 분배하는 방식이었다. 이러한 사내 캠페인은 업무 능률을 높이기 위해 흡연 공간과 시간을 보장해주는 흡연 천국의 모습과 이율배반적이다. 하지만 캠페인을 기획한 관리자들의 이야기를 들으면 이런 모습이 꼭 모순적으로 느껴지지만은 않는다.

본사에 소속된 남성 관리자 E는 일반 상담사에게는 그러지 않지만 실장급 여성 직원들을 불러서는 "너 애 안 낳을 거야? 왜〔담배] 피워?" 하는 식으로 노골적인 비난을 일삼았다. 또한 흡연은 말단 상담사 수준에서나 하는 것이지 실장의 위치에서 할 게 아니라며, 흡연하는 상담사들을 2세를 걱정하지 않는 부도덕한 여성으로 취급하는 분위기였다. 관리자의 입장에서는 여성 상담사들의 노동력을 강화하기 위해 불가피하게 드러그 푸드인 담배를 허용해야만 했고, 동시에 금연 프로젝트는 이벤트성에 그치더라도 회사에 도덕적 면죄부를 주기 위해 필요한 제스처였다. 이 캠페인은 회사가 여성 상담사의 몸을 오염시키면서까지 착취하는 것이 아니라는, 직원의 건강을 신경 쓰기에 상금까지 걸면서 금연 프로그램을 운영하는 도덕적인 조직이라는 구색을 갖추기 위한 것이라 볼 수 있다.[12] 캠페인은 실패로 돌아갔지만, 성공 여부와 상관없이 이제 상담사의 흡연 행위에 대한 책임은 개인의 도덕적 선택의 몫으로 넘어가버리고 회사는 면죄부를 얻게 되었다.

여성의 몸이 사회적 몸, 즉 '임신할 몸'임을 각성시켜주는 또다른 통로는 인근 보건소에서 콜센터에 제공한 금연 팸플릿에서 찾아볼 수 있었다. 〔그림 2-5〕에서 보듯 담배를 피우는 여성에게 현대 의학이 전하고자 하는 메시지는 흡연이 여성의 몸에 가하는 신체적 해로움이 아닌 이상적인 '어머니상'이었다. 건강한 아이를 안고 있는 어머니의 모습은 여성으로 하여금 미래의 어머니로서 가져야 할 도덕적 책임을 부각시키는 듯 읽힌다. 흡연이라는 영역에 들어오면 여성의 몸은 개인의 몸에서 임신할 몸으로 전환된다. 팸플릿 안에 쓰인 문구는 이를 더 명확하게 말해준다. "여성의

2-5 여성 흡연자를 대상으로 하는 금연 팸플릿.

몸은 임신과 출산을 해야 할 성스러운 몸입니다. 자신을 건강하게 관리함으로써 건강한 2세를 양육하고 건강한 가정 지킴이가 되어야 할 것입니다." 이 문구에 흡연이라는 단어는 포함되어 있지 않다. 여성에게 임신할 몸의 의무와 운명을 주입하는 것만으로도 목적을 달성한 것이다.

한국 사회에서 여성의 몸은 여전히 '자궁'이라는 상징에서 벗어나지 못한 듯하다. 자궁을 지닌 여성의 몸은 사회적 몸으로 구속되고, 흡연이 여성에게 오염으로 분류되는 것은 바로 이러한 상징이 작용한 결과라 할 수 있다. 이 상징이 어떠한 물리적 구속력을 지닌 것은 아니며 여전히 여성은 자신의 의사에 따라 사회적 낙인이라는 상징의 굴레에서 벗어날 수 있지만, 선택의 자유가 역설적으로 개인의 선택을 제한하고 굴레를 벗어나기 어렵게 만들기도 한다. 선택의 자유란 결국 흡연에 대한 책임을 사회가 아닌 개인의 도덕성 문제로 전락시키기 때문이다. 여기에 이익 추구라는 콜센터의 제일의 목표와 상담사의 열악한 경제적 상황이 맞물리면서 '임신할 몸'에 대한 도덕적 상징은 약화되고 '노동할 몸'이 강조된다. 이러한 상황에서 상담사는 흡연에 얽힌 낙인과 미래의 아이에 대한 잠재적 죄책감에 노출되기도 하지만 한편으로는 월급과 담배의 위안을 받으며 생활하고 있었다. 콜센터 상담사가 이와 같은 모순된 현실에 대해 무감각한 것은 아마도 여성의 흡연 행위가 콜센터 안에서는 너무나 일상적이기 때문일지 모른다. 콜센터라는 경계선 안으로 들어오면 누구도 흡연 때문에 여성을 나무라지 않는다. 주변에는 자신과 같은 흡연자들이 즐비하다. 금연에 대한 동기부여(주변 비흡연자의 시선 및 권유 등)가 희박한 공간인 셈이다. 즉 콜센터라는 흡연 천국에서 이들의 모순된 사고와 행동은 지극히 정상적인 것으로 여겨질 수 있다. 이렇게 콜센터는 여성의 흡연에 대한 사회적 낙인이 재생산되는 훌륭한 배지培地로 작동하고 있었다.

## 연막이 가리고 있는 콜센터의 한숨들

'한숨들의 무덤!'

연구를 진행하면서 들었던 인상 깊은 표현 중 하나다. 콜센터에 비치된 재떨이를 보고 어느 상담사가 한 말이다. 상담 중에는 한숨 소리조차 고객에게 들려서는 안 되기 때문에 꾹꾹 눌러둔 뒤 흡연실에서 담배 연기와 함께 비로소 그 한숨을 내뿜는다. 과연 이런 제한된 한숨만이 보장되는 곳을 천국이라 부를 수 있을지 모르겠다. 콜센터 밖 세상이 여성에게 얼마나 가혹하기에 겨우 흡연할 권리가 이렇게 큰 보상으로 해석될 수 있을까 싶기도 하다.

캐나다의 여성 흡연 역사를 연구한 사회학자 로렌 그리브스 Lorraine Greaves는 여성이 흡연을 다섯가지 측면에서 이용한다고 보았는데, 각각 사회적 관계의 형성, 마른 몸매나 스타일 등 이미지 창조, 감정의 통제, 의존성, 정체성이다.[13] 그런데 그녀가 주목한 부분은 이러한 담배의 사회적·심리적 이득이 최종적으로는 캐나다 사회에서 여성들이 처한 불평등한 상황을 더욱 강화한다는 점이다. 그리브스는 흡연이 캐나다 여성들을 통제하는 사회적 수단처럼 활용되고 있음을 지적하며 이를 은유적으로 '연막'smoke screen이라고 표현했다. 즉 담배 연기가 여성의 불평등한 현실을 가리고 있다는 지적이었다. 같은 맥락에서 영국의 정치경제학자이자 여성학자인 레슬리 도열Lesley Doyal 역시 영국 사회에서 담배가 모든 흡연 여성의 삶의 모순을 상징함은 물론, 흡연이 신경안정제처럼 "여성들에게 감정을 지배할 수 있다는 '환상'을 심어준다"라고 비판했다.[14] 한국 사회에서 콜센터의 담배 연기는 이런 지적에서 얼마나 벗어나 있을까? 한국콜센터 흡연실에서 피어오르는 담배 연기는 얼마나 많은 한숨들을 가리고 있을까? 그 연기마저 대나무로 가리고 있으니 상담사의 현실을 가리는 '막'은 두텁기만 하다.

콜센터는 쉽게 보이지 않는 흡연이라는 낙인이 여성에게 추가되는 현장이다. 낙인이란 무엇일까? 사회학자 어빙 고프먼Erving Goffman의 정의에 따르면 낙인이란 '심각한 불명예를 초래하는 특성'이다.[15] 이 특성은 몸에 묻은 단순한 얼룩 같은 특성을 지칭하는 것을 넘어서는데, 낙인은 당사자에게 끊이지 않는 도덕적 경험이자 온몸으로 경험하고 기억하는 신체적·감정적 과정이다.[16] 타인의 도덕을 쉽게 의심하는 눈빛에 끊임없이 노출되는 경험일 테다. 그렇다면 콜센터 상담사들은 옥상 위 담배 연기 말고 또 어떤 불명예스러운 시선에 노출되어 있을까? 초 단위로 이루어지는 감시 속에 담긴 의심의 눈빛과 헤드셋 너머 들리는 의심의 목소리는 이들에게 어떠한 경험일까? 한국 사회에서 이 같은 경험을 통해 얻는 이득 혹은 기능은 무엇일까? 낙인이 존재한다는 것은 곧 이를 생성시키는 권력이 있다는 의미다.[17] 지금부터 담배 연기라는 연막에 가려진, 콜센터를 둘러싼 권력이 무엇인지 파헤쳐보고자 한다. 감정노동이라는 담론에 감춰진 상담사들의 일상에서 말이다. 연막이 걷히면 무엇이 등장할지 사실 두렵기도 하다.

# 투구가 된
# 헤드셋

# 2

# 3장
# 감정 이상의 노동 현장, 콜센터

## 디지털 버전의 여공을 찾다

디지털단지에서 오래된 굴뚝과 굴뚝 조형물은 쉽게 눈에 띈다. 그리고 흡연하는 여성과 담배꽁초가 산더미같이 쌓인 한숨들의 무덤을 찾는 것 또한 어렵지 않았다. 그렇지만 이야기를 나눌 여성 상담사를 만나기란 예상대로 어려웠다. 한때는 콜센터에 일정 기간 취직할 생각도 진지하게 했다. 그래서 콜센터에서 근무했던 경험을 바탕으로 사회학 석사 논문을 쓴 연구자를 만나 조언을 구하기도 했다.[1] 실제로 영국의 사회학자 제이미 우드콕Jamie Woodcock은 상담사로 취업해 자신의 경험을 바탕으로 『전화로 일하기』 Working the Phones라는 책을 발표하기도 했다.[2] 그러나 당시 나는 현장연구 기간이 끝나면 영국으로 돌아가야 했기에 고작 몇개월 근무하는 것으로 상담사 경험을 해보았다고 말하기는 경솔하다 판단했고, 오히려 나의 경험 안에 다른 상담사들의 삶을 가두어둘 수 있다는 우려가 컸기 때문에 결국 이 방법은 포기했다. 어려워도 연구자라는 한계를 인정하고 발품을 팔아 직접 상담사들을 찾는 것이 맞다고 결론지었다.

그래서 가장 먼저 이 지역의 선배 연구자에게 연락을 취했다. 2012년 디지털단지 3단지에서 콜센터 여성 상담사를 연구했던 연구 위탁업체 실장을 찾아가 당시 어렵게 구한 콜센터 업체 리스트를 받을 수 있었다. 그 리스트 역시 연구소 직원들이 직접 관리사무소를 찾아 업체에 대한 정보를 구하거나 인터넷 구직 사이트를 뒤져 일일이 전화 통화를 해서 확인한 결과였다. 나 역시 업체 리스트를 가지고 현장에 방문하는 수밖에 없었다. 그 과정에서 연구소 실장에게 두가지 중요한 이야기를 들을 수 있었다. 첫째는 콜센터 업체가 상담사들과의 면담에 직접적으로 개입하는 경우가 있었다는 사실이다. 심지어 질문사항을 확인한 후에야 상담사들의 면담을 허락해주었다고 한다. 둘째는 이런 영향 때문인지 그녀가 면담했던 여성 상담사들이 생각했던 것보다 어려움을 겪지 않는다고 느꼈다는 점이다.

"〔콜센터 상담사들이〕 힘들다고 하는데 사실 별로 아닌 것 같다. 내가 그때 인터뷰를 온 분들을 만났는데 내가 본 분들은 그렇게 힘들어 보이지 않았다. 내 생각에는 콜센터 직원들은 그래도 **일단 얼굴을 가리**

고 하니깐 그걸로 보상받는 게 아닌가 싶다. 그냥 힘들다는 느낌이 별로 안 든다. **사실 내가 가본 곳 중에 봉제공장과 만화영화 그리는 곳이 정말 힘들어 보였다.** 봉제공장은 정말 박봉에 고생한다. 만화 쪽도 개인 취향에 맞아서 그렇지 정말 앉아서 끊임없이 그린다. 골병든다. 내 생각에 세상에서 가장 힘든 곳은 **못 쉬고 일하는 곳**인 것 같다. 콜센터는 감정노동이 언론에 노출도 되고 그래서 좀 나은 듯한데 다른 직종은 주목을 받지 못한다."

실장의 이야기를 듣고 여러 생각이 들었다. 물론 그녀가 검열을 통과한 여성 상담사들을 만났던 영향도 있을 것이며, 실제로 상담사들이 어떤 감시 속에서 쉬지 못하고 일하는지 현장을 직접 보고 파악하지 못해서일 수도 있다. 그럼에도 봉제공장이나 만화영화 제작소 같은 다른 노동 현장에 대한 그녀의 지적은 나에게 디지털단지 내 여성 노동자의 전반적인 노동 환경 실태를 고민하게 하는 계기가 되었다. 감정노동자들은 언론 등의 주목이라도 받아서 그나마 나은 상태라는 이야기를 듣고 나 역시 그 같은 주목에 이끌려서 콜센터에 온 것은 아닌지 스스로를 돌아보았다.

실장과의 미팅 후 나는 리스트에 적혀 있는 건물의 관리사무소를 찾아갔다. 그리고 가장 인원이 많은 것으로 확인된 곳에 인터뷰 대상자 모집 공고문을 게재했다. 설마 했는데 가장 먼저 연락을 준 사람은 콜센터 관리자였다. "뭐 하는 분이세요? 이게 도대체 무슨 연구예요?" 등 취조 아닌 취조를 당했다. 자신의 신분조차 제대로 알리지 않고 전화를 끊기 일쑤였고, 수화기 너머로 냉소적인 반응이 전달될 정도였다. 하지만 감사하게도 차후 상담사들에게 연락이 왔다. 그리고 여성 상담사들이 많이 참여하는 인터넷 사이트를 소개받아 온라인 모집 공고도 올리면서 더디지만 조금씩 상담사들을 만나게 되는 성과가 있었다. 물론 바로 연결된 것은 아니었다. 중간중간 장난전화도 있었고, 약속 장소에 나타나지 않거나 영국 유학 중인 학생이던 나에게 영어 공부를 문의하는 등 각종 사기(?)를 당하기도 했다. 말 그대로 '상담사 찾아 삼만리'였지만 인터뷰에 참여할 상담사들을 기다리는 동안 선배 연구자인 실장의 이야기를 떠올리며 디지털단지에서 일하는 다른 직종의 사람들을 만나 그들의 이야기도 듣고 싶었다. 그런 와중에 연구와 관련해서 조언을 듣고자 방문한 한 여성단체에서 마침 디지털단지 1단지에서 데이터베이스 처리 분야의 시간제 직원, 즉 아르바이트 직원으로 일하고 있는 20대 중반의 시초씨를 만나게 되었다.

시초씨는 대학생 시절 소위 '꿀 알바'를 찾아 구직 사이트를 헤매던 중 지금의 일을 하게 되었다고 했다. 그녀가 했던 데이터베이스 처리 작업은 새로 출간된 책을 스캔해서 특정 프로그램으로 자동 정렬한 후 깨진 글자들을 찾아내 복구하는 일이었다. 그녀에게 이것이 '꿀 알바'였던 것은 사람에 덜 치이고 몸이 덜 힘들다는 두가지 이유에서였다. 그저 자리에 앉아 이어폰을 꽂고 "인형 눈깔 끼는 것"처럼 활자 속에서 깨진 글자를 찾으면 되었다.

그런데 그녀는 막상 일을 시작해보니 이 일이 완전히 여성형 막노동이라고 느끼게 되었다며, 이를 "여공들의 디지털 버전"이라고 했다. 정적이고 지엽적이고 반복적인 일의 특성을 '여성적'이라고 보는 고정관념도 심했으며, 먼지 대신 전자파에 노출되고, 일의 개념이 1970년대에 머물러 있다고 표현했다. 상사는 "일이란 게 군대와 비슷하다. 모두가 힘들게 일하는데, 그리고 일이란 게 원래 고생인데, 왜 너만 편하려고 그러느냐" 하는 식으로 시초씨를 몰아붙였다. 일이 힘든 게 당연하다는 개념은 현실에서 여러 방식으로 드러났다. 가령 눈치를 보느라 화장실을 제때 가지 못하기도 하고, 시간제 직원은 정규직처럼 지문 인식 시스템에 등록되어 있지 않아 잠깐 휴식을 취하러 나가려면 몇개의 공용 카드키를 번갈아 가면서 사용해야 했다. 이것이 디지털단지에서 그나마 '꿀알바'로 통하는 직장의 현실이었다.

시초씨는 이곳에 근무하는 20대 중후반, 30대 여성들의 막노동 현실의 원인으로 구직난을 지적했다. 2014년 말 당시 여성의 경우 나이 서른이 넘으면 취직이 매우 힘들었다. 25세 이전까지는 구직 사이트를 통해 열군데에 이력서를 넣으면 여덟군데 정도 답이 오지만 25세를 넘으면 한두군데로 급감하는 상황이었다. 시초씨는 회사가 이 상황을 가장 명확히 파악하고 있었고, 그것을 역이용해 이직이 어려운 30대 여성 혹은 주부들에게 무리한 일을 시킨다고 말했다. 그녀가 경험한 이런 현실은 결국 콜센터 여성 상담사들이 직면한 것과 크게 다를 바 없을 것이다. 30대가 되면 여성의 구직 여건은 급격히 악화되고, 그것을 고용주 측에서 역이용하는 현실 말이다. 디지털 버전의 여공이라는 시초씨의 표현이 아프지만 너무나 적확하다고 느껴졌다.

시초씨는 처음 구로에 있는 디지털단지 3단지를 방문했을 때 충격을 받았다고 했다.

"〔영화〕「공각기동대」 본 적이 있나? 미래인데 디스토피아인 곳이다. '사이버펑크'라고 하는데, 구로 디지털단지를 보면서 사이버펑크라고 생각했다. 외벽이 온통 유리고 철골 구조라서 꼭 「공각기동대」를 보는 것 같았다. 그리고 출퇴근 시간에는 정말 전쟁터처럼 사람들이 쏟아져 나오고. 그런데 또 가리봉동 쪽 구로를 가면 완전히 다른 세상이어서 충격이었다. 오래된 아파트, 화려한 조명의 양꼬치 집들, 조선족 종업원들이 있었다."

시초씨의 묘사가 내가 처음 디지털단지를 헤매며 느꼈던 감정과 너무 흡사해서 놀랐다. 거대한 유리벽을 자랑하는 아파트형 공장 안에 과거 여공들과 다름없이 일하는 여성 노동자들이 숨겨져 있는 모순된 현실, 그리고 단지 중간에 외딴섬처럼 조선족들이 옛 여공의 벌집촌에서 거주하는 교차된 현실 말이다.

시초씨는 스스로를 '디지털 버전의 여공'이라 부르면서 또 '니트족'이라고 칭했다. 의무교육을 마친 후에도 진학이나 취업 혹은 직업훈련에 관심이 없는 사람을 니트족NEET, not currently engaged in education, employment or training이라 부른다. 그녀가 스스로를 니트족이라 칭하는 데에는 나름의 이유가 있었다. 일터에서 만나는 사람들은 모두 '꼰대, 정신이상자, 서로를 이해하지 않는 동료들'로밖에 보이지 않았고, 좁은 책상머리에서 이어폰으로 귀를 막고 기댈 수 있는 세상이란 인터넷뿐이었다고 한다. 페이스북, 트위터 등 SNS를 통해 마음껏 이야기할 수 있고 정보를 주고받을 수 있는 곳 말이다. 그녀가 옴짝달싹할 수 없는 상황에서 시간제로 일하면서 할 수 있는 사적인 행동이라고는 사이버 스페이스를 누비는 것밖에 없었다. 그렇게 윗사람들 눈치 보며 쩔쩔매는 선임들처럼 되기를 포기하고 사이버 네트워크에서 위안을 얻고 지내는 삶, 그것이 그녀가 정의하는 니트족이었다. 직장에서 대면으로도 비대면으로도 사람과 부딪히는 것을 꺼려했던 혹은 두려워했던 니트족 시초 씨에게 음성으로 사람들과 실시간 부딪히는 콜센터 상담사 일은 '꿀 알바'와는 전혀 거리가 먼 직장이었다. 그녀에게 사회적 공간은 데이터베이스 속 글자와 사이버 스페이스 속 글자 같은 활자뿐이었다. 이렇게 디스토피아 같은 디지털단지에서 스스로 만든 안전지대 안의 니트족으로 살아가는 시초씨와의 만남은 앞으로 마주하게 될 또다른 디지털 여공, 콜센터 여성 상담사를 조금이나마 이해할 수 있는 힌트를 주었다.

## 매체에 재현된 콜센터 상담사의 얼굴

시초씨는 자신을 '니트족'이자 '디지털 버전의 여공'이라고 정의했다. 그렇다면 콜센터 여성 상담사들은 스스로를 어떻게 정의내리고 있을까? 그녀들의 이야기를 꺼내기 전에 먼저 한국 사회가 여러 매체에서 콜센터 상담사를 어떻게 재현하고 있는지 이야기하고 싶다. 상담사를 둘러싸고 너무 많은 이미지들이 겹겹이 쌓여 있는데, 그것이 하나의 틀처럼 통용되고 있는 듯하다.

진상들은 대부분 스스로를 과대 포장했다. (…) 아마 스스로 그렇게 되길 바랐지만 손에 쥐지 못한 모습을 그려내는 것이리라. (…) 진상의 세계는 콜센터에 전화를 걸어 진상짓을 할 때만 열렸다. 그래서 이들은 진상짓을 중단할 수 없었다. **자신의 말에 대꾸를 하고 자신에게 죄송하다고, 용서해달라고 말하는 사람은 콜센터 전화기 너머에만 존재하기 때문이다.** 분명한 것은 이들이 대화 상대가 비굴해지는 것에서 쾌감을 느낀다는 것이었다. 결과적으로 시현은 **비굴해지는 연기를 '리얼하게' 해야 했다.** 진상이 상담사가 연기를 하고 있다고 느끼면 영원히 수화기를 내려놓을 수 없었다. 시현은 있는 대로 비위를 맞춰주고 진상을 화나게 한 상담사를 깎아내려 용서를 구걸했다.[3]

김의경 작가의 소설 『콜센터』에는 유능한 상담사 시현이 등장한다. 그녀가 직면한 현실은 '진상의 세계'다. 진상짓을 하는 사람과 진상짓에 '리얼하게' 반응해주는 사람이 주요 등장인물이다. 진상에게 맞장구를 해주는 것이 상담사의 가장 중요한 역할이다. 핵심은 리얼한 연기다. 이는 진상의 세계를 최대한 빨리 벗어나기 위한 생존 수단이다. 그렇기에 상담사는 리얼한 비굴함을 얻는 대신 여러 고통을 감내해야 한다. 이러한 콜센터의 현실은 미디어를 통해 반복적으로 부각되었다. 예를 들면 악성 고객의 폭언 이후 정신적 외상을 입고 정신과 약을 복용하는 콜센터 상담사의 심리적 고통을 보여준다든지, 여성 연예인이 상담사 체험을 하면서 폭언에 충격을 받고 눈물을 흘리는 장면이 방영되기도 했다.[4]

특히 고용노동부 및 안전보건공단이 2015년에 만든 감정노동자 보호 포스터는 소위 감정노동자가 어떤 이미지로 재현되고 소비되고 있는지 잘 보여준다. 포스터에는 단정하게 머리를 묶은 젊은 여성이 슬픈 얼굴을 하고 고개를 왼쪽으로 돌린 뒷모습이 등장한다. 여기에는 '슬퍼도 웃어야 하는 사람들'이라는 문구와 함께 '700만 감정노동자⋯ 당신의 말 한마디에 울고 웃습니다'라는 설명이 적혀 있다. 이 포스터가 전하는 메시지의 핵심은 노동자들이 자신의 실제 감정과 달리 친절하게 웃는 연기를 해야만 한다는 점이다.[5]

나는 감정노동자의 모습이 긴 생머리를 한 가녀린 젊은 여성으로 연출된 것이 못내 불편했다. 그리고 '당신의 말 한마디'가 슬픔의 가장 주요한 원인이라고 지적한 부분도 불편했다. 분명 '진상짓'을 하는 고객들이 존재하고 상담사가 그 피해자일 수 있지만, 이렇게 나약한 여성으로, 도움만 기다리는 모습으로 재현한 것은 마치 이들을 시혜의 대상으로만 표현한 듯 느껴졌다. 포스터가 사실이라면 고객만 친절해지면 모든 문제가 해결되는 것일까? 동정 혹은 공감의 부족만이 원인일까? 진상의 세계에 등장하는 주요 인물은 진상과 상담사 둘이지만, 그 세계를 인정하고 유도하는 제작자는 없는 것일까? 왜 제작자는 논의에서 벗어나 있을까?

연구가 한창이던 시기에 이 같은 사회적 재현에 대해 상담사들과 자주 이야기를 나누었다. 모두가 그런 것은 아니었지만 많은 상담사들이 비슷한 답변을 했다. 헤드셋을 '투구'라 부르는 전쟁터 같은 곳에서 스스로를 보호하기 위해 비굴함을 연기하는 그녀들에게 감정노동이라는 표현은 만족스러울 수 없었다.

"언론이나 다른 데에서 감정노동만 이야기하는데 편향적이라고 생각했다. **너무 감정노동을 가볍게 생각하는 듯도 했다.** 특히 감정노동의 문제를 인권 차원에서만 보는 건 사실 너무 가볍다. 공감이 아니라 그냥 분석하고 싶은 거 같다."

　　　　　　　　　　　── 20대 중반 여성, 핸드폰 서비스센터 상담사

"상담원들 업무에 대해 감정노동이라는 표현을 많이 한다. 맞다. **감정노동 맞다. 그런데 이 말을 쓰는 게 더 안 좋은 것 같다.** 고객 응대 스트레스를 뭉뚱그려 이것을 하나의 단어로 확정한 것 아니냐? 내가 아프다, 아프다 하면 실제로 더 아픈 것 같기도 하고. 오히려 나는 충분히 이겨낼 수 있는데 이 단어 때문에 더 신경 쓰여서 우울해질 수도 있는 것 같다."

—30대 초반 여성, 카드회사 상담사

상담사들이 이렇게 답한 이유가 뭘까. 비굴함을 절실하게 연기하는 게 진상의 세계에서 그나마 안전한 곳으로 도망갈 수 있는 방법인 것은 사실이다. 그러나 현실에서는 그 비굴함을 연기조차 할 수 없는, 정말로 비굴해질 수밖에 없는 모욕적인 상황이 언제 터질지 모른다. 눈물 한번 흘리고 세수 한번 하면 끝나는 가벼운 비굴함이 아니다. 이런 고달픈 현실을 보여주는 사건들이 있었지만 사람들의 기억 속에 작은 흔적조차 남기지 못하고 잊혔다. 2013년 롯데백화점과 이랜드 NC백화점 판매 노동자가 연이어 목숨을 끊는 일이 있었다. 이와 관련해서 희정 작가는 『노동자, 쓰러지다』에서 '웃으면서 죽어가는 노동'에 대한 취재 내용을 소개한다. 이 책에 소개된 인터뷰 내용은 정부기관의 감정노동자 보호 포스터가 얼마나 피상적인지를 잘 보여준다.

"직원 중에 자살한 애들 많은 거 알죠? 여직원들, 저희 ○○(유명 화장품 브랜드)에만 3명 있었어요. 매니저급 2명이 자살을 했고, 한명은 조원이 자살을 했어요. 안 좋은 감정들을 다 받아들여요. 내가 정말 핫바리구나. 컴플레인을 세게 맞고 나면요, 우울증이요, 짧게는 정말 3, 4일 가고요. 많게는 몇년 가요. 기억에 남아요. 안 남겠어요? 인격적인 모독을 받는데? 그래서 자살한 직원들도 많아요."[6]

NC백화점 액세서리 매장에서 일하던 협력업체 여성 직원이 남긴 유서에는 "많이 힘들었고 많이 참았다. 더이상 백화점 일을 하고 싶지 않다"[7]라고 적혀 있었다. 비굴함을 연기하는 일에도 분명 한계가 있다. 그리고 그 영향이 길게는 몇년 동안 이어질 수도 있다. 그런데 '컴플레인을 세게 해도 되는 무대' 즉 진상의 세계를 만든 제작자는 어디에 있을까? 이것은 시민들에게 감정노동자를 배려해달라고 감정에 호소할 문제가 아니라 안전한 노동 환경에 대한 문제가 아닐까?

여전히 현실은 여기까지 도달하지 못한 듯하다. 2021년 5월 한 유명 토크쇼에 20년 차 114 상담사가 출연했다. 진행자가 그녀를 대신해 막말 고객에게 쓴소리하는 장면이 있었다. 그리고 '진상 퇴치 완료'라는 자막과 함께 상담사의 '속이 너무 시원하다'는 대답이 이어졌다. 물론 진행자가 어떤 마음으로 대신 쓴소리를 했고 상담사가 왜 이것에 감사해했는지 충분히 이해할 수 있는 장면이었다. 그러나 114 상담사의 일이란 그렇게 간단히 넘어갈 수 있는 문제가 아니다. 왜냐하면 그 114 상담사가 속한 KT는 '죽음의 기업'이라는 수식어가 붙을 정도로 진상의 세계를 만드는 가혹한 제작자로 알려져 있기 때문이다. 『노동자, 쓰러지다』에서 희정 작가는 2001년 12월 상호명을 한국통신에서 (주)KT로 변경한 이 회사가 완전한 민영화를 위해 '비상 경영' '합리적 경영'을 명목으로 어떻게 정리해고를 단행했는지 소개하고 있다. 그리고 그 결과 극단적 선택을 한 사람들에 대해 이야기한다.

KT는 2000년 초반부터 약 10년간 4만 4,000여명의 직원 중 1만 3,000여명을 해고, 희망퇴직, 전환 배치했으며, 2014년에는 최대 규모인 8,000명이 넘는 인원을 명예퇴직시켰다. 어찌 보면 기업이 합리적 경영을 위해 체질 개선을 한 것으로 이해할 수도 있다. 그러나 희정 작가는 KT의 '부진 인력 퇴출 프로그램'이 모멸감과 왕따를 적극 활용한 최초의 사례에 해당할 수 있으며, 그 결과 2013년에만 11명의 KT 직원이 스스로 목숨을 끊었고 6년 사이 죽음을 택한 KT 직원이 23명에 달한다고 밝혔다.[8] 2011년 『경향신문』에는 「KT 직원 또 투신 자살… 전환 배치 후 노동 스트레스」라는 제목의 기사가 실리기도 했다.[9] 이렇게 KT는 '죽음의 기업'이라는 불명예를 얻게 되었다.

KT의 정리해고 대상에는 당연히 콜센터 상담사도 예외일 수 없었다. KT는 2005년 114 교환원을 아웃소싱해서 자회사로 퇴출시켰다. 여성 노동자 1,000여명이 이미 퇴출된 후에도 400~500명에 달하는 추가 인원이 '퇴출 프로그램'에 따라 전환 배치 혹은 퇴출 압박을 받았다고 한다. 그런데 관련 기사의 중간 제목이 다음과 같았다. "콜센터 여직원에게 울릉도에서 전신주 오르게 하고 풀매기 강요."[10] 퇴출 명단에 오른 여성 노동자들은 근무 연수가 많거나 나이 든 노동자, 노조 활동을 했던 이들이었다고 알려졌다. 콜센터 직원이 전신주에 올라가는 일을, 그것도 울릉도까지 가서 그런 일을 하게 되리라고 상상이나 했을까? 이곳 상담사들에게 진상의 세계란 가상의 세계가 아니었다. 매체에 비친 모습들로만 상담사들은 판단해서는 안 된다. 헤드셋 너머 그 누군가가 상담사를 괴롭히고 있지만, 더욱 모멸감이 드는 것은 그럼에도 헤드셋을 벗어던지고 자리에서 일어날 수 없다는 현실일 것이다.

## 전문가의 눈에 비친 상담사의 모습

현장연구가 정리된 이후에 콜센터와 관련해서 가장 인상적인 음악을 알게 되었다. 래퍼 제리케이의 2016년 앨범 「감정노동」에 실린 '콜센터'라는 곡이다. "매일 아침 투구를 쓰듯 쓰는 헤드셋" "전화해 전화해 난 웃을 수 있어" 같은 가사들이 눈에 띄었다. 나중에 안 사실이지만 내가 현장연구를 한 콜센터에서 제리케이가 직접 상담사들을 만나 이야기를 나누었고, 그것을 바탕으로 가사를 쓴 것이라고 한다. 특히 헤드셋을 투구라고 표현한 것은 아마도 상담사로부터 직접 들은 내용을 바탕으로 한 듯했다.

나중에 나 역시 여러 상담사와 이야기를 나누면서 노래 가사가 어떤 의미인지 들을 수 있었다. 그중 가장 아팠던 부분은 "아무 이유도 없이 욕을 먹었던 건 그냥 내가 못난 사람이기 때문일 거야"라는 부분이었다. 내가 못났기 때문이라고. 물론 한 귀로 듣고 한 귀로 흘려버리는 이들도 있었지만, 적지 않은 상담사들이 자괴감에 빠져 문제의 원인을 자신에게 돌리곤 했다. 앞서 시초씨의 이야기처럼 나이가 서른이 넘으면 이직의 대안이 별로 없기 때문이기도 할 테다. 이직을 하는 동료들을 볼 때마다 그렇게 할 수 없는 자신이 너무 초라해 보인다고 말해준 이도 있었다. 노래 가사처럼 "전화해 전화해" 말만 하면 되는 줄 알았지만, 열심히만 하면 될 줄 알았지만, 웃음만 지으면 될 줄 알았지만, 결국 내가 못난 사람이기 때문이라는 고백으로 악순환되는 현실. 내가 앞으로 마주하게 될 현실이었다.

> 매일 아침 투구를 쓰듯 쓰는 헤드셋
>
> 모니터 옆에 둔 작은 거울을 보며 맹세
>
> 오늘은 기죽지 말자
>
> 누가 욱하게 해도 초보처럼 굴지 말자
>
> 졸업하고 나서 누구도 별거 없는
>
> 여성일 뿐인 니 허전한 이력서
>
> 거들떠도 안 볼 때 받아준 콜센터
>
> (…)
>
> 우리 기분은 아무도 묻질 않아
>
> 무시당하는 건 그저
>
> 내 목소리만 들리기 때문일까
>
> 전화해 전화해 난 웃을 수 있어
>
> (…)
>
> 아무 이유도 없이 욕을 먹었던 건

그냥 내가 못난 사람이기 때문일 거야

(…)

전화해 언제든지 난 웃을 수 있어

전화해 니가 화를 내도 난 웃을 수 있어

— 제리케이 '콜센터' 부분

상담사에게 그들의 사연을 직접 듣기 전 나는 소위 감정노동 전문가 혹은 콜센터 전문가라는 이들의 이야기를 들을 기회가 많았다. 특히 매니저, 실장 등 상담사들의 감정을 '관리'하는 직급의 사람들과 취약한 감정을 상담하고 해결하려는 심리상담사, 의사, 역학자 들의 주장을 접하면서 외부에서 감정노동 문제를 분석하는 학자들의 여러 담론과는 다른, 내부에서 문제를 해결하려는 관계자들이 주장하는 또다른 유형의 담론을 접할 수 있었다.

콜센터 내외부에서 형성되는 이러한 담론들은 주로 노동자의 취약한 감정에 초점을 맞추며, 콜센터 상담사들의 감정노동에 따른 심리적 고통의 원인과 결과를 대체로 상담사들의 낮은 자존감에서 찾고 있었다. 이러한 태도는 내가 현장연구를 진행하면서 만난 콜센터 담당 여성 심리상담사, 콜센터의 남성 관리직, 콜센터 업체 관계자 등을 통해 반복적으로 확인할 수 있었다. 이들의 의견은 구체적 표현의 차이만 있을 뿐 감정노동 문제의 핵심으로 개인의 자존감을 지적한다는 점에서 동일했다. 이들은 상담사들이 "기본적으로 자존감이 낮은 그룹이다" "프로페셔널 정신이 부족하다" "직업에 대한 자존감이 낮다"라고 이야기했다.

한번은 공개 토론회[11] 자리에서 콜센터 사업주 측의 견해를 들을 기회가 있었다. 발표자는 기본적으로 감정노동자를 '기업과 소비자의 접점'으로 이해했다. 그래서 상담사의 개인 역량에 따라 기업과 소비자가 원활하게 소통할 수도 있지만, 간혹 '기름 붓는 역할'을 하기도 한다고 지적했다. 물론 그는 상담사를 과도한 감정노동으로부터 보호하기 위해서 회사 프로세스상 상담사 보호 조치가 부족한 내부 환경을 점검하고 소비자의 갑질 같은 외부 환경에 대해서도 주의를 기울여야 한다고 언급했다. 그러나 아무리 완곡하게 표현하더라도 결론은 상담사 개인의 문제도 적지 않은 것으로 귀결되었다. 낮은 전문성! 프로 의식과 직업에 대한 자부심 결여! 어이가 없어 함께 발표를 듣던 감정노동 연구자와 함께 강연장 뒤에서 고개를 절레절레 흔들었던 기억이 생생하다.

이후에 나는 한 대형 콜센터 상담사들을 정기적으로 방문하는 심리상담사와 인터뷰를 했다. 상담사들의 속 깊은 이야기를 듣는 전문가는 어떠한 생각을 할지 매우 궁금했다. 심리상담사는 오랜 상담 경력 덕분인지 나에게 매우 솔직담백하게 이야기를 해주었다. 그녀는 상담사들이 겪고 있는 심리적 문제를 개인적 차원에서 보면 낮은 자존감이 가장 큰 요인이라고 지적했다. 래퍼 제리케이의 노래와 비슷한 지적이다. 그녀는 준비했다는 듯이 일목요연하게 그 이유를 세가지 꼽았다. 첫째, 상담사들 중 비만 등의 개인적인 이유로 기본적으로 자존감이 낮은 사람이 많다. 둘째, 상담사는 전문가가 아니다. 아무런 특징도 없고 아무런 능력도 없기 때문에 자존감이 높기 어렵다(물론 나는 이 말에 동의하지 않는다). 셋째, 대외적으로 내세울 게 없는 이들이 많다. 그녀는 어디 교본에 적혀 있을까 싶을 정도로 단호하게 개인적 차원의 이유를 열거했다. 이것은 그녀 나름의 상담 경험을 통해 얻은 데이터베이스를 바탕으로 말한 것일 테다. 콜센터를 정기적으로 방문하는 심리상담사인 그녀의 기억 속에서 주조된 콜센터 상담사의 전형적 이미지는 다음과 같은 모습이었다.

"콜센터는 취업이 쉽다. 그래서 지방에서 온 사람들이 많이 취직을 한다. 그런데 낮은 급여로 원룸에서 사는 게 사실 많이 힘들다. 월급이 한 150만원 정도면 여기서 월세로 40~50만원이 나가고 식비 쓰고 나면 남는 돈이 없다. 즉 돈을 저축할 수가 없고, 미래에 대한 희망이 없다. 이렇게 해서 우울증에 빠지게 되는 거다. 이런 경우에는 직접적으로 재정 상담을 해줘야 한다.

우울감이라는 것은 일단 낮은 자존감에서 온다. 그리고 중요한 문제 중 하나가 대출에 의한 스트레스다. 상담원 열명 중 두명은 대출 빚이 있는 것 같다. 대출은 사채업자에게서 받은 거다. 제2금융권. 여기 있는 사람들은 기본적으로 재산이 없어서 제1금융권에서 대출이 안 된다. 그래서 제2금융권에서 대출을 받는데 사채업자들한테서 매일 협박성 문자가 오니 우울하지 않을 수 있겠나. 아침에 눈 뜨면 빚 독촉을 받는데… 이게 사실은 법적으로는 못하게 되어 있다. 그런데 실제로는 마구 온다,

협박성 문자들이."

'저축할 돈이 없다 → 미래가 없다 → 우울하다' '돈이 부족해 대출을 받는다 → 빚이 생긴다 → 빚 독촉을 받는다 → 스트레스가 커진다'. 심리상담가가 본 콜센터 상담사의 두가지 전형에는 돈이 공통적인 원인으로 등장한다. 정말 소설 속에서나 등장할 만한 치정극 사례들도 들려주었다. 심리상담가가 만난 상담사 대다수는 고객 때문에 자존감에 상처를 입었지만, 그녀가 보기에 상담사들은 이미 자존감이 높을 수 없는 상황에 빠져 있었다. 마치 수학 공식처럼 콜센터라는 함수는 낮은 자존감이라는 값으로 귀결되는 듯 평가했다. 그녀가 목격한 콜센터는 상담사들이 '밀물처럼 들어왔다가 썰물처럼 나가는' 구조였다. 물론 잘 적응해 남아 있는 이들도 있지만 콜센터를 나가지 못하는 대다수는 스스로가 어디 부족한 것은 아닌가 생각하게 될 정도라고 했다.

심리상담사의 이야기가 너무 단정적이라는 생각도 들었지만, 한편으로는 내가 인류학자로서 듣기 힘든 금전적인 문제와 사생활 문제에 대해 들을 수 있었던 기회이기도 했다. 실제로 오랜 연구 기간 동안 나에게 이런 이야기까지 들려주는 상담사는 거의 없었다. 그럼에도 나는 여전히 적어도 두가지 지점에서 이런 해석이 불편했다. 하나는 콜센터 상담사는 전문가가 아니며 아무런 능력도 필요 없는 직종이라는 시선이고, 다른 하나는 상담사가 이렇게 아무런 능력이 없기 때문에 생활비 등을 쓰고 나면 남는 게 없을 정도의 월급만 받는 것이 당연하게 여겨지는 현실이다. 그녀는 콜센터 상담사라는 직업 자체와 그곳에서 일하는 여성들의 가치를 인정하지 않는 듯한 시선을 보냈다. 이러한 판단의 기준은 돈이었다. 현재 가진 돈도 없고, 앞으로 돈을 모을 능력도 없는 여성들. 이런 여성들이 밀물과 썰물이 되어 머무는 곳, 콜센터. 정말 자존감이 낮은 것이 문제일까? 아니면 자존감을 높여줄 가치가 없다는 선입견이 문제인 것일까? 상담사들의 목소리를 통해 직접 확인하는 수밖에 없다.

## 콜센터, 총체적 노동 통제의 현장

디지털단지를 헤매며 3개월 정도 시간이 지나자 온·오프라인에서 발품을 팔아 홍보한 노력이 결실을 맺기 시작했다. 그렇게 아주 더디지만 조금씩 콜센터 여성 상담사들과 만날 수 있게 되었다. 나에게 디지털단지 내 여성 상담사의 현실을 가장 먼저 알려준 곳은 옥외 흡연장 모습을 보여주었던 한 콜센터였다(2장 참조). 20대 중반의 여성 미지씨는 그곳에서 2개월밖에 근무하지 못했지만, 그녀의 경험은 디지털단지 내 콜센터의 생생한 모습을 전달해주는 데 전혀 부족함이 없었다. 콜센터가 미지씨에게 보여준 첫 이미지는 옛 구로공단 시절 공장들과 전혀 다른 현대식이라는 느낌이었다. 그녀에게 컴퓨터, 전화기, 책상으로 기억되는 콜센터의 이미지는 TV나 역사책에서 볼 수 있는 옛날식 공장과 달리 "뭔가 좀 하는" 장소로 비쳤다.

　"왠지 텔레마케터는 현대식이라 느껴진다. 컴퓨터가 있고 전화가 있고. 공장 같은 데는 화학약품 있고 막 그렇지 않나. 그리고 콜센터가 현대식인 이유는 알바 빼고 공장 빼고 그러면 남는 게 콜센터밖에 없어서다. 인터넷에서 〔구직 사이트〕 알바○, 알바○○ 들어가면 공장은 올라오지도 않는다. 올라와도 사람들이, 젊은 여성들은 그걸 찾지도 않는다. 알바 자리는 커피숍 빼면 콜센터밖에 안 남는다. 나도 알바○ 들어가서 거기서 콜센터 세군데 원서 넣어서 바로 연락이 왔다. 사실 젊은 여자들은 힘들어 보이는 데는 돈을 많이 줘도 가질 않는다. 몸 쓰는 건 안 한다. (…) 그래서 육체노동은 '옛날식'이라는 생각이 든다. 공장을 TV나 역사책에서밖에 본 적이 없어서 옛날로 여겨진다. 콜센터는 딱 생각해보면 내 책상, 컴퓨터가 있으니깐 현대식이라고 생각하는 것 같다. 그리고 이름도 잘 지었다. 텔레마케터라고. 뭔가 좀 하는 것처럼 느껴지게. (…) 내가 벌어먹고 살아야 되는, 생계를 책임져야 하는 젊은 여성들이 콜센터에 많이 몰리는 것 같다. (…) 옛날 한 〔19〕70년대의 저임금 봉제공장이 이제는 콜센터인 것 같다."

　물론 긍정적인 이미지가 현실도 긍정적일 것임을 뜻하지는 않았다. 미지씨의 표현대로 옛 봉제공장이 현대식 콜센터로 전환된 것일 뿐이었다. 그녀의 일터는 현대식이지만 창문도 가습기도 정

수기도 제대로 구비되어 있지 않았다. 몸을 쓰는 옛날식 공장은 아니었지만, 그녀가 목디스크 재발로 2개월 만에 퇴사를 결정할 만큼 콜센터 일은 육체적으로도 고된 노동이었다("8시간 동안 같은 자세로 같은 자리에 앉아서 일을 하니 어깨하고 목이 저리고, 손도 저렸다"). 그렇다고 감정노동이 용이한 것은 절대 아니었다. 고객에 따라서 상담사는 속칭 '감정의 쓰레기통'이 되어 고객이 쏟아버리는 감정을 묵묵히 받아내기 일쑤였다. 미지씨의 경우 부양해야 할 가족이 없었기에 콜센터를 잠시 지나가는 직장으로 여겼다고 한다. 반면 그녀의 주변 동료들은 결혼한 30대 주부가 대다수였는데, 가사노동 때문에 특정 시간대에만 일을 할 수 있다는 점에 경력 단절로 인한 구직의 어려움이 더해진 이들에게는 콜센터가 마지막 선택지였다. 동료들은 "너무 힘들어서 다시는 안 오려고 해도 결국에는 다시 오게 된다"라고 이야기했다. 이들이 느끼는 감정노동의 강도는 이직의 어려움과 겹치면서 "차라리 식당 일을 할까? 거기는 욕이라도 안 먹지"라는 생각까지 하게 되었다고 한다.

콜센터 상담사의 업무는 크게 아웃바운드와 인바운드로 구분된다. '아웃바운드'outbound는 고객에게 정보를 제공하거나 상품 판매를 목적으로 고객 정보를 이용하여 전화를 거는 업무를 뜻하고, 반대로 '인바운드'Inbound는 외부(고객)로부터 걸려오는 전화에 대한 응대 업무를 뜻한다. 미지씨는 보험회사의 하청을 받은 콜센터에서 일하며 아웃바운드와 인바운드 콜 업무를 모두 처리

해야 했다.

"출근하면 9시 반에 전화 목록을 준다. 그러니까 아웃바운드거리를 준다. 목록을 30분마다 준다. 그 전화 목록을 따라 일일이 전화를 하는 것이다. 그러면서 그 사이사이에 인바운드 콜이 밀리면 그것도 받는다. 인바운드 콜 받다보면 금방 시간이 지나가서 아웃바운드 콜이 밀리고. 진짜 정신이 없다. 그래서 어디 갈 수가 없다.

(담배는 언제 피우나?) 담배는 잠깐 화장실 가는 길에 옥상에 가서 피운다. 그런데 오전에는 너무 바빠서 화장실에 한번도 못 가는 경우가 많다. 정신없이 걸고 받고 해서 업무 중간에는 못 피운다."

그녀가 말하듯 상담사의 업무는 화장실 갈 틈조차 없이 바쁘다. 매니저가 30분마다 정기적으로 전화를 걸어야 하는 명단을 제공하고, 걸려오는 전화 상담은 그저 정신없이 밀려온다. 콜센터로 걸려오는 고객 전화는 전부 중앙집중형 시스템 computer telephony integration을 거쳐 자동 콜 분배기 automatic call distribution를 통해 통화 대기 상태의 상담사에게 개별적으로 분산된다. 따라서 상담사는 칸막이 안에 홀로 앉아 있지만 스스로 노동의 강도와 속도를 조절하지 못하고 '화장실 갈 틈도 없이' 전화를 받아야 한다. 전화를 밖으로 거는 아웃바운드 업무의 경우 그런 면에서는 사정이 나을 수 있지만, 정해진 실적 압박과 매니저가 끊임없이 밀어넣는 전화 목록은 마치 자동응답기 기계처럼 "안녕하십니까? ○○카드 TM을 담당하는 상담사 ○○○입니다. 실례지만 ○○○ 고객님 되십니까? 잠시 통화 가능하십니까? 전화 드린 건 다름이 아니라…"를 반복하게 만든다. 이렇듯 상담사의 업무 과정을 조금만 들여다보아도 자율적으로 이루어지기보다는 기계 부속품처럼, 과거 제조공장의 여공들처럼 중앙의 통제를 받는다는 것을 어렵지 않게 이해할 수 있다.

미지씨는 상담 중에는 화장실에 갈 시간조차 없었다. 아예 화장실에 자주 가지 않도록 물을 마시는 것조차 통제받기도 했다. 말을 많이 해야 하는 상담사가 물을 찾는 건 불가피한 일임에도 말이다. 이것은 미지씨에게만 해당하는 경험은 아니었다. 그녀가 디지털단지에서 일할 당시 진행된 지역 내 건강실태조사 결과에 따르면 콜센터 상담사를 포함해 여성 서비스직 노동자가 방광염에 걸릴 위험도가 상대적으로 높은 것으로 밝혀졌다.[12] 고객이 많으면 혹은 고객의 콜이 많으면 화장실에 가지 못하는 판매직과 콜센터 상담사는 어디에다 호소하기도 불편한, 보이지 않는 병치레를 하고 있었다.

보는 사람에 따라서는 겨우 방광염 정도로 노동 환경 운운하느냐 타박할 수도 있을 것이다. 그런데 여기서 주목할 점은 방광염이 미치는 신체적 고통뿐만 아니라 이것을 초래하는 콜센터 내 권력의 작동 방식이다. 지극히 생리적인 현상을 통제하는 콜센터의 권력기제는 매우 모욕적인 방식으로 상담사의 자존감을 훼손한다. 이에 대한 좀더 자세한 이야기는 총 인원이 40명 정도인 소규모 통신사의 하청 콜센터에서 5개월 정도 일한 30대 초반의 여성 창의씨를 통해 들을 수 있었다. 창의씨는 이전에 영화관 고객센터에서 8개월, 보험회사 계열에서 2년 계약직까지 포함해 총 3년 정도의 상담사 경력을 지니고 있었다. 그녀는 화장실 이용 통제가 상담사에게 어떤 모욕감을 주는지 자세히 이야기했다.

"8시 40분까지 출근했다. 원래 9시부터 일 시작하는데 조회 때문에 40분까지 출근이다. 그리고 집중시간이 하루 두번 있다. 이석 금지시키는 시간인데, 콜이 집중된다고 해서 오전 9시에서 10시, 오후 4시에서 6시 3분까지다. 이때는 이석하려면, 화장실 가려면 팀장한테 직접 승인을 받아야만 한다. 이 집중시간이 끝나면 화장실이든 어디든 갈수가 있는데 무조건 한번에 한명씩만 이석해서 갔다 올 수가 있다. 한팀당 한 열두명 정도다. 단체 메신저에 화장실을 갈 거면 이석할 거라고 올리고 간다. 급하면 미리 부탁하는 글을 올린다. 메신저 창에 '손' 또는 'ㅅ'만 쓰면 된다. 화장실 가려고 손 들었다는 의미다. 화장실을 다녀와서는 '내림' 또는 'ㄴㄹ'이라고 메신저 창에 올린다. 그러면 다른 사람이 이제 화장실에 갈 수 있다. 급한 사람은 미리 메신저 창에 급하니깐 이번에 내가 먼저 갔다 오겠다고 글을 올린다. (…) 휴식 시간은 하루 총 20분밖에 없다. 그것도 총합이다. 일반적으로 오전에 10분, 오후에 10분이다. 그런데 내가 오전에 화장실을 다녀오면서 6분만 썼다면 전체 14분이 남은 것이므로 오후에 7분, 7분 이렇게 두번 쉴수 있다. 물론 오전, 오후 휴식 시간 총합이 20분을 넘으면 안 된다. 다른 콜센터를 두군데나 다녔었는데 진짜 이곳이 가장 심했다. 화장실 가는 시간까지 통제하고.

(왜 자리에서 일어나서 화장실을 못 가나?) 이석 금지는 사실 실적 관리로 연결된다. 실적 관리는 본사와 공유가 된다. 그래서 미미하지만 평가에 영향을 주고 결국 월급, 즉 인센티브에 영향을 준다. 그리고 팀은 두개밖에 안 되지만 경쟁체제다. 엄청 눈치를 준다. 팀장끼리도 그렇고. 이런 분위기가 전반적으로 팽배해 있어서 그냥 그 룰을 따라가게 된다."

손 들고 화장실 가기. "초등학생도 이렇진 않다"라며 격분하던 창의씨는 팀장한테 직접 허락을 받고 화장실에 가야 할 때 느꼈던 모욕감을 잊을 수 없다고 말했다. 콜센터가 정말 바쁠 때면 팀장에게 메신저가 온다. "휴식 대화창 이제 닫아라!" 이게 무슨 뜻인가 하면 화장실 간다고 손을 들고 하는 대화 자체를 못하게 하는 것이다. 다시 말해 이제부터 이석하지 말고 화장실도 가지 말라는 건데, 정말로 급하면 팀장에게 직접 가서 개인적으로 이야기를 하고 화장실을 갔다고 한다.

창의씨를 가장 황당하게 만들었던 것은 상담사의 개인 실적으로 점심시간까지 차등해서 통제했다는 점이었다. 예를 들면 통화 건수가 너무 많아 모든 상담사가 점심시간이 지나서까지 상담을 마치고 조금 늦게 점심식사를 하려고 하면 팀장이 "누구누구는 상담 건수가 적으니 몇분만 써라"라는 식으로 차별했다고 한다. 다 같이 앉아서 추가로 똑같은 시간 동안 일을 했는데도 실적을 가지고 휴식 시간을 통제한 것이다.

이런 사례는 창의씨가 다녔던 통신사 콜센터에 국한된 것이 아니었다. 훗날 증권회사 하청 콜센터에서 근무했던 40대 여성 상담사로부터 또다른 형태의 '손 들기'를 듣게 되었다. 200명이 넘는 상담사가 한 공간에서 근무하던 이곳은 사무실 양쪽 벽 끝에 부채가 각각 세개씩 걸려 있었다고 한다. 근무 시간 중에는 이 부채를 든 사람만 화장실에 갈 수 있었다. 당시 이 상담사의 표현을 빌리자면 마치 미어캣처럼 모두들 고개를 쭉 빼고 부채가 걸리기만을 기다렸고, 기회가 생기면 그 즉시 달려가 부채를 잡았다. 단순 통제를 넘어서 분명 모욕적인 처사다. 쉴 때도 자기 자리에서 쉬라고 지시하는 콜센터도 있으니 결국 상담사는 자동응답기 속 부품처럼 취급받는 셈이다. 이 같은 콜센터의 관리 방식은 각성제 타이밍을 먹이며 일을 시켰던 구로공단 업주들의 행태와 얼마만큼 차이가 있을까? 이런 노동 현실 앞에서 과연 육체노동과 감정노동의 구분이 어떤 의미가 있을까 의문이 든다.

콜센터 내부의 모습은 언론을 통해서 많이 노출되었듯 일반적으로 동일한 규격의 책상이 일렬로 나열되어 있는 형태이다. 각각의 상담사는 개인 모니터를 바라보며 헤드셋을 사용해 업무를 진행한다. 위에서 내려다본 상담실의 모습은 마치 네모난 격자에 상담사를 복사해 붙여놓은 것 같다. 학자들은 이러한 물리적 외형 및 그 안에서 일어나는 기계와도 같은 단순 반복적 노동 양상

을 가리켜 "양계장과 같은 대량 사육 농장"battery farms이라 표현한
다.13 또한 저임금에 높은 노동 강도를 비판하며 20세기형 "노동
착취 공장"sweatshop14, "현대판 어두운 악마 같은 공장"tomorrow's dark
satanic mills15이라고 부르기도 한다. 이런 묘사들은 물리적 구조와
객관적인 노동 강도를 근거로 표현한 것들이다. 그런데 카드회사
하청 콜센터에서 일하는 50대 여성 상담사의 진술은 콜센터에 대
한 비유적 표현인 '양계장'이 단순한 비유에 그치지 않는다는 것
을 보여준다.

"여기 콜센터는 지금 4월인데 에어컨을 켠다. 어느날 점심 후에 스산
하다 해서 봤더니 에어컨을 켰더라. 그래서 난 에어컨 가동 시험 중인
가보다 생각했다. 그런데 알고 보니 졸지 못하게 하는 거다. 팀장에게
물어보니 사람이 많아서 저쪽이 덥다고 그래서 켰단다. 덥기는 무슨.
분명 봄이라 나른해서 졸지 말라고 켠 거다. 요즘 아주 약하게 맨날 틀
고 있다. 쌀쌀해서 상담사들이 실내에서 목도리 두르고 카디건 걸치고
일한다. (…) 그리고 이곳 콜센터는 창을 가린다. 햇빛이 없는데도 블
라인드를 내린다. 왜? 콜만 열심히 하면 되지 창밖을 볼 필요 없다는
거다. 멍하니 시간 보내고 있지 말고 일하라는 거다. '너는 콜순이, 하
루살이 인생'이라고 보는 거다. 진짜 나는 하루밖에 없다. 내가 이 회
사가 전에 무슨 일을 했나 연혁을 찾아보니 사람 장사하던 곳이었다.
그러니 여기는 '펌프'(성매매 포주)고 우리는 '삐끼'(성매매 여성)다.
그러니깐 우리를 후려 먹는 거다."

이야기에서 볼 수 있듯이 상담사는 체온과 시각마저 높은 생산량(콜 수)을 위해 통제받는다. 이것은 마치 실제 양계장에서 닭이 달걀을 최대한 많이 생산하도록 축사의 온도를 엄격히 조절하는 것을 연상하게 만든다. 그리고 사료에 항생제를 섞어 인위적으로 병균에 내성이 생기게 만들 듯 콜센터 밖과는 달리 편리한 흡연실을 구비해 악성 고객의 공격에 내성이 생기도록 상담사들이 자유로이 흡연할 수 있는 환경을 조성하기도 한다. 내가 이 같은 콜센터 현실을 양계장에 빗대어 표현한 것은 상담사들이 단순히 양계장의 닭과 같다는 비윤리적 비유를 하려는 것이 절대 아니다. 그보다는 콜센터가 세밀하게 노동 환경을 관리하면서 상담사의 감정이 아닌 신체 활동을 극대화하려 한다는 사실을 강조하기 위해서다. 미국의 사회학자 앨리 러셀 혹실드Arlie Russell Hochschild가 감정 노동 논의를 통해 서비스 산업 분야에서 육체가 아닌 내면으로부터의 감정 조절을 노동자에게 요구한다는 점을 부각했지만, 실제 현실에서는 그에 못지않게 신체 활동의 극대화를 위해 노동자의 몸이 통제 및 관리되고 있다.

## "입이 더러워졌어요": 미소 경쟁과 평가가 남긴 상처

마치 양계장에 비유할 정도로 콜센터 안에서는 철저한 통제와 감시가 이루어지고 있다. 물론 콜센터마다 경중의 차이는 존재하며 통제가 완벽하게 달성되지 않는 곳도 있다. 하지만 공통점은 어느 곳이든 '언제나 콜은 밀린다'는 상황이다. 따라서 관리자들은 어떻게 해서든 콜을 하나라도 더 받게/걸게 만들어 수익을 증대시키고자 했다. 마치 컨베이어 벨트 앞에서 전자제품을 조립하던 여공의 모습과 다를 바 없다. 실제로 콜센터는 자동 콜 분배기를 통해 상담사에게 끊임없이 전화를 연결해준다. 이것은 노동의 효율성을 높이는 과학적 경영관리 제도를 일컫는 '테일러리즘'taylorism[16]의 일환이라 분석되는데, 이런 특징 때문에 콜센터는 커뮤니케이션 공장이라 불리기도 한다.[17] 테일러리즘은 단순히 작업의 단순화 및 반복화를 뜻하는 용어가 아니다. 이것이 정말로 강조하고자 하는 것은 노동자가 '실적에 따른 월급 상승'에 몰두하게 만드는 것이며,[18] 이는 실제 콜센터에서 업무량을 평가하여 월급을 차등 지급하는 체계PRP, performance-related pay를 통해 보편화되어 있다.[19]

실적에 따른 평가는 어떻게 이루어질까? 콜센터는 매월 상담사의 업무 수행 능력을 평가해 월말 성적표를 개별적으로 제시하고 이에 근거하여 월급을 차등 지급한다. 연구 기간 중 나는 상담사 지우씨의 평가표([사진 3-1] 참조)를 보고 자세한 설명을 들을 수 있었다. 그녀는 40대 중반의 기혼 여성으로, 공공기관의 인바운드 상담사로 일한 지 4년이 되었다. 지우씨는 퇴근 후 나를 만나자마자 "오늘 기분이 별로 안 좋다. 왜냐하면 어제 성적표를 받았는데

| 생산성지표 | | | | | | 품질지표 | | |
|---|---|---|---|---|---|---|---|---|
| CPD (35점) | | 상담시간 (IN+협의, 5점) | | 후처리시간 (5점) | | QA평가 (30점) | | QA 가감점 |
| 89.2 | 27.5 | 4:09:29 | 4.8 | 2:30:19 | 4 | 98 | 29.4 | 0 |

| 성과지표 | | | | 관리지표 | | | | |
|---|---|---|---|---|---|---|---|---|
| 1차처리율 (5점) | 1차처리 정확도 (10점) | 상담이력 정확도 (5점.10점) | DB개선도 | 참여도 (칭찬) | 근태 (감정) | 총점 | 순위 | 등급 |
| 5 | 10 | 5 | 5 | 2.1 | 0 | 92.77 | 54 | A |

3-1  콜센터 상담사의 월말 평가표.

54등이다"라며 한탄했다.

"S등급이 25등까지고 27만원을 인센티브로 준다. A등급은 56등까지고 22만원, B등급은 106등까지고 15~16만원, C등급은 138등까지고 10만원, 그리고 그 밑으로 D등급은 5만원이다. 나는 턱걸이로 A등급이다. 사실 난 이렇게 등급을 매기는 것도 싫고 54등인 것도 서글프다. 내가 더 빨리 능숙하게 하는 사람들보다 못할까 싶다. 그래서 기분이 우울하다. 기분이 다운됐다. 한편으로는 우울하지만 더 노력해야지 하는 생각도 있다. 그런데 또 한편으로는 나보다 밑에 있는 사람들 생각하면 더 우울하다. 윗 등급 사람들에게 의심스러운 점도 사실 있다. 평가 기준이 공평한가 하는 생각이 들기 때문이다. (…) **평가에서 참여도[칭찬]가 있다. 이건 전화를 건 시민이 상담이 끝날 때 '너무, 진짜, 정말, 진심으로' '고맙습니다, 감사합니다' 이런 말을 하면 추가로 점수를 얻는 것이다.** (…) 예전에는 '감사합니다'만 됐고 '고맙습니다'는 안 되던 시절도 있었다. 정말 웃기다. 칭찬의 경우 한번에 0.3점 가산이다. 나는

2.1점이니 일곱번 칭찬을 받은 거다. 원래 평균적으로 여덟번 정도는 받는다. 그리고 **평가 기준 중에 CPD[call per day]가 100점 만점에 35점으로 가장 크다.** 그래서 무조건 콜을 많이 받아야 한다. 한 시민이 이것저것 많이 물어보면 짜증난다. 나중에 통화 끊고 '아이, ○○ 같은 ○○가 왜 이 ○○!'이라고 욕도 한다. 예전에 CPD는 굉장히 심했다. 정말 콜 수를 실시간으로 쪽지를 계속 보냈다. 콜 많이 받으라는 등 압박이 장난이 아니었다. 그때는 콜 수가 차지 않으면 퇴근도 못했다. 이때 하던 이야기가 '친절, 정확, 신속'이었다."

월말 평가표는 상담사들이 실제 얼마나 상세한 기준들에 의해서 평가받고 있고, 또 그것으로 어떻게 월급을 차등 지급받는지를 잘 보여준다. 자세한 사연을 들려준 지우씨는 평가표를 보면서 화가 나고 불공평하다고 느끼다가도 이내 우울한 기분에 빠지기도 하는 등 복잡한 감정을 느끼고 있었다. 이야기 도중에는 정말 버럭 화를 내며 욕을 했다. 전화를 빨리 끊지 않고 계속 질문을 이어가는 시민에게 속마음을 표현한 것이었다.

상담사의 미소 뒤에는 이처럼 많은 콜 수에 대한 실적 압박이 존재한다. 친절, 정확, 신속! 감정노동이라는 표현은 친절만을 이야기할 뿐 그뒤에 정확하고 신속한 통화가 주는 심리적 압박감과 신체적 피로는 놓치고 있다. 어떤 상담사는 이 같은 콜센터 업무를 "전화기로 미싱하는 줄 알았다"라고 표현하기도 했다. 상담사의 업무가 고객의 특정한 감정을 유도하기 위해 스스로의 감정을 조절하는 측면도 분명 존재하지만, 마치 재봉틀 기계를 가지고 단순 반복 작업을 하듯 전화기를 붙들고 반복적으로 똑같은 원고를 읽어나가는 ARS 기계와도 같은 면을 빗댄 말이다.

이것은 팀장급의 경우도 마찬가지라고 한다. 팀별 하루 총 콜수가 팀장들의 업무 평가에 반영되기 때문에 팀장들은 실시간으로 상담사에게 쪽지를 보내는 등 압박을 가한다. 아침 업무를 시작하기 전 기존에 성적이 우수한 상담사에게 우수 고객 리스트를 주어서 성공률을 높이고 이를 기준으로 다른 상담사들을 압박하는 전략을 자주 활용한다. 이때 우수 상담사를 '경주마'라고 부른단다.

상담사의 목소리는 ARS의 기계음과는 달라야 한다. 업체에서 요구하는 목소리는 '미소 띤 음성'이다. 단순히 서비스만 친절하게 제공하는 것이 아니라 그것을 전달하는 목소리에마저 친절함이 배어 있어야 하는 것이다. 그렇게 상담사들은 '미소 띤 ARS' 기계가 된다. 인간이지만 기계처럼 일하기를 강요당하면서 동시에 기계와 다른 인간이기를 강요받는 모순적인 상황이다. 실제로 나는 한 상담사에게서 통화 품질 평가표를 전달받았는데 그 안에는 미소 띤 음성이 부족하다는 내용이 명확히 적혀 있었다. 총평에 담긴 내용은 이랬다.

평이한 상담이 진행되었습니다. 다소 정중한 어미 표현 및 미소 표현 부족하여 건조한 상담이 진행되어 아쉽습니다. ○○콜의 특성상 **미**

# OUT-BOUND QA SHEET

| 평가시기 | | | | 상담원명 | | 팀 | 장기손사 |
|---|---|---|---|---|---|---|---|

| 항 목 | | 배점 | 체크 | 취득 | 평가기준 | | 개선사항 |
|---|---|---|---|---|---|---|---|
| 상담<br>도입<br>(21) | 첫인사 | 5<br>4<br>2<br>0 | | 4 | 회사/인사말, 소속, 상담원명)을 누락없이 반가웁게 느껴지는 첫인사로 고객을 맞이함<br>깔끔을 반기는 미소가 이름함 / 뭐 없이 일상적인 어조로 친절치만 반가움 관심이 이름함 / 환영인사 누락<br>인사말, 소속, 성함중 1가지 이상 누락하나 절반은 형식에 맞지 않음<br>첫인사말 누락함 | | -고객을 반기는 미소 및 생동<br>감있는 어감 구사 부족 |
| | 통화이력<br>및<br>감사표현 | 3<br>1<br>0 | | 3 | 통화내용을 정확하고 간결하게 전달함<br>정해진 멘트는 모두 구사하나 설명기 이름함 / 일부만 참조 구사하거나 홍보성으로 전달함<br>통화이력 전달을 누락함 | | |
| | 본인확인 | 10<br>7<br>3 | | 10 | 수신 대상자가 본인인지 여부와 상품명이나 계약정보를 정중하게 확인함<br>수신 대상자 또는 상품명 또는 계약정보 확인 등 1가지만 누락함<br>수신 대상자 또는 상품명 또는 계약정보 확인 등 2가지를 누락함 | | |
| | 계약확인<br>및<br>녹취안내 | 5<br>3<br>1 | | 5 | 고객이 가입된 상품 명을 정확히 구술하며 녹취 안내를 진행함<br>고객이 가입된 상품 명을 녹취 안내 중 1가지만 안내함<br>고객이 가입된 상품 명과 녹취 안내를 모두 누락함 | | |
| 상담<br>서비스<br>능력<br>(33) | 음색/<br>억양/<br>추임어 | 17<br>15<br>13<br>10<br>5 | | 10 | 고객의 상황에 맞는 감정이입과 미소 띤 음색으로 다양한 추임어를 활용하여 친절한 상담을 진행함<br>고객의 상황에 맞는 감정이입과 미소 띤 음색을 연출하나 단조로운 음음어를 사용함<br>고객의 상황에 맞는 음색을 진행하나 간략적인 진음어만 음성함<br>고객의 상황을 살피지 않고 흘러스러운 어투로 일방적인 상담을 진행하거나 진음어로 지함 / 흘러스러함 어투로 일방적인 상담을 진행하며 친음어로도 지하지 않음 | | - 미소 및 리듬감있는 어감구<br>사 부족하고 정중한 어미 표현<br>부족으로 다소 건조한 상담 진<br>행됨 |
| | 속도<br>발음 | 5<br>3<br>1 | | 5 | 적절한 속도와 명료한 발음으로 상담을 진행함<br>의사소통이 무리는 없으나 부분적으로 속도가 고착에게 맞지 않게 빠르거나 느린 경우<br>전반적으로 속도 빨 빨라서 고객에게 맞지 않음 / 고객이 재차 요청하는 경우 / 발음이 명료하게 전달되지 않음 | | |
| | 상황별 멘트 | 3<br>2<br>1<br>0 | | 3 | 상황에 적절한 멘트를 충분히 활용하여 상담을 부드럽게 이끌어감(통합육하/감사표현)<br>상황에 적절한 멘트 활용이 1-2회 누락된 경우<br>상황에 적절한 멘트 활용이 3-4회 누락된 경우<br>상황에 적절한 멘트 활용이 5회 이상 누락된 경우 | | |
| | 경청 | 5<br>4<br>3<br>2 | | 4 | 진행상황과 고객의 말음까 끝까지 경청하여 응대함<br>중간고객의 한심한 증가가 1-2회 발생함 (잃겠됨 포함)<br>중간고객의 한심한 증가가 3-4회 발생함 (잃겠됨 포함)<br>중간고객의 한심한 응대가 5-6회 발생함 (잃겠됨 포함) | | - 맞겸됨 발생(1:00, 1:12) |
| | 언어표현 | 3<br>2<br>1<br>0 | | 2 | 올바른 표현을 활용함<br>오류 표현 1-2회 발생함 (비전문적인 표현, 어미 생략 및 축할, 요조체, 사투어 3회 이상)<br>오류 표현 3-4회 발생함 (비전문적인 표현, 어미 생략 및 축할, 요조체, 사투어 3회 이상)<br>오류 표현 5회 발생함 (비전문적인 표현, 어미 생략 및 축할, 요조체, 사투어 3회 이상) | | - 비 전문적인 표현 ((분자에<br>시기되어 있습니다→전술해<br>드렸습니다. [천사만요→천사<br>만] [다녀두겠겠습니다] 〜 |
| 상담<br>실무<br>능력<br>(36) | 설명력<br>및<br>상황대처<br>능력 | 10<br>8<br>6<br>4 | | 10 | 한국도로 여유있게 고객 눈높이에 맞춰 쉽고 자 꼼꼼한 경우/체부 포함 설명 질문에 자신하게 대답함<br>어음거리거나 어몬거리는 모습이 나타나면 친후한 설명으로 전달하게 저음됨<br>예상치 못한 고객의 통음에 적절한 일반은 하나하나 미흡하거나 어치적이어 당음적이 나타남<br>조리감은 설명 부족으로 설명하이 저음됨 (오해를 불러일으킬 소지가 있어 재대한 일번을 함)<br>예상치 못한 고객의 통음에 적절하게 대처하지 못하거나 일번이 정음되지 않음<br>조리감은 설명 부족으로 고객을 설득시키지 못하고 고객에게 공감감 / 고객이 전혀 이해할 수 없는 설명으로 반복함 | | - 요조체 多 |
| | 필수<br>안내사항 | 18<br>15<br>13<br>10<br>5 | | 15 | 필수 확인사항 및 안내사항을 모두 진행함<br>필수 확인사항 및 안내사항 중 1가지를 누락함<br>필수 확인사항 및 안내사항 중 2가지를 누락함<br>필수 확인사항 및 안내사항 중 3가지를 누락함<br>필수 확인사항 및 안내사항 중 4가지를 누락함 | | - 연락처 안내 누락 |
| | 신속성 | 4<br>2<br>1 | | 4 | 필수내용을 정확하게 전달하며 고객의 분위에 알맞게 일번을 제공함<br>필수응대를 이행하나 일부를 누락하거나 부정확한 내용을 전달함<br>동수내용을 모두 누락함 | | |
| | 콘산능력 | 4<br>2<br>1 | | 4 | 상담이력 및 전산업데함 누락 없이 성음함<br>상담이력 및 전산업데함 중 1가지를 누락함<br>상담이력 및 전산업데함 모두 누락함 | | |
| 상담<br>종결<br>(8) | 마무리멘트 | 3<br>2<br>1 | | 3 | 당사 연락처를 안내하고 상황에 적절하게 분위있게 구성함<br>마무리멘트 중 일부를 누락함<br>당사 연락처의 마무리멘트를 누락함 | | |
| | 끝인사 | 5<br>3<br>1<br>0 | | 1 | 부면인사+성함+감사인사의 형식에 맞는 끝인사를 분위 있게 구성함<br>형식에 맞는 끝인사를 구사하되 성의가 이름함 / 환영인사 누락<br>끝인사 형식에서 1가지 이상 누락함<br>끝인사를 모두 누락한 경우 | | -부면인사+감사인사로 종료<br>됨<br>- 성명 누락 |
| 예방<br>능력 | 적극성 | 2<br>0<br>-2 | | 0 | 고객 문의에 능동적인 자세로 상음 이끌어가며 추가 부언상업으로 적극적인 반기를 진음함<br>고객 문의를 받아준 안내하나 미소 적극적인 의지가 이름하여 분위함 수준임<br>고객 문의의 의미 없이 소극적인 상업을 진행함 | | |
| | 전화예절 | 0<br>-1 | | 0 | 고객의 먼저 전화를 끊을 후 전화를 끊음 / 고객과 동시에 전화를 끊음<br>고객보다 먼저 전화를 끊음 | | |
| 총점 | | 100 | 83 | | 문의유형 | 손사 해피콜 | |

| 총평 | 뭐이한 상담이 진행되었습니다. 다소 정중한 어미 표현 및 미소 표현 부족하여 건조한 상담이 진행되어 아쉽습니다. 해피콜의 특성상 미소 띤 음성과 생동감있는 어미구사 정중한 언어표현이 필요함을 담부드립니다. 또한, 담당자 연락처 및 끝인사시 성명 누락되었습니다.누락없이 이행하여 신뢰감을 줄 수 있도록 노력 바랍니다. 수고 많으셨습니다. |
|---|---|

3-2 한 보험회사 하청 콜센터 상담사의 통화 품질 평가표.

**소 띤 음성**과 생동감 있는 어미 구사, 정중한 언어 표현이 필요함을 당부드립니다.

미소 띤 음성의 대가는 무엇일까? 우수한 평점과 월급 인센티브 정도일까? 혹은 일이 아닌 평소에도 친절한 상담 톤을 유지하여 주변 사람들에게 전보다 호감 가는 사람이 되는 것일까? 나의 이런 상상은 유명 카드회사의 30대 초반 여성 상담사인 민서씨를 만나면서 완전히 깨지게 되었다. 민서씨는 1년 6개월 정도 상담사로 근무했는데 처음에 하청업체 파견직으로 일하다 당시 카드회사의 계약직으로 전환된 상태였다. 그녀는 백화점 판매원으로 잔뼈가 굵었기에 금방 상담 능력을 인정받았고 스스로도 이제는 자신만의 노하우가 쌓였다고 자신할 정도였다. 특히 그녀의 진상 대처법은 어디에서도 듣지 못했을 정도로 매우 인상적이었다.

"(진상대처법이 있나?) 일단 무조건 죄송하다고 한다. 진짜 어르고 달랜다. 대응 스크립트가 있기는 있다. 그런데 그걸 따라서 읽는 것은 너무 느린 대응이고 일단 죄송하다고 한다. 이게 싫기는 하지만 해야만 하는 절차다. 처음 신입 때는 무조건 죄송하다고만 했다. 그런데 상담사가 경력이 쌓여 스킬이 늘면 진상에 따라 대응하는 노하우가 달라진다. 스킬이 늘면 진상이 애초에 안 생기게 만들고, 정말 타고난 진상의 경우에는 최소한으로 진상을 부리게 잡는다.

(본인의 스킬은 무엇인가?) 우선 내가 지금 너의 불편을 공감하고

있다. 두번째 내가 너무 미안해하고 있다. 세번째 내가 널 도와주고 싶다. 마지막으로 가장 중요한 건데 고객에게 내가 〔갑이 아닌〕 을이라는 것을 알게 해준다. 사실 한국 사람들은 대개 '손님은 왕이다'라는 말을 좋아한다. 대접해주는 느낌이 들면 굉장히 좋아한다. 아, 또 하나 이야기하면 이것이 너에게 안전하다는 것을 이해시킨다."

민서씨 본인만의 진상 대처법 네가지 원칙은 매우 인상적이었다. 그중 자신이 을이라는 것을 고객이 느끼도록 해준다는 마지막 원칙이 가장 눈에 들어왔다. 그저 친절하기만 한 것이 아니라 고객이 지금 갑의 위치에 있다고 느끼게끔 대접한다는 사실 말이다. 여기까지 들으면 민서씨가 굉장한 내공을 지닌 상담사로 느껴질 것이다. 그렇지만 이 같은 능숙함의 대가는 혹독했다. 그녀는 자신이 잘못한 일이 아닌데도 항상 사과를 해야만 했는데, 그렇게 일과를 마치고 집에 가면 정말 아무것도 할 수 없었다고 한다. 분노조절장애가 생긴 듯 가족과 친구들의 지적에 굉장히 민감해지고 짜증을 내기 일쑤였다. "나도 모르게" 말이다. 민서씨는 상담사 일을 한 후 "입이 더러워졌다"라고 고백했다. 상담 시간을 제외한 평소의 말투가 공손해지기보다는 오히려 거칠어진 것이었다.

"다들 처음 입사할 때는 욕을 못했는데 이제는 입도 더러워지고 애들이 예민해지고 서로 물고 뜯고 그런다. 생활에서도 화병도 나고 (…) 그러면서 나도 모르게 집에서 욕이 나온다. 시발, 시발 막 그런다.

그러면 '어 내가 왜 이러지' 하고 자괴감이 생긴다. '나 원래 안 그랬는데 우울하다' 이러면서 자존감이 떨어진다. 입이 더러워지고 성격이 제어 안 되는 것에 대해 자존감이 떨어진다. 마치 미개한 사람이 되는 것 같아서 자괴감이 든다. 내가 왜 이 일을 하고 있나. (…) 이렇게 생각이 들기도 하지만 막상 다른 일이 없다. 그래서 더 자괴감이 든다."

미소 경쟁과 실적 평가에서 좋은 성과를 얻고 자기 나름의 생존법을 터득했지만 이전과 다른 자신과 마주해야만 하는 대가를 치러야 했다. 예민하다 못해 거친 말들을 쏟아내고, 이런 낯선 자신과 마주하며 우울해지고 자존감도 떨어진다. 그럼에도 다른 직장을 생각할 처지도 못 된다. 상담사 일이라는 게 체력과 감정을 소진하는 것을 넘어 이렇게 인격마저 무너져버리는 결과를 초래할 수도 있음을 민서씨를 통해 알게 되었다.

## 당연시되는 아픔들: 상담사에게 부과되는 세금

콜센터에서 상담사로 일하는 대가는 혹독했다. '식당에서 일하면 욕이라도 안 먹지'라고 한탄하던 상담사가 떠오른다. 앞서 사례에서 보듯 고객의 욕은 고객의 입에서 끝나지 않고 상담사의 입으로까지 전염되기도 했다. 그런데 과연 상담사들이 치르는 대가가 욕뿐일까?

콜센터 상담사의 몸은 정말로 다양한 아픔에 노출되어 있었다. 실제로 대다수의 상담사가 두통, 만성피로, 수면장애, 청력 손실, 위장장애, 피부 질환 그리고 어깨, 목, 허리, 손목, 무릎 등 다양한 근골격계 통증을 호소했다.[20] 어떤 상담사는 어깨 결림과 손목 통증은 상담사에게 직업병 수준을 넘어 "일종의 의무"라고까지 표현했다. 아픔이 의무가 될 수 있다니. 노동이란 생계 수단에서 한 걸음 더 나아가 자아실현의 수단으로서 가치를 지녀야 함에도 한국의 콜센터에서는 노동이 곧 질병으로 이어지는 셈이었다. 이들에게 통증은 당연한 것으로 받아들여졌고, 이러한 통증은 의무였기 때문에 공개적으로 호소조차 할 수 없다. 고작 이 정도로 통증을 호소하고 보상을 요청한다면 그 순간 위신이 추락할 수도 있다. 인류학자 아서 클라인먼Arthur Kleinman이 말했던 '부적절한 통증'delegitimated pain이라 할 수 있는데,[21] 통증에 일종의 도덕성이 결합된 것이다. 마치 군대에서 인내하는 것을 의무로 여기는 것과 비슷하다. 그 결과 대부분의 상담사가 아픈 몸을 호소할 공식적 통로 없이, 즉 "정치적으로 무능력해진 채" 다분히 개인적인 해결책에 의지하고 있는 실정이다.[22] 다음의 두 사례는 실제 상담사가 어떠한 아픔을 경험하고 있고 일상에서 그것을 어떻게 해결하는지를 잘 보여준다.

"머리가 탈모까지는 아니지만 숱이 많이 빠졌다. 여드름도 났었고, 체중도 불고. 술을 밤마다 먹었다. 그래서 8개월 동안 15킬로그램이

쳤다. 여드름도 엄청 심해졌다. 체중이 는 이유는 스트레스 때문에 술, 과자, 빵, 간식을 너무 많이 먹어서 그렇다. 계속해서. 당이 필요하지 않나. 스트레스 받으니깐 단 음식이 당긴다. 뇌에서 먹으라고 계속 말한다. 선임은 보험[회사]에서 2년 동안 일했다. 쌍욕도 많이 한다. 담배도 엄청 피운다. 내가 보기에 담배로 콜센터에서 버틴 것 같다."

— 30대 중반 여성, 대학교 상담사


"1년에서 1년 반 만에 15킬로그램이 늘었다. 퇴근하다가 다 먹지도 못할 음식을 쇼핑하듯이 그냥 사 와서 먹고 남은 것은 다 버렸다. 먹고 바로 자는 생활을 계속했다. 그러니깐 역류성식도염도 생겼다. 생리도 불규칙해졌다. 약 2주가 느려지고 그랬다. 상담사들은 엥겔지수가 높다. 마음의 병을 치유하고 싶어서, 주변이 공감 못하니깐 나한테 선물을 주는 것이다. 이런 거라도 안 하면 스트레스를 풀 데가 없다. 물건을 사면 잠깐이라도 기분이 좋고 자존감이 커진다. 나도 대우받고 싶고 내가 부족해서 그런가 싶어서 치장에 돈을 쓰기도 한다. 그래서 난 매니큐어가 100개 정도 있고 손톱[을 꾸미는 것]으로 기분을 전환한다. 상담원들이 술, 담배, 식비, 옷 등에 돈을 많이 쓰는 게, 엥겔지수가 높은 게, 다 기분 전환을 위해서다. 나를 치유하고 싶은 거다. 어쨌든 나는 상처를 받았고 이것을 치유하고 싶은 거다."

— 30대 초반 여성, 카드회사 상담사


두 사례에서 공통적으로 드러나는 것은 바로 15킬로그램이나 되는 체중 증가다. 업무 중 받은 스트레스를 개인적으로 해결하기 위한 일상적 행위들(한 상담사는 이를 '가난한 루저의 싸게 노는 법'이라고 표현했다)이 가져다준 결과라 할 수 있다. 급격한 체중 증가는 피부 문제, 생리불순, 위장 질환 등과 함께 발생한다. 더불어 상담사들은 단 음식과 술, 담배를 소비하고 각종 물건을 사들이면서 스스로를 위로하며, 이런 행위를 통해 손상된 자존감을 일시적으로라도 회복하고자 한다. 물론 결과적으로 체중이 더 증가하거나 카드 빚이 느는 등 만성적으로는 오히려 자존감이 손상당할 수 있는 상황에 처하기도 한다. 생의학적으로는 건강하지 못한 것으로 비칠지 모르지만, 이 모든 것은 결국 상처받은 자신을 치유하고자 했던 행동들이다.

그런데 이처럼 '의무 같은 질병' 이상으로 몸에 이상을 호소하는 경우 역시 적지 않다. 앞서 '입이 더러워졌다'고 고백했던 민서씨가 그러하다. 민서씨는 지속적인 스트레스 때문에 결국 안면마비까지 겪었다. 상담사 일을 시작한 지 1년 2개월 되던 때였다.

"안면마비는 갑자기 생겼다. 안면이 뻣뻣한 느낌이 나기 시작했다. 그래서 위에 이야기하고 바로 응급실로 갔다. 병원 CT 결과에서 뇌졸중 같은 건 아니라는데 응급실에서 계속 지켜만 보자고 해서 퇴원했다. 이때 1년에 연차가 12개 있는데 이거에다 휴가 5일을 붙여서 쉬었다. 한의원에 가서 침 맞고 한약을 복용했다. 지금은 많이 좋아졌다. 그런데 아직도 얼얼한 느낌이 존재하고 근육이 뭉쳐 있는 것 같다. 그리고 찡그릴 때 약간 문제가 있는 것 같다. (…) 한번 마비가 생기고 나서는 전화를 받기 위해서 자리에 앉기만 해도 싫고 미치겠고 그랬다. 헤드셋을 쓰려고만 해도 미칠 것 같았다. 상담을 시작하기도 전에 이미 불편하다가 통화가 시작되면 오른쪽 뺨이 에이는 것 같고 딱딱하게 군은 듯했다. 이런 증상이 계속됐다. 안면마비가 생겼어도 9개월 동안 전화 업무를 지속했다. 이후 서류 작업으로 전환됐다. 지금은 마비 감각에 익숙해졌다. 그런데 청력도 안 좋아졌다. 양쪽 귀가 먹먹하다. 솜으로 막은 듯하다. 그래서 명상도 배웠다. 명상을 하면 좀 호전된다. 그런데 콜 받으면 다시 증상이 나타난다."

안면마비는 얼굴의 근육을 움직이는 말초신경에 바이러스성 염증이 생긴 결과라고 한다. 원인은 면역력의 감소가 가장 크다. 민서씨에게는 면역력이 약화되고 있다는 조짐이 있었다. 민서씨는 상담사 일을 시작한 후 감기에 열두차례나 걸렸다. 거의 1년 내내 감기를 달고 산 셈이었는데, 감기에 걸렸어도 일을 해야만 했기 때문에 목이 성할 날이 없었다. 잇몸도 염증이 심한 날이 잦았다. 안면마비 후 청력도 감퇴되고 전화에 대한 일종의 트라우마까지 생겼다. 그녀는 자신 이외에 또다른 상담사도 안면마비가 왔다고 말해주었다. 상담사들이 직면한 스트레스가 어느 정도인지 가늠이 되지 않는다.

민서씨는 대화 말미에 회사의 극비라며 나에게 더 충격적인 사실을 알려주었다. 상담사 중에 자살 사이트를 찾아 결국 극단적 선택을 한 사례가 있다는 것이었다. 뉴스를 통해서만 듣던 이야기를 눈앞에 마주한 사람에게서 직접 듣게 되니 한동안 말문이 막혔다. 그 이후 상담사들을 만나 인터뷰를 하게 될 때면 꼭 심리적 고통을 호소한 이가 없었는지를 묻게 되었지만, 아무리 상담사들과 친밀해져도 이런 이야기를 자세히 듣기는 어려웠다. 말없이 고통받고 그 원인을 스스로에게 돌리는 이가 분명 어딘가에 있을 텐데 말이다.

## 공황장애 그리고 마지막 선택

이제부터 할 이야기는 말을 꺼낸 사람에게도, 듣는 사람에게도 어렵고 조심스러운 내용이다. 이 상황 자체가 당사자에게는 과거의 상처를 헤집는 시간이 될 수도 있었기 때문이다. 당사자의 신분과 관련된 정보들은 모두 삭제하거나 변경하고 그러한 아픔이 발생한 사건 자체에만 초점을 맞추려 한다. 어느 특정한 사람에게 발생한 일이 아니라 콜센터 상담사 누구에게나 일어날 수 있는 일이기 때문이다. 실화를 바탕으로 각색한 사례를 소개한다.

중년의 싱글 화초씨는 고객 서비스팀 상담사였다. 8년 차이니 산전수전 다 겪은 엄연한 전문가라 할 수 있다. 오랜 경력만큼 넓은 영역을 담당하고 있어 실로 수많은 고객을 경험했다. "진상 종류는 정말 2만가지나 돼요!" 웃음으로 넘두리할 만큼의 경력자였던 화초씨지만 언젠가부터 출근하기 전 조금씩 불안한 기분을 느껴왔다. 그러던 어느날 화초씨는 잠을 제대로 잘 수 없었다. 이후 일주일간 하루에 겨우 한두시간씩밖에 못 잤다. 출근 스트레스 때문이었다. 안절부절못하며 가만히 있을 수 없었다. 그렇게 공황장애를 인지하기 시작했다.

화초씨에게 이런 증상이 발생하기 직전에 한 사건이 있었다. 그날 수화기 너머에서는 젊은 남성으로 생각되는 목소리가 들려왔다. 그는 자신이 이미 답을 알고 있는 질문을 일부러 전화를 걸어서 물어보고 꼬투리를 잡기 시작했다. 남성은 신경질적인 목소리로 20분가량을 통화했다. 그는 콜센터의 내부지침을 잘 알고 있는 사람인 듯했다. 어느 정도면 악성 고객으로 분류되어서 강제로 통화가 종료되는지를 아는 것처럼 그 경계선을 잘 지키면서 비아냥거렸다. 화초씨는 전화를 끊을 수도 제대로 대응할 수도 없었다. 응대를 그만두고 팀장한테 넘길 수준이 아닌 딱 그 선 안에서 이야기를 이어갔기 때문이다. 오만 진상 고객을 대처해본 그녀로서 정말 정확한 응대를 진행했음에도 남성은 "그건 내가 아는 거랑 다른데"라고 말꼬리를 잡고 늘어지며 화초씨를 끈질기게 괴롭혔다. 그렇게 1년 같은 20분의 통화가 끝이 났다.

이 일이 있은 후부터 화초씨는 "콜이 무섭다"라는 말을 하기 시작했다. 8년의 경험이 젊은 남성과의 20분 통화만으로 무너져버린 것은 아닐 것이다. 그전부터 크고 작은 충격들이 켜켜이 쌓여 화초씨의 몸과 마음에 균열을 일으키고 있었을지 모른다. 사교적이었던 화초씨는 공황장애를 진단받고 치료를 시작한 이후로 사람을 만나기가 싫어졌다고 한다. 그냥 "목소리를 듣기 싫다" "내가 말을 하는 것 자체가 싫다" "대화가 마치 일처럼 느껴져서 싫다"라고 말했다. 목소리는 남의 것이든 나의 것이든 이제 모두 듣기가 싫다. 그녀는 증상이 너무 심해 정신과 폐쇄병동에 한달가량 입원 치료를 받았던 때가 오히려 좋았다고 고백했다. 일에서도 자유롭고 핸드폰도 없어서 남의 목소리를 들을 일도 없고 아무것도 하지 않아도 되니 말이다. 잠도 잘 이룰 수 있어서 좋았단다.

화초씨는 여전히 콜센터에서 상담사로 일하고 있다. 하지만 이젠 목소리를 듣지도 쓰지도 않는다. 문자 상담 팀으로 옮겼기 때문이다. 여기서는 비아냥대는 목소리를 듣지 않아도 된다. 그렇게 치료와 함께 상담사 경력을 계속 이어나가고 있다. 물론 공황장애의 원인을 단 하나의 사건으로 단정 지을 수는 없다. 또한 급성 및 만성 스트레스가 공황장애의 원인이라는 것이 이미 충분히 밝혀졌지만[23] 화초씨의 증상들이 오직 이 질병명만으로 충분히 설명 가능한 것인지도 잘 모르겠다. 중요한 건 상담사들이 얼마나 교묘한 수법으로 괴롭힘을 당하고 있느냐는 사실이다. 친절, 정확, 신속 원칙에 아무리 충실하려고 해도 상담사는 언제나 위험에 노출되어 있다. 대놓고 쏟아내는 거친 폭언과 욕설이 아니어도 충분히 모욕적으로 느끼게 하는 고객들이 있다. 그리고 마치 세금처럼, 책임은 언제나 상담사에게만 부과된다.

이제 두번째 사연을 소개하려 한다. 이것 역시 실화를 바탕으로 각색한 내용이다. 금융회사 콜센터 하청업체에 근무하던 중년의 민초씨는 끔찍한 소식을 듣게 된다. 같은 금융회사의 또다른 하청업체 소속 젊은 여성 상담사가 자살을 했다는 것이었다. 평소 상담사들의 부당한 처우에 관심이 많았던 민초씨는 이 일을 그냥 넘기지 못했다. 입사한 지 얼마 안 된 젊은 직원이 왜 그런 선택을 했는지 소문의 진상을 알아보고 다녔다. 당연히 회사 측은 개인적인 일로 인한 것이지 회사하고는 전혀 상관없다며 더이상의 질문을 차단했다. 당사자 부모도 전혀 문제 제기 없이 넘어갔으니 억측은 말라는 말도 덧붙였다. 그러나 민초씨는 주변 동료들의 증언을 통해 죽은 상담사의 담당 관리자가 폭언과 소리 지르기를 일삼는 문제적 상사였다는 사실을 알게 되었다. 물론 여기까지만 듣고 그 관리자를 추궁할 수는 없다. 그렇지만 문제가 계속 이어졌다. 바로 똑같은 관리자 밑에 있던 또다른 젊은 여성 상담사가 자살을 시도한 것이다.

극단적 선택을 시도한 상담사는 민초씨가 진상을 파악하려 했던, 자살한 직원의 입사 동기였다. 그녀는 평소 활달하고 상담 실력도 우수했다. 다만 갑작스런 전환 배치로 문제의 관리자 밑에서 일을 하게 되었다. 이후 민초씨는 종종 그 관리자가 그녀 앞에서 큰소리로 폭언하는 장면을 목격했다. 다른 상담사들이 뻔히 있는 곳에서도 저 정도인데 단 둘이 있을 때는 어떨지 상상이 안 되었다. 민초씨는 문제의 관리자 밑의 직원이 언제부터인가 눈에 띄게 어두워진 것을 느꼈다. 우수했던 그녀의 상담 실적은 곤두박질치고 있었다. 어느날 그녀가 손목에 붕대를 감고 있어 무슨 일이 있었느냐 물었더니, 그녀는 상처를 입어서 치료받았다며 넘어갔다. 뭔가 이상함을 느낀 민초씨가 결국 따로 시간을 내서 그녀에게 상처에 대해 묻자 그녀가 답했다. "너무 힘들었어요. 술 먹고 나서 저도 모르게…" 자취방에서 손목에 자상을 가했고, 다행히 옆방의 친구가 빨리 발견해서 응급처치를 받을 수 있었다.

극단적 선택을 시도한 후에도 그녀는 출근해야 했고, 컴퓨터에 로그인을 하면 그때부터 숨이 잘 쉬어지질 않았다. 결국 정신과에서 공황장애, 우울증, 불안장애 진단을 받고 상담 일을 중단하게 되었다. 그 와중에도 자신이 이런 병력 때문에 정신병자로 비칠까봐 두려움이 앞섰다. 이 모든 상황은 오롯이 그녀의 책임으로 돌려졌다. 병가를 낸 상태였지만 무급 병가였다. 힘들게 일해 겨우 월세를 내고 생활을 이어가고 있던 그녀에게 무급 병가는 퇴직을 종용하는 것과 다를 바 없었다.

민초씨는 이 두 사태를 목격하며 주변에 공황장애를 겪거나 또 다른 선택을 할 위기에 처한 상담사가 없는지 찾아보기 시작했다. 안타까운 선택이 연이어 나온 그 콜센터 하청업체에 또다른 공황장애 병력의 상담사들이 있었다. 콜 대기 중에 얼굴이 새하얗게 변하고 숨이 막히는 이도 있었으며, 극단적 선택을 떠올리던 위태로운 이도 있었다. 민초씨는 겉으로 드러나지 않지만 속으로 병들어 있는 동료 상담사들이 도처에 있음을 깨닫게 되었는데, 막상 생각해보니 민초씨도 평소 숨을 깊게 쉬려고 하면 숨이 막히는 증상을 느끼고 있었다. 그리고 이 정도의 증세는 마치 의무 혹은 세금인 양 상담사들 사이에서는 흔하게 나타났다. 무엇이 가슴을 그렇게 옥죄고 있는지 숨조차 마음껏 쉬어지지 않았다. 민초씨가 근무하는 콜센터에는 당연히 흡연 구역이 있다. 상담사들 사이에서 구름정원이라고 불리는 곳이다. 이곳에서 상담사들은 담배 연기와 함께 구름을 이룰 정도로 큰 한숨을 쉬어내고 있었다. 그나마 한숨이라도 마음껏 쉴 수 있는 흡연 구역이 있다는 것에 감사해야 하는 걸까. 잔혹한 현실이다.

## 콜센터, 정동적 불평등의 현장

공황장애는 갑작스럽게 극도의 두려움과 불안을 느끼는 불안장애의 일종으로 알려져 있다. 죽을 것 같은 공포심과 함께 호흡이 곤란하고 가슴이 답답하며 어지러움이 발생한다. 정말 심신이 모두 죽음의 문턱 앞에 다다른 듯하다. 그런데 여기에는 뚜렷한 외부의 위협이 존재하지 않는다. 당사자만이 죽음의 공포를 경험하는 것이다. 그렇다면 이런 증상이 의미하는 것은 무엇일까? 단지 개인을 부적응자 취급하며 비정상적인 질병으로 치부하고 말 것인가?

트라우마 전문가인 미국의 정신과 의사 베셀 반 데어 콜크[Bessel Van Der Kolk]는 조금 다른 시각을 제시한다. 트라우마를 겪은 몸은 또

다른 트라우마에 대처하기 위해 신체의 직관적 느낌과 감정 기능을 정지시켜버리고 '생존 모드'에 돌입한다고 말한다. 즉 원시적 영역에 해당하는 중뇌 부위만 활성화되는데 이곳은 극도의 경계심을 갖추게 만드는 방어 행동 영역이다. 콜크의 표현을 따른다면 트라우마를 기억한 몸은 생존을 위해 '자기를 잃어버린다.'[24] 공황장애의 경우도 이와 같지 않을까 싶다. 죽음의 공포를 경험하지만 결국 몸은 생존을 선택한 것이 아닐까. 불안한 감정이 일상의 경고등이라면, 공황은 생존을 위한 비상등인 셈이다. 콜센터 여성 상담사들 중 공황장애를 앓는 이가 있다면, 그 사실 자체가 사회에 어떤 경고등 혹은 비상등을 켜고 있는 것인지도 모른다.

'고객이 왕이다'라는 말은 참으로 무섭다. 비용을 지불할 능력이 있다면 일순간 권력의 불평등이 허용된다는 뜻이니 말이다. 과도한 해석일까, 혹은 몇몇 사람에게만 해당하는 일일까? 몇명까지를 예외적 상황이라고 방관할 수 있을까? 중요한 것은 이런 불평등이 가능한 시대라는 점이다. 콜센터는 그 최전선에 서 있다. 여성 상담사에게 과도한 친절과 미소가 당연한 듯 강요된다. 실시간 청취 및 녹취를 통해 평가표까지 만들면서 말이다. 특정한 감정을 특정 대상에게만 과도하게 강요하는 것이 과연 당연한 일일까? 비용을 치른다는 사실만으로 충분한 것일까? 그런데 생각해보면 이미 여성은 가정 안에서 무급으로 똑같은 처우를 오랜 시간 받아오지 않았던가. 그 성별 역할 구분의 장소만 가정에서 콜센터로 이동한 것은 아닌지 의구심이 든다. 가정 내 돌봄에 대한 남녀

간 오래된 불평등이 노동 현장으로 확장된 것이 아닐까?

이런 측면에서 아일랜드의 평등학 교수 캐슬린 린치<sup>Kathleen Lynch</sup>가 동료들과 함께 주창한 '정동적 평등'<sup>affective equality</sup>이라는 개념이 눈에 들어온다. 린치는 정동을 의학, 심리학의 경우처럼 개인의 강렬한 감정[25]으로 해석하는 것이 아니라 개인 간의 상호작용하는 감정으로서 강조하고 있다. 그중에서도 특히 '사랑, 돌봄, 연대'라는 세가지 상호 지지의 관계들에 주목한다. 그녀는 이것을 '정동적 관계'라고 부르는데, 이 세가지 정동적 관계는 항상 애씀과 수고를 필요로 하고 이때 이 수고의 짐과 이득이 불평등하게 분산된다고 보았다. 린치는 이를 '정동적 불평등'이라 명명하며 그 불평등의 피해자가 주로 여성이었음을 강조한다.[26] 즉 왜 여성만이 그동안 돌봄의 책임을 떠안고 있었는지, 더 정확하게는 왜 사랑, 돌봄, 연대에 있어 남성과 달리 여성에게 부당한 강요가 이루어지는지를 평등의 관점에서 접근한 것이다.

린치는 일반적으로 평등을 기본적 인권, 경제적·교육적·정치적 평등과 관련해서만 사용하며 사랑, 돌봄, 연대는 사적인 영역으로 여겨 등한시한다고 지적한다.[27] 그녀가 주로 가정 내에서 '누가 돌봄을 수행하는가'의 문제에 주목해 남녀 간 불평등을 지적했다면, 나는 이 표현을 직장의 영역까지 확대할 수 있다고 생각한다. 어째서 누군가에게 정상적인 감정반응을 넘어선 행위를 고용과 소비의 이름으로 강요할 수 있다는 말인가. 그렇게 소진되고 탈진되는 감정의 문제를 단순히 개인의 능력과 자질로 치부하는 것이 진정

불평등한 것이 아닐까. 미소 경쟁과 그 평가가 상담사의 몸과 마음에 어떠한 상처를 남기는지를 목격했다면 이제 평등의 범위를 재설정할 때가 되지 않았나 싶다. 정동적 불평등의 현장이 콜센터에만 국한된 것이 아니리라는 생각에 마음이 더욱 조급해진다.

# 4장
# 어느 상담사의 하루

"오랜만에 사람을 만난 것 같아요"

　현장연구 기간 동안 인터뷰를 했던 모든 상담사는 어렵게 만난 만큼 기억에 많이 남는다. 그중에서 가장 기억에 남는 사람을 한 명만 꼽으라고 한다면 주저 없이 하은씨를 꼽을 것이다. 만남의 횟수는 적었지만 총 대화 시간만 따진다면 하은씨와 함께한 시간이 가장 길었다. 그만큼 나의 질문과 하은씨의 대답은 끊이지 않았고, 대화를 통해 상담사가 아닌 한 사람의 인생까지 들을 수 있었다. 하은씨는 마치 미래의 연구자를 기다리고 있었다는 듯 오랜 기간 콜센터에서 겪은 많은 일을 기억 속에 차곡차곡 쌓아 정리해 놓고 있었다. 정말이지 그녀와의 만남은 기묘한 경험이었다. 개인이 복잡한 세상에서 어떻게 살아가고 있느냐가 아니라 그녀의 삶에 세상이 어떻게 주조되고 배치되어 있는지를 듣는 듯했다. 세상을 중심으로 그녀가 공전하는 것이 아니라, 자전하는 그녀를 중심으로 마치 세상이 공전하는 듯 느껴졌다. 그런데 그렇게 견고한 삶을 살아낼 수 있었던 원동력은 아이러니하게도 상담사로서의 일상이 너무나 힘들기 때문이었다. 그녀는 하루하루 무너지지 않기 위해 필사적으로 엄격한 규칙과 스케줄에 따라 스스로를 통제하고 있었다. 지금부터 그녀와의 긴 대화를 소개하려 한다.

하은씨는 최근의 경력만 따진다면 콜센터 하청업체의 8년 차 무기계약직 상담사다. 소개를 통해 어렵사리 하은씨와 약속을 잡을 수 있었고, 주말 오후 1시에 그녀가 근무하는 콜센터 인근 지하철역에서 만났다. 그녀는 만나자마자 나를 자신이 출근하는 경로를 따라 안내했다. 콜센터 빌딩까지 도착한 후 콜센터 내부에 대한 설명을 듣고 점심 식사를 하러 갔다. 이후 카페에서 2시간 넘게 이야기를 하고 콜센터 인근을 산책한 후 또다른 카페에 들어가 2시간가량 이야기를 더 이어갔다. 어느덧 시간은 저녁 7시 반이 되었고, 같이 저녁까지 먹은 후 또 카페로 옮겨 밤 9시 반까지 대화를 나누었다. 8시간이 넘는 대화 동안 하은씨는 이야기를 끊고 세번을 울었다. 그리고 담배를 피우러 네번 나갔다 왔다.

그녀의 가정사부터 어떻게 상담사까지 이르게 되었는지, 그리고 콜센터 안에서 팀장과 동료들과 어떤 일들이 있어왔는지 질문과 답이 끊이지 않았다. 그렇게 긴 시간을 쉼 없이 대화를 나눈 후 헤어지고 나서 하은씨로부터 문자를 받았다. 아직도 그 문자를 간

직하고 있다.

"선생님 앉아서 편히 가시고 계시는지요. 오랜만에 정말 오랜만에 사람을 만난 것 같았습니다. 감사드리고요. 언변이 빵이어 주제가 소재가 되었는지 그 반대인지 지금은 잘 모르지만 드릴 수 있는 것은 드릴 테니 훌륭한 선생님이 되시기를 기도합니다. 텔레비전에서 세월호 하네요. 물속에 안 들어가 있어도 저는 항상 물속에 있답니다. 많이 도와주세요. 선생님의 논문으로요."

'오랜만에 사람을 만난 것 같다'라는 말이 감사하면서도 아프게 들렸다. 그녀가 콜센터 안에서 어떤 삶을 살아왔는지를 느끼게 만드는 말이었다. 자신은 항상 '물속'에 있다는 표현에서도 그러한 느낌을 받았다. 이어서 소개하겠지만, 그녀는 정말 콜센터 안에서 겪은 거의 모든 일을 나에게 전달해주려 했다. 겉모습을 통해서는 전혀 파악할 수 없는, 그녀의 눈물에 젖은 숨 막히는 일상을 어떻게 해서든 호소하고 싶었던 것이다. 두번째 만남 때는 마치 그녀의 삶을 들키지 않으려는 듯, 정말 그녀의 표현대로 '최고의 옷들'로 멋지게 차려입고 나왔다. 이날도 오랜 시간 식사와 차를 함께하며 긴 대화를 나누었다. 하은씨는 헤어지는 길에 또 문자를 보내주었다. '사람을 만난 것 같다.' '정말 사람의 관심이 고팠던 것 같다.' 매일 100여통 전화를 하며 수많은 사람과 대화를 하면서도 정작 사람을 만나지 못했다는 것은 어떤 느낌일까. 그녀가 전해준

이야기에 귀 기울여보았으면 한다.


## 하은씨의 출근길


첫 만남을 가진 날 하은씨는 자전거를 타고 왔다. 나에게 자신의 실제 아침 출근 모습을 그대로 재현해 보여주고 싶었던 것이었다. 그녀가 자전거를 타고 출근길에 지나가는 골목, 그리고 퇴근길에 들려서 몰래 담배 한대를 피우는 가게 뒷골목 등 그녀가 만든 일상의 소로小路를 따라 콜센터까지 이동했다. 이때 하은씨는 매일 아침 출근길에 듣는 노래라며 나에게 이어폰을 건넸다. 이 노래는 그녀에게 일종의 출정가와 같았다. 출근 전 상담사로 정신무장하기 위한 의례를 치르는 노래였다. 노래에 맞춰 자전거 페달을 굴리면서 상담사로 모드를 변환한다. 그녀는 실제로 "안녕하세요~ 저는 상담사 ○○○입니다"를 연습하며 이동한다고 했다. 처음 노래를 들을 때 강렬한 반주와 굵고 거친 목소리에 가사가 제대로 들리지 않아 흥을 돋우는 노래로만 생각했는데, 헤어지고 나서 가사를 자세히 읽어보니 그녀가 왜 이 노래를 출정가로 선택했는지 알 수 있었다. 그 노래는 가수 안치환의 '카오스'였다. "What a crazy world!" "미친 것이 나인가 그대인가 저들인가."

밟히고 무너지고 깨지고 부서지고

이리저리 쫓기다 몰리다 뒹굴어도

더이상 갈 곳 없어 도와달라 외쳐봐도

아무 대답이 없어

누구 하나 모든 걸 거는 이 하나 없어

알면서 모르는 척 모르면서 다 아는 척

계산기 두드리며 표정 관리하고 있어

두터운 가면들뿐야

그래도 세상은 어물쩍 잘 돌아간다

계란으로 바위 쳐봐 눈 하나 까딱이나

미친 것이 나인가 그대인가 저들인가

What a crazy world!

분탕질 미꾸라지 적은 내 안에 있어

똑바로 봐 제대로 들어 모든 게 현실이야

미친 것이 나인가 그대인가 저들인가

What a crazy world!

—안치환 '카오스' 전문

가사를 읽다보면 상담사가 직면한 현실이 그대로 반영된 듯하다. 특히 '표정 관리'와 '두터운 가면들'에 대한 지적이 그랬다. 여기저기 짓밟고 깨지는 일들이 발생하는 미친 세상이지만 마치 아무 일도 없다는 듯 '어물쩍 잘 돌아가는' 세상이다. 이 노래는 이렇게 미친 세상 속에서 나 또한 미쳐가는 것은 아닐까 생각하게 만든다. 똑같이 가면을 쓰고 표정 관리하고 있는 것은 아닌가. 분탕질은 내 안에서 일어나는 것일까, 밖에서 일어나는 것일까. 그 분간조차 어려운 미쳐버린 세상이여. 하은씨는 생존을 위해 스스로 미친 세상 속으로 출정하며 두터운 가면을 쓰는 의식을 치르는 중인 듯했다.

그녀는 노래를 듣고 부르면서 '또다른 나'를 만든다고 했다. 그런데 그녀가 출근송과 함께 준비하는 가면은 감정노동 논의에서 이야기하듯 고객 때문이 아니었다. 그녀는 오히려 고객과의 상담을 즐겼고 자기 나름의 보람도 느끼고 있었다. 그녀가 전의<sup>戰意</sup>를 불태우며 출근을 준비하는 것은 바로 동료 때문이었다. 하은씨는 2년 전 콜센터를 옮기게 되었는데 그 계기가 바로 두터운 가면을 쓴 동료 상담사들 때문이었다고 한다. 나는 동병상련이라는 생각 때문에 적어도 상담사들끼리는 돈독한 유대관계를 가질 거라 생각했다. 물론 그런 경우가 더 많을 수 있겠지만, 경쟁이 일상인 콜센터에서 내부에 갈등이 없을 거라 여기는 건 순진한 일이었다. 하은씨는 주변 동료들로부터 잦은 인격 모독을 당했고, 이를 견디다 못해 다른 콜센터로 이직했다.

그녀는 새 콜센터에서는 스스로 완벽히 무장하게 되었다. 순진하고 아무것도 모르는 숙맥 가면을 쓴 것이다. 그리고 조용히 "떨빵한"(그녀의 표현 그대로다) 경주마가 되었다고 말한다. 필요할 때는 매니저에게 "악어의 눈물"(이 또한 하은씨가 자주 사용하는 표현이었다)을 흘려가며 마음속으로 '계산기 두드리며 표정 관리'를 했다. 그러다 과거 자신처럼 도와달라 외치는 신규 상담사를 도와주기도 했지만, 결국에는 그 상담사가 자신을 실적으로 밟고 올라서자 "머리 검은 짐승"(이 표현 역시 반복적으로 사용했다)은 이제 키우지 않기로 독하게 마음을 먹었다.

이렇게 그녀의 가면은 두터워지고 표정 관리도 철저해졌다. 그녀는 점차 자신이 비난했던 '미친 저들'과 똑같은 사람으로 변해가는 것을 느꼈다. 특히 항상 업체 내에서 실적 1위를 달리던 그녀에게 새로운 경쟁자가 생길 때마다 그녀는 마치 자신의 기득권을 빼앗긴 듯 거칠어졌다고 고백했다. 어느새 그녀의 마음속에도 '분탕질 미꾸라지'가 번식하고 있었던 것이다.

노래를 들으며 도착한 콜센터는 역시나 전형적인 아파트형 공장의 모습이었다. 네모반듯한 유리벽으로 장식된 거대한 빌딩 옥상 바로 아래층에 그녀가 일하는 고객 상담실이 위치해 있었다. 건물 한편에 자전거를 대고 그녀가 홀로 눈물을 훔치는 장소들을 안내받았다. 숙맥 가면을 벗고 홀로 울분과 슬픔을 삭이는 곳, 비밀 흡연을 하는 장소들이었다. 어떠한 온기도 느껴지지 않는 차가운 건물 안에서 얼마나 많은 감정과 대화가 오고 가는 것일까. 건물 역시 두터운 가면을 입은 듯 느껴졌고, 노래 '카오스'가 떠오르며 더더욱 궁금해졌다. 도대체 하은씨는 어떠한 삶을 살아왔고, 어떻게 상담사로서 지금의 자리까지 이르게 되었는지 말이다.

## '여보세요 일'을 한다: 콜센터 상담사가 되는 길

하은씨는 부잣집에서 태어나 유복한 환경에서 자랐으며 유명
대학까지 졸업했다. 졸업 직후 전공학과 관련 사무소에서 일을 하
다가 기회가 닿아 새롭게 론칭한 유명 의류 브랜드의 고객관리팀
중책을 맡게 되었다. 이후 의류 브랜드의 승승장구와 함께 경력을
쌓아가던 중 IMF 경제위기로 1998년 회사가 문을 닫자 갑작스레
실직자가 되었다. 이때『벼룩시장』신문을 통해 알게 된, 집에서
가까운 핸드폰 판매업체 콜센터에서 1년 정도 근무하게 되었고,
이것이 그녀의 첫 상담사 경력이었다. 이후 사무직 등으로 몇년간
다른 일을 하다가 8년 전 콜센터에 다시 취직했다. 두번째 콜센터
에서 6년 정도 근무를 하다가 동료 상담사들의 괴롭힘에 못 이겨
지금의 콜센터로 옮긴 지 2년이 되어간다. 콜센터 경력만 합한다
면 총 9년이 되는 셈이다.

원래 사람 만나는 것을 좋아하기도 했고 대학 졸업 때까지 유복
하게 자라기도 해서 그런지 그녀는 평소에 밝고 에너지가 넘쳤으
며 감수성도 풍부했다. 의류 브랜드에서 고객관리팀을 맡으면서
제대로 실력을 인정받았다. 그때의 경험이 아마도 지금의 상담사
일에 적지 않은 밑거름이 되었을 것이다. 하지만 부유했던 집안도
그렇고 의류 분야에서 일했던 화려한 경력으로 인해 그녀는 현재
자신의 직업을 주변 지인들에게 있는 그대로 터놓지 못하고 여전
히 의류 쪽 일을 한다고 둘러댄다고 했다.

그녀는 상담사 일을 자주 '여보세요 일'이라고 표현했다. 콜센터 업체를 은어로 '펌프'(성매매 포주), 상담사를 '삐끼'(성매매여성)로 빗대 언급하기도 했는데, 이것을 보면 콜센터 업체뿐만 아니라 그곳에서 일하는 사람들까지도 어떤 곱지 않은 선입견을 가지고 평가하는 듯했다. 하은씨는 고객과 상담하는 것을 일종의 대화로 생각했고 일 자체에는 매우 만족해했다. 그녀 나름의 자부심을 느끼고 그래서 실적이 항상 우수하지만, 한국 사회에서 콜센터 상담사를 바라보는 시선에 대해서는 상당히 비관적이었다. 인터뷰를 위해 만날 때마다 화려한 옷으로 차려입은 것도 이러한 현실 인식 때문일지도 모르겠다. 자신은 다른 상담사들과 다르다는 생각이 강했지만 그러다가도 어느 순간 다르다고 생각했던 그들을 닮아가는 스스로를 목격하고 자괴감에 빠지곤 했다. 이런 모순적 감정에서 벗어날 수 없는 이유는 근본적으로 이제는 싫든 좋든 어떻게 해서든 콜센터에서 견뎌내야만 하는 경제적 현실 때문이었다. 그녀의 삶은 이제 하루살이가 되어버렸다.

　　"나는 꿋꿋이 일을 해야 했고, 버텨야 했고, 혼자서 버텨야 했다. 정말 어느 하루 편한 날이 없었다. 이런 말이 있지 않나. 봄이 되면 가을을 준비하고, 가을이 되면 겨울을 준비하고. 나는 이렇게 배웠다. 콜센터도 적응이 되니 '하루살이'가 되더라."

하은씨는 8년 전 콜센터에 본격적으로 취업하게 되면서 주변 신규 상담사들에 비해 상대적으로 나이가 많아 걱정이 되었다. 그녀는 처음 입사했을 때 받은 신입직원 통화 품질 교육자료를 나에게 보여주었다([표 4-1] 참조). 교육 내용은 간단명료했다. 고객 명단을 받아 일일이 전화를 걸어 특정 상품을 소개하고 이용해보기를 권유하는 아웃바운드 상담이었다. 고객들의 전화를 받고 불만 사항을 해결하는 인바운드 상담과는 기본적으로 달랐다. 다행히

표 4-1  신입직원 통화 품질 교육자료. 원본 자료를 발췌해 정리했다.

| | | | |
|---|---|---|---|
| **1.<br>친근한<br>고객맞이** | 첫인사 | 안녕하십니까?<br>○○○○ 담당하는<br>상담원 ○○○입니다 | 밝고 친근한 음성,<br>빠르지 않은 속도로<br>성의 있고 명확하게 전달 |
| | 고객 확인 | 실례지만,<br>○○○ 고객 되십니까?<br>고객 "네"라고 답변 후<br>친근감 표현,<br>"통화되어 반갑습니다." | 차분한 음성<br>정중하게 여쭤볼 것<br>친근감 표현은<br>성의 있게 표현 |
| | 통화 가능<br>여부 및<br>전화 건 사유 | 고객 상황에 맞춰<br>"잠시 통화 가능하십니까?"<br>"전화드린 건 다름이 아니라" | 적극적 음성/전화 건<br>사유 안내 후<br>권유 진행(클로징) |
| **2.<br>적극적인<br>상담** | 고객<br>니즈 파악 | 고객의 연령, 성별에 따른 이용 서비스 문의하여<br>고객 반응 끌어냄 | |
| | 정확한 상담 | 임의적인 답변, 즉흥적인 답변, 애매모호한 답변 등은 오<br>안내로 전달되니 정확한 내용을 통해 응대해야 함 | |
| | 열의 있는<br>상담 | 반론 응대 시 부정적인 표현보다는<br>긍정적인 표현 진행<br>예) '원치 않으세요?'보다는 '해보시는 건 어떠세요?' | |
| **3.<br>마무리 및<br>끝인사** | 마무리 | 바쁘신데 통화해주셔서 감사합니다/<br>기회 되실 때 ○○○○ 이용 부탁드립니다 | |
| | 끝인사 | 저는 ○○○○의 ○○○입니다.<br>행복한 하루 되세요/행복한 주말 되세요 | |

| | | | |
|---|---|---|---|
| 4.<br>따듯한<br>상담 | 속도 및<br>발음 | 고객 맞춤 속도를<br>유지하며 명확한<br>발음으로<br>전달하였는가? | 속도 및 발음 연습하기:<br>앞집 팥죽은 붉은 팥 풋팥죽<br>이고, 뒷집 콩죽은 햇콩단콩<br>콩죽, 우리 집 깨죽은 검은깨<br>깨죽인데 사람들은 햇콩단콩<br>콩죽 깨죽 죽 먹기를 싫어하<br>더라 |
| | 음성 및<br>억양 | 상황에 맞추어<br>진심을 담은 음성으로<br>정중하게<br>진행하였는가?<br>따뜻하고 다감한 음성으로<br>생동감 있게<br>진행하였는가? | 전화에서는 억양과 음성이<br>감정을 반영합니다.<br>몇가지 기본 규칙만<br>준수한다면 음성이<br>훨씬 개선될 것입니다.<br>• 바른 자세로 앉아서 전화하기<br>• 전화하기 전에 심호흡하기<br>• 의식적으로 깊은 소리를 내<br>  도록 하기<br>• 말을 천천히 하기<br>• 차근차근 악센트를 주어가<br>  며, 문장 부호를 지켜가며<br>  말하기 |
| | 공감 화법 | 1. 핵심 내용에 대한 요약 및 재확인 형식의 호응<br>2. 고객에 대한 호의적 반응과 적극적인 맞장구<br>• 공감 표현 활용 시 유의사항<br>_적절한 타이밍: 너무 늦으면 답답하고 너무 빠르면 다그<br>치는 느낌을 주게 됨.<br>_상황에 맞는 적절한 표현: "예. 예. 어… 아… 네" 등은 지양.<br>**네, ~ 아, ~ 재확인 형식.**<br>_충분한 감정: 고객의 상황에 집중하고 나도 같은 마음임<br>을 표현하는 것.<br><br>• 예시<br>_경청 호응: 네, 고객님.<br>_공감 호응: 네, 그러세요.<br>• 답변 호응: 네, 맞습니다. 네, 물론입니다. 네, 그렇습니다.<br>• 감사 호응: 확인해주셔서 감사합니다. 소중한 의견 감<br>  사합니다. | | |

하은씨에게는 아웃바운드 상담이 인바운드 상담보다 성격상 잘 맞았다. 사람과의 대화를 좋아하기 때문에 상품 소개를 매개로 여러 고객과 말할 수 있다는 것이 그녀에게는 고맙기까지 한 일이었다. 의욕이 앞섰다.

그녀는 금방 아웃바운드 상담에 익숙해졌고, 성화를 내는 고객(주로 '어떻게 내 전화번호를 알았느냐'는 경우가 많았다)에 대처하는 자기 나름의 노하우도 쌓게 되었다. 상담 일 자체가 적성에 맞다보니 실적이 좋을 수밖에 없었고, 콜센터 안에서도 중요한 상품이 새로이 개발되면 고객의 반응을 먼저 파악하는 프로젝트에 단골로 선발되었다고 한다. 물론 그만큼 월급에 보너스도 증가했다. 그런데 하은씨는 차츰 팀장이 사람을 좋아하는 자신의 성격을 이용하고 있다는 사실을 깨닫게 되었다고 한다. 그녀가 '고수'라고 칭한 팀장은 항상 자신에게 먼저 인사를 하고 콜 진행 상황을 체크하며 인간적으로 대해주었다. 그런데 팀장과의 친분이 쌓이면서 팀장은 하은씨에게 "내가 DB(고객 명단) 몇 개 더 넣어줄게"라며 추가 실적을 부추기기 시작했다. 하은씨가 주변 상담사들의 콜 실적을 순수하게 걱정하고 전체 실적을 챙기며 안타까워한다는 사실을 알고 그녀에게 명단을 좀더 가져다주는 일이 잦아졌다. 상황이 이렇게 되니 하은씨는 팀장이 정말 좋은 사람인지 아니면 자신을 이용할 뿐인 건지 혼란스러워졌다.

그렇게 가장 실적이 좋은 S급 상담사가 되자 이제 동료 상담사들과 팀장들과의 관계가 문제가 되기 시작했다. 하은씨는 선의로 실적이 낮은 상담사들을 돕기 시작했는데 결국에는 '먹튀'(먹고 도망치기)로 끝난다는 것을 경험했다. 실적을 늘릴 수 있는 노하우를 알려준 '은혜'는 금방 잊히고 이제 그녀는 실적 경쟁에서 끌어내려야 하는 존재가 된 것이다. 어느 순간 자신이 좋아하는 상담을 열심히 하는 것만으로는 S급 상담사 자리를 지키기가 쉽지 않다는 것을 파악하게 되었다. 하은씨는 팀장과 관리자에게 간식거리와 커피 등을 사주기 시작했다. 아침에 성공률이 높은 좋은 고객 명단을 받기 위해 월급의 10% 정도를 투자했다. 하지만 이런 방법을 쓰는 상담사는 그녀만이 아니었다. 결국 하은씨는 이런 투자를 어느 순간 멈추었다고 한다. 어떤 방법을 쓰고 실적을 쌓는다 하더라도 종국에는 팀장이 자신을 버릴 거라고 생각했기 때문이다. 이렇게 그녀는 "조금씩 망가진 것 같다"라고 했다.

하은씨가 근무한 곳에는 다양한 배경의 상담사들이 있었다. 그녀가 파악한 바에 의하면 '정말 깜짝 놀랐다'고 말할 만큼 대학 졸업생이 없었으며, 이혼, 불륜, 신용불량자, 쉼터에 머무는 여성 등 저마다의 사정이 정말 다양했다고 한다. 콜센터의 현실이 "이런 불특정 다수가 불특정 다수에게 전화"하는 것이라고 보았다. 하은씨는 자신보다 더 기구한 사연을 가진 중년의 상담사에 대해 말해주었다. 그녀는 사업에 실패한 남편이 음주 교통사고로 사망한 후 신용불량자가 되었고 정신과 치료까지 받던 중 생활비를 마련하기 위해 콜센터에 들어왔다고 한다. 그런데 3일 동안 실적 건수가 한건도 없었을 만큼 적응을 하지 못했고 항상 실적이 바닥이었

4-1 저가의 중국산 청심환.

다. 생계를 위해 주말 내내 식당에서 밤새 일한다고 했다. 그녀는 상담이 성격에 맞지도 않아 그 자체가 너무나 큰 스트레스였고, 긴장감을 줄이고자 청심환을 자주 복용했다고 한다. 그런데 하은씨가 보여준 그 청심환은 중국산 저가품이었다. 어떻게 해서든 콜센터에서 생존하려 했던 나름의 자구책이었던 것이다. 하은씨는 그녀가 너무 불쌍해 보여서 자신의 노하우를 가르쳐주었다.

콜센터에서 근무하는 기간이 길어지면서 하은씨의 정신적 스트레스 역시 커지기 시작했다. 경쟁에서 이겨야만 했고, 온갖 시기와 질투, 전략과 전술들이 난무했기 때문이었다. 상담 일은 좋았지만 상담사라는 위치가 그녀를 조금씩 지치고 힘들게 만들었다. 결국 그녀 역시 차츰 신경안정제를 복용하기 시작했다. 근무 중 때때로 흡연을 하기도 하고 퇴근 후 술을 마시기도 했지만 불편해진 마음을 진정시키기 어려운 순간이 잦아졌다. 그렇게 조금씩 약물에 의존하게 되었다. 겨우겨우 버티던 하은씨는 결국 6년 동안 근무한 콜센터에서 자진 퇴사하고 집 근처의 다른 콜센터로 이직했다. 나는 퇴사 이유가 궁금했다. 그리고 새롭게 옮긴 곳에서는 좀더 편안해졌는지도 궁금했다. 결론부터 말하자면 하은씨는 직장을 옮긴 이후 이제 하루도 빠짐없이 신경안정제를 복용하게 되었다. 도대체 그녀에게 무슨 일이 있었던 것일까?

## 상담사로 버티는 과정 : 약육강식의 정글

하은씨가 나에게 오랜 시간 동안 말해주려 한 것은 바로 상담사들이 주변 동료들로부터 상처받을 수밖에 없는 상황에 놓여 있다는 사실이었다. 지금껏 여러 콜센터 관련 연구를 통해 이곳의 업무가 철저히 실적 위주의 경쟁을 기반으로 한다는 것은 잘 알려졌지만, 이로 인해 상담사들 사이에 극단적인 따돌림까지 일어난다는 사실은 그동안 주목받지 못했다. 고객과 관리자에게 항상 을의 위치에서 수동적으로 당하는 존재로만 인식되었지, 이런 을들끼리 서로 살기 위해 물어뜯는 약육강식의 정글의 법칙이 작동한다는 사실은 간과되었다. 하은씨는 자신의 경험을 통해 이를 알리고 싶어했다. 물론 이것은 절대로 상담사 개개인을 비난하기 위함이 아니었다. 사과를 상하게 만드는 썩은 사과 상자 자체에 대한 비판이 주요한 목적이었다.

상담사 간의 경쟁은 출근 직후 상담이 시작되기도 전부터 시작된다고 하은씨는 지적한다. 바로 '상납'이 문제였다. 상담사들은 아침부터 팀장한테 '빵 셔틀' '커피 셔틀' '과일 셔틀'을 하기 바쁘다. 하은씨 같은 아웃바운드 팀의 경우 서로 좋은 고객 데이터를 받기 위해 출근과 동시에 팀장한테 커피, 음료수, 비타민, 빵, 아이스크림, 과일(하은씨 말로는 과일이 제일 비싸고 효과적이어서 자신은 과일 셔틀만 한다고 귀띔해주었다) 등을 준다고 했다. 그리고 '팀장이 틀렸다고 하면 틀린 거고 맞는다고 하면 맞는 거다'라는 원칙을 철저히 준수했다. 셔틀의 결과 좋은 고객 데이터가 주어졌을 때는 최대한 실적을 올리려 애썼다. 이러한 노력으로 크게는 한달에 약 15만원 안팎의 월급 차이를 만들 수 있었다.

관리자급은 이러한 상담사 간의 경쟁을 팀 전체의 실적 증가를 위해 매우 적극적으로 활용했다. 즉 하은씨처럼 상담 기술이 좋고 실적이 우수한 직원한테는 일부러 좋은 고객 데이터를 제공해 더 좋은 실적을 만들게 하고, 다른 상담사들에게는 왜 1등 상담사를 쫓아가지 못하느냐고 채찍질했다. 이외에도 상담사 간 경쟁 심리를 끌어올리기 위해 '스팟 프로모션'이라고 하는 이벤트를 자주 활용했다. 적당한 상금을 걸고 상담사들끼리 내기를 하게 만들어 성공한 상담사에게 상금을 제공하는 식이었다. 예를 들면 봉투 안에 1,000원에서 3,000원가량의 돈을 무작위로 넣어 창문에 15개 정도를 붙여놓는다. 접수를 두건 성공하면 그중 하나를 아무거나 떼어가라고 공고한다. 돈 봉투가 아니라 과자를 상품으로 걸어놓기도 했다.

이러한 경쟁체계의 결말은 뻔했다. 상담사들이 높은 등급을 받기 위해 서로 치열하게 다투며 갈등이 생길 수밖에 없었다. 특히 팀장이 우수 상담사로 인정한 상담사는 항상 비난의 대상이 되었다. 하은씨의 경우 수년간 우수 상담사 자리를 빼앗기지 않았다고 한다. 그녀는 스스로를 '경주마'라고 표현했다. 팀장에게 좋은 고객 리스트를 전달받으면 열심히 앞만 보고 실적을 올리면서 선두에 나서는 자신을 은유적으로 빗댄 것이다. 그렇기 때문에 언제나 다른 상담사들로부터 비난의 대상이 되었다고 한다. 또한 콜센터에서는 지나친 경쟁에서 살아남기 위해 마음이 통하는 사람들끼리 뭉치는 것이 일상화되어 있었는데, 이러한 끼리끼리 문화는 누군가를 희생양으로 만들기 쉽고 이는 곧 콜센터 내 왕따 문화로 이어졌다. 바로 이 같은 문화 때문에 신규 고객 유치의 '전설'로 불렸던 하은씨는 6년간 다니던 콜센터를 떠나야 했다.

"그 콜센터를 그만둔 이유는 **지속적 왕따** 때문이다. 가장 큰 예로, 같이 점심을 먹고 있는데 내가 고추를 먹었다. 그랬더니 누가 나와 눈이 마주쳤는데 나에게 개가 '언니, 고추도 먹어?' 이러면서 혀로 성적 흉내를 내는 거다. 내가 정말 이런 애들과 일을 하나 한심했다. 나는 원래 순대, 닭을 못 먹는다. 그런데 애네들은 이걸 잘 먹는다. 문제는 내가 이걸 못 먹는다고 흉을 본다는 거다. 그러니깐 자기네랑 어울리면서 빵 셔틀도 하고, 순대, 닭도 먹으면서 어울려야 하는데 그걸 안 한다고 뭐라 하는 거다. 나는 정말 자기네를 인정했는데, 왜 날 인정해주지 않는지 그게 너무 싫어서 그만둘 생각으로 센터에서 조금씩 짐을

뺐다. 사실 팀장은 같은 팀원 사이에 경쟁을 붙인다. 근데 이게 너무 심하다. 그래서 상담원들이 끼리끼리 뭉친다. 또 희생양을 찾는다. 뒷담화를 위해. 그러니 적당히 어울리고, 음담패설을 하고, 팀장도 같이 욕하고 그래야 하는데 내가 그걸 안 한 게 문제였다. 그런데 나 역시 꺼리는 사람들이 있다. A라고 있다. 입원도 하고 울기도 하고. 며칠 동안 접수가 한건도 없던 때가 있었다. 집안일도 얽히고. 그래서 스트레스가 엄청 많았다. 그러면 스스로 물러나든지 해야 하는데 내가 잘하니깐 나한테 접근을 한 거다. 그런데 난 안다. **머리 검은 짐승은 키우는 게 아니라고!** 왜냐하면 결국 내 경쟁자가 될 거니깐. B라는 다른 애도 있었는데 내가 불쌍해서 가르쳐줬는데 어느 순간 나보다 잘하기 시작했다. 그래서 난 그애가 싫어졌다. 하하하. 그래서 알게 됐다. 나도 똑같았구나 하고."

그녀의 눈에는 자신을 포함한 상담사들이 '머리가 검어' 인간인 듯 보이지만 서로에게 이득이 되지 않으면 물어뜯고 도움이 되면 다가가는 '짐승'처럼 보였다. 이러한 은유적 표현은 콜센터라는 장소가 어떠한 성격의 곳인지를 직감적으로 파악하게 해준다. 콜센터는 몸을 숙이고 언제든지 타인의 공격에 대비해야 하는 전쟁터, 즉 약육강식의 정글이었으며, 상담사는 그 안에서 생존을 위해 경쟁하는 짐승처럼 보인다. 우수 상담사 동료를 경계하고 뒤에서 험담을 하면서 스스로의 안전을 도모하려는 상담사들의 모습은 이들이 콜센터라는 환경에서 동료를 대할 때 어떻게 행동하는

지를 잘 대변해준다.

하은씨 역시 스스로를 경주마와 같다고 은유적으로 표현했다. 경주마라는 표현은 주어진 결승선 목표를 향해 주변에 벌어지는 상황을 신경 쓰지 않고 오로지 앞만 보고 달리는 이미지를 보여준다. 일일 최대 통화 목표량을 달성하기 위해서 칸막이 옆 동료를 보지 못한 채 앞에 놓인 컴퓨터 화면만을 응시하고 하루 8시간 반복해서 전화를 걸며 일하는 상담사의 모습 말이다. 그녀의 고개는 정면만 향하며 입은 같은 말을 쉼 없이 되풀이하고 손은 키보드 위에서 끊임없이 고객의 정보를 입력한다. 이러한 현실은 한국 사회에서 언론을 통해 확산하고 있는, 고객 대 상담사로 대비되는 감정노동 담론만으로는 파악하기 어려운 모습이다.

하은씨는 결국 오랜 기간 근무했던 콜센터를 그만두었고 그녀에게는 지워지지 않는 상흔이 남았다. 그곳에서 어떠한 무리에도 속하지 못하고 노골적인 따돌림과 무시를 당하며 버텨온 결과 신경안정제를 복용해야 하는 상황에 이르렀다. 토요일에 진료를 받으러 다니던 동네 의원에서 처방받는 약의 종류가 조금씩 증가했다. 처음에는 주로 목이 불편해서 약물을 처방받기 시작하다 이제는 신경안정제까지 추가되었다(〔사진 4-2〕 참조). 새로 이직한 콜센터에서 2년 정도 버티며 상담 업무를 유지하고 있지만, 그녀가 처한 상황은 이전과 다르지 않다. 옮긴 콜센터에서는 예전처럼 왕따를 당하지 않기 위해 더 많은 가면을 써야만 하고, 극도의 긴장감 속에 실적을 올리려 애써야 한다. 그와 함께 신경안정제의 복용

| 처방의약품의명칭 | 1 회 투약량 | 1 일 투여횟수 | 총 투약일수 |
|---|---|---|---|
| 648900660 자낙스정0.25mg(내복) | 0.5 | 2 | 7 |
| 648200800 스락신정25mg(내복) | 1 | 2 | 7 |
| 643300740 멜락스캡슐(내복) | 1 | 2 | 7 |
| 642902490 하이메틴정(내복) | 2 | 2 | 7 |
| 645900990 코데농정(내복) | 1 | 3 | 3 |
| 642101080 알마겔정(내복) | 1 | 3 | 3 |
| 643302810 종근당세파클러캅셀(내복) | 1 | 3 | 3 |

4-2  하은씨의 실제 약물 처방전. 잦은 목감기 때문에 처방받은 약과 함께 신경안정제 (자낙스정)가 추가로 처방되어 있다.

주기도 짧아지고 횟수도 증가했다. 그녀가 생존하는 정글은 도대체 어떤 인물들로 구성되어 있을까?

## 콜센터라는 정글 속 먹이사슬

콜센터라는 무대 위에는 다양한 인물이 상호작용하고 있다. 하은씨는 2년간 근무한 콜센터 내부의 사정을 상세히 들려주었다. 그녀의 이야기를 통해 콜센터라는 정글에서 먹이사슬이 얼마나 촘촘히 얽혀 있는지 들여다볼 수 있었다.[1]

그녀가 근무 중인 콜센터는 세개의 하청업체로 구성되어 있다. 세 업체의 직원은 총 500명 정도이고, 하은씨가 속한 업체는 약

120명 정도의 상담사가 속해 있다. 업체는 제일 위의 매니저, 그 밑에 다섯명의 팀장, 그리고 각 팀장 밑으로 15명 안팎의 상담원을 두고 있다.

하청업체 먹이사슬의 우두머리인 매니저는 하은씨보다 나이가 어린 남성이다. 선량한 얼굴을 하고 있어 첫인상만 보면 무장해제를 할 만큼 편안한 느낌이지만, 하은씨의 표현에 따르면 그 많은 상담사를 쥐락펴락한다고, 그래서 더 무섭다고 했다. 그는 초반에 이곳을 자신만의 왕국으로 만들기 위해 자신이 이전 업체에서 알고 지내던 충신 한명을 팀장으로 영입했다. 영입된 팀장은 그녀의 체제를 확고히 만들고자 완벽하게 앞잡이 노릇을 했다. 상담사들에게 엄청난 갑질 행위를 했고 본사에까지 소문이 퍼졌다. 결국 매니저와 그가 데려온 팀장의 횡포가 드러났고, 팀장이 다른 부서로 전직한 후 얼마 안 있어 퇴사를 하는 것으로 일단락되었다. 당연히 남성 매니저는 여전히 우두머리로 남겨진 채로 말이다. 하은씨는 그 앞잡이 팀장의 주된 공격 대상이었다.

괴롭히던 팀장이 떠났지만 아직 다섯명의 팀장 A, B, C, D, E가 업체 안에 '부두목'으로 존재했다. 하은씨는 다섯 팀장의 특징을 일일이 설명해주었다. 우선 A 팀장은 상담사들의 입장을 가장 잘 배려해주었기 때문에 최고로 인기가 많은 팀장이었다. A 팀장은 흡연자이기도 해서 함께 대화를 나누기도 편했다. 모두가 그녀와 함께 일하기를 원했다. B 팀장은 상담사를 교육하던 강사였는데 팀상으로 승격되었다. 하은씨는 B 팀장과 일할 기회가 없어 성격을 파악하지는 못했지만, 단지 그녀가 외모에 신경을 많이 쓰며 지나치게 화려한 옷을 즐겨 입는 것이 조금 신경 쓰이는 정도였다고 한다. C 팀장은 여성 흡연자라는 것 이외에는 전혀 정보가 없는 신규 팀장이었다. 그리고 유일하게 남자 팀장이었던 D가 있었다. 마찬가지로 흡연자라는 사실 이외에 크게 정보가 없었다.

정글 같은 콜센터에서 주연배우 자리를 꿰찬 것은 바로 마지막 팀장 E였다. E 팀장은 술도 담배도 하지 않았지만 자신이 고등학교 시절 힘깨나 쓰던 우두머리였다고 영웅담을 이야기하는 스타일이었다. 누가 시비라도 걸면 봉걸레 자루를 부러트려 휘둘렀다는 등의 이야기 말이다. 여기까지만 들어도 E가 어떤 사람인지, 상담사들을 어떻게 대했을지 느낌이 왔다.

과거 우두머리였던 E를 가장 잘 활용한 사람이 바로 매니저였다. 자신이 데려왔던 앞잡이 팀장이 떠나자 그 자리에 E를 앉힌 것이었다(물론 이는 철저히 하은씨의 해석이다). 사실 팀장이 되고 싶은 사람들 역시 매니저의 이러한 전략을 역이용하기도 한다. 충성을 맹세하면 곧 팀장으로 승격될 수 있고, 그러면 그만큼의 권한이 생기기 때문이다. 문제는 이렇게 욕망이 강한 매니저의 오른팔 E 팀장이 바로 하은씨 맞은편에 앉아 있다는 점이다.

이렇게 E 팀장의 행패(하은씨는 이렇게 표현했다)가 무대 위에 오르게 되었다. 하은씨는 그녀와 7개월을 같이 일했는데, 알고 보니 E 팀장은 이전에 쫓겨난 앞잡이 팀장이 데리고 온 사람이었다. 즉 처음부터 매니저 측의 사람이었던 것이다. 그녀는 팀장 자리에 오르자마자 하은씨를 괴롭혔는데, 예를 들면 콜백 건 리스트를 전혀 나누어주지 않는 식이었다. 콜백 건이란 상담사들이 퇴근 후에 걸려오는 문의 전화로, 팀장은 아침마다 상담사들에게 콜백 건을 배분해서 통화를 하게 했다. 이것도 상담 건수로 인정받기 때문에 하은씨의 표현대로 '앉아서 먹는 콜'이었고, 많은 상담사가 팀장에게 각종 셔틀로 아부해가며 콜백 건을 얻고자 했다. 이 콜백 건 리스트로 팀장은 특정 상담사를 1등으로 만들어줄 수 있었다. 그래서 E 팀장의 자리에는 아침마다 콜백 건을 받기 위해 그녀가 가장 좋아하는 카페라떼 음료가 여러개 올려진다. 상담사의 윙크와 함께, 하은씨가 가져다놓은 과일도 함께 말이다.

하은씨는 이렇다 할 이유 없이 E 팀장의 눈 밖에 나 있었다. 아마도 자신이 직급이 낮음에도 실적도 월등하고 연배도 훨씬 높아 불편했을 거라 추측할 뿐이었다. 한번 눈 밖에 난 사람은 아침마다 어떤 상납을 해도 통하지 않는 듯했다. E 팀장은 하은씨에게 행패를 부리기 일쑤였다. 한번은 흔히 발생할 수 있는 일을 가지고 크게 혼이 나기도 했다. 상담이 종료되고 내용을 정리하는 중에 전화가 들어오면 자칫 두 고객의 정보가 섞이기도 한다. 이런 경우 두 고객에 관련된 입력 과정을 전부 취소하고 각각을 다시 재입력해야 한다. 바쁜 상담 시간 중 이렇게 혼선이 발생하는 일이 종종 있는데, 이때 그러한 오류를 정정하는 것이 팀장이 해야 하는 일이다. 그런데 하은씨에게 이런 사례가 생겼을 때 팀장은 극도로 화를 냈다고 한다. 누구에게나 일어날 수 있는 프로그램상의 오류인데 웬일인지 하은씨가 걸리면 먹잇감이 되어버렸다.

그런데 항상 먹잇감이던 하은씨 앞에서 E 팀장이 울었던 사건이 벌어졌다. 사연은 이랬다. 하은씨가 은행 업무를 보기 위해 오후에 반차를 쓰려고 E 팀장에게 보고하자 그녀는 '왜 그걸 지금 얘기해요? 그게 말이 돼요?'라며 마구 쏘아댔다. 반차를 쓰는 것도 아까운데 왜 바쁜 시기에 반차를 내냐고 성화를 냈다. 그 전에 무슨 일이 있어 예민해졌는지 모르지만 언제나 그렇듯 먹잇감인 하은씨가 화풀이의 대상이 된 것이었다. 더이상 참을 수 없었던 하은씨는 E 팀장에게 팀을 옮겨달라고 말했다. 그런데 그 순간 팀장이 분에 겨웠는지 짜증 섞인 울음까지 터트렸다. 하은씨는 누가 뭐래도 최우수 상담사였다. 그녀를 팀에서 잃는 것은 자신의 팀원들 전체 실적에 큰 손실이었고, 이것은 팀장 평가에서 큰 감점 요인이었다. 팀장에게 하은씨는 필요악 같은 존재였던 셈이다. 그렇게 E 팀장과의 불편한 일상이 하루하루 지속되었다.

그러던 어느날, 나는 늦은 시간에 하은씨의 문자를 받았다.

"안녕하세요? 엄청 술 마시고 울고 싶은데 눈물이 안 나와요. 오늘 E 팀장이 잘렸답니다. 통곡을 하고픈데 안 되어요. 황산을 뿌리고 싶은데 안 되어요. 강한 년이 살아남는 게 아니고 살아남는 년이 강한 년이다. 감원 20%도 지켜냈고 E 팀장도 나갔지만 내 설움의 기간은요? 어디서 보상받나요?"

하은씨를 7개월간 괴롭혔던 E 팀장이 인력 감축의 대상이 되어 퇴직했다는 내용이었다. 그런데 전체 인원의 20%나 되는 감축 대상에 자신이 들어가지 않았다는 안도감보다 그동안 E 팀장에게 받았던 상처들에 대한 억울함을 호소할 곳이 없다는 생각에 나에게 슬픔을 토로했다. 눈물도 화도 마음대로 낼 수 없는 자신의 처지에 대한 보상을 그 누구에게도 요구할 수 없다는 것이 너무나 가슴 아팠던 것이었다.

누군가가 퇴사하고 다른 누군가가 그 자리에 새로이 들어온다고 해도 콜센터가 정글 같은 무대라는 데에는 변함이 없었다. 하은씨를 괴롭히던 주연배우들이 바뀐다 해도 하은씨의 삶이 달라지는 것은 아니었다. 이 정글 안에서 하은씨가 경쟁해야 할 또다른 배우들은 옆자리에 앉은 상담사들이었다. 항상 1등을 놓치지 않던 하은씨 앞에 갑자기 무서운 신예가 등장했다. 하은씨를 2등으로 밀쳐내고 1등을 한 젊은 여성이 나타난 것이었다. 그 상담사는 하은씨와 전혀 다른 방식으로 1등을 차지했는데, 하은씨는 신규 고객 유치의 성공률이 좋았던 반면, 신예는 친절함이 부족해도 무조건 전화를 많이 걸어서 성공 케이스를 늘리는 방식으로 일을 했다. 잘못된 안내로 인해 불만이 자주 접수되었지만 성공 건수가 많았기 때문에 업체에서는 그냥 넘어갔다. 새로 들어온 상담사가 하루에 통화하는 전화만 300통이 넘는다고 했다. 하은씨는 그녀를 두고 '입에서 썩은 내가 난다'고 불평했다. 하지만 도시락도 싸오고 과일을 갈아 만든 음료를 마시면서 쉴 틈 없이 실적 싸움을 하는 그녀가 안쓰럽게 보이기도 했다. 그녀도 하은씨도 똑같이 정글 속 경쟁자일 뿐이었다.

## 어느 상담사의 일기

어느날 하은씨는 자신이 쓴 일기장을 보여주었다. 그것은 일기장이라기보다 자신이 콜센터에서 겪었던 모욕적인 사건들을 증거처럼 기록해놓은 노트였다. 사건이 있던 당일 생생하게 기록해둔 것들이었다. 그동안 수없이 많은 따돌림과 모욕적 언사를 경험했지만, 신체적 모욕을 당한 것은 그녀에게도 잊을 수 없도록 처참한 상황이었다. 그녀가 나에게 전달해주었던 일기장에서 하나의 사례만 소개하려 한다.

그녀의 일기([사진 4-3] 참조)는 "직장인으로 느낀 모멸감"에 대해 "처벌을 받아야 한다고 생각함에 기록"한 것이었다. 사건은 이러했다. 하은씨의 상담이 친절하지 못해 민원이 들어왔고 그 문제에 대해 팀장이 질책을 하는 과정에서 '저리 가세요'라며 하은씨의 가슴을 손바닥으로 쳤다. 손바닥으로 민 게 아니라 친 것이었고, 하은씨의 몸이 탁 소리와 함께 흔들릴 정도의 강도였다. 살기가 느껴질 정도였다. 더욱 억울한 것은 이런 모욕적인 행태에 화를 내며 항의하면 결국 상담사가 지게 마련이기 때문에 하은씨는 참을 수밖에 없었다는 현실이었다.

무슨 두서없는걸 모았다. 기록을 하려는지는 나도 모른다.
그러나 인간적으로 정상인으로 느낀 모멸감에 대해서는
그 누군가가 처벌을 받아야한다고 생각함에 기록은 한것이며
반드시 처벌 받아야하며 이는 고발의 이유는 합법적일것이다.

우뚱하게 다가서는 내게 어거 어떻게 뭐냐고
책상을 탁탁 손가락으로 치며 옳는다.
정말 생각이 나지 않았다.
순간 멍해진다.    이게 뭘까.   모르겠는데요.
정말 모른다고 한다.
물론 음성에는 독기가 품어있고 눈은 레이저를 쏘아댄다.
내가 친절하지 못해서 민원이 걸렸고    잘못하다간
형택이 쏜다고 한다.
나는 종이를 대고 주변을 기록하려 탁상의 책상위에 종이를
한쪽에 놓으면서 힐끗힐끗 화면을 보고 기록하려 했다.
바로이때 처리가세요 라며 내 한쪽 어깨를 손바닥으로
 ● 엇가슴 사이와       오른쪽
엇가슴과 어깨의 가슴부분을 손바닥으로
탁두리 나게 쳤으며 나는 순간 흠들렸다.
마음 마음을 가다듬는다.
이상황을 어쩌하나

네에 그러고 자리에 가 앉았다.
이게 무슨 폭력인가.
사무실에서 폭력이 폭행이 자행되있었는
빌바닥이 있었다.
남의 몸에 손을 댄다. 이것은 폭행이다.
거기에 살기가 느껴지는 내몸이 흔들리는 강도였다.
이순간 화를 내면 내가 지는것이라고
참는다.
도래째가 뒤청딸이지에    이정도원가.
그러나 나는 기라했다.
하루종일 어떤 반응을 놀까하고
아무 일없이 지나간다.

4-3  하은씨가 직접 기록한 일기의 일부.

하은씨는 그동안 수없이 많은 모욕적 처우를 경험해왔다. 하지만 이번 사건은 도저히 참고 견디기 어려웠다. 무시와 모욕을 넘어 몸에 손을 댄 것이기 때문이었다. 아무 저항도 할 수 없는 연장자에게 팀장이라는 지위를 이용해 모든 상담사가 보는 앞에서 모욕적인 폭행을 가했다. 가해자인 팀장은 그것이 어떻게 폭행이냐고 따질 수 있다. 만일 하은씨가 팀장의 손찌검 이후에 제대로 항의하고 반박할 수 있었다면, 그것은 폭행까지는 아니었을지 모른다. 하지만 그 어떤 반박조차 할 수 없었다면, 그리고 팀장이 그것을 충분히 알고 있으면서 마음껏 누리고 있었다면, 그것은 폭행으로 보아야 한다.

하은씨는 어떤 마음일까. 앞서 그녀가 출근길에 나에게 들려주었던 노래 '카오스'가 떠오른다. 그녀는 이런 치욕스러운 대우 속에서도 꿋꿋이 버티며 일을 해야만 했고, 그런 시간들을 보내면서 자신 또한 그들과 같은 인물로 서서히 변해가고 있었다. '카오스' 출정가는 그런 변화에 대한 고백이자 변명 혹은 자기위안이었다. 그녀에게는 콜센터가 곧 우주였다. 사회가, 정치가, 나라가 어떻게 돌아가든 그녀는 콜센터라는 무대만으로도 벅찼다. 그 안에 온갖 삼라만상과 희로애락이 넘쳐났다. 콜센터의 하루가 시작되는 매순간 실적을 위해 내달려야만 하는 운명이었다. 그런 삶 속에서 문득문득 일기장 속 가해자들이 보여주던 미움의 감정을 자신에게서 발견할 때가 있다. 특히 그녀가 그네들과는 다르다는 믿음에 균열이 생길 때 더욱 그러했다. 호감을 가지던 어린 상담사가 빠르게 실적을 올리자 이유도 없이 그녀에 대한 미움이 싹트는 것을 느꼈을 때, 하은씨는 가면이 아닌 자신의 맨얼굴을 마주하게 되었다. 어느날 하은씨가 나에게 보낸 문자 속에 그 같은 심정이 잘 담겨 있다.

"안녕하세요? 저는 집에서 한잔해요. 너무 힘드네요. 머리 검은 짐승 키우는 거 아니라고 했는데. 관순이라고 신참이 엄청 달리네요. 저는 전교 1등은 아니고 현재는 우리 반 1등인데, 아이고 관순이가 달리네요. 하하하. 마우스를 하도 움직여서 손이 많이 아프고요. 제가 느낀 게 있어요. **나는 언제나 1등이고 1등이어야만 한다는 게 당연한 일이 아니라는 거요. 나는 너네들과 다르다고 내가 여기 있는 현실을 부정하면서도 적응하려는 이중적인 아니 다중적인 거요.** 발급〔신규 카드 등록 고객 유치〕이 안 되고 초조하니깐 이쁘던 관순이가 엄청 밉고, '네가 감히' 이렇게요. 나도 거칠어진다는 거요. 그래서 **나를 미워한 너네들이 이제야 이해가 간다는 거요.**"

## "나는 내가 통제한다": 그녀의 약물 시간표

하은씨는 흡연을 한다. 나와 첫 만남 때도 이야기를 하다 중간중간 담배를 피우고 왔다. 그녀의 평상시 흡연에는 특징이 있다. 지금 일하는 콜센터로 옮기면서 하은씨는 철저하게 자신의 흡연 사실을 숨기고 있다. 그리고 흡연은 근무 시간 외에 정확히 정해진 시간과 장소에서 하루에 반갑 정도만 피운다. 그녀는 스트레스 해소를 위해 담배를 피우는 게 아니라 규칙적인 스케줄을 지키기 위해 흡연을 한다고 했다. 어떻게 보면 궤변처럼 들리겠지만 그녀의 설명을 들은 후 이것이 정글 같은 콜센터에서 지금까지 버텨온 그녀만의 전략이었음을 알게 되었다. 오직 그녀가 정한 스케줄만이 그녀를 지켜주고 있었다.

하은씨의 하루 일과는 이렇다. 일단 아침에 기상하면 우유, 골다공증약, DHA약, 비타민 C, 종합비타민을 먹는다. 그런 후 담배 두개비를 피우고 양치질을 하고 홍삼을 먹은 후 출근길에 오른다. 출근길에 언제나 그렇듯 출정가인 '카오스'를 들으며 인사말을 연습한다. 이런 루틴에도 불구하고 출근 시 불안감이 들면 바로 신경안정제를 챙겨 먹는다. 상담을 마치고 퇴근하는 길에 언제나 똑같은 장소인 호프집 건물 뒤에 자전거를 세워놓고 담배 한개비를 피우고, 집에 도착하면 네개비를 연속으로 피운다. 이후 체육관에 가서 매번 같은 러닝머신으로 운동을 하고 집에 와서 식사를 한 후 담배 여섯개비를 피운다. 그리고 저녁에는 꼭 신경안정제를 복용한다. 이전 직장을 다닐 때는 불면증이 있어 가끔씩 복용했는데 이제는 불안감에 자주 가슴이 두근거리는 증세가 생겨서 꾸준히 복용한다. 이렇게 평일의 스케줄이 마무리된다.

주말을 앞둔 금요일의 경우에는 좀 다르다. 하은씨는 금요일 저녁에는 신경안정제를 복용하지 않고 그 대신 오징어와 함께 맥주

1.6리터짜리 한병을 마신다. 맥주를 마시는 동안 담배 한갑을 피운다. 이렇게 금요일 밤의 루틴을 치르고 토요일 오전에는 컵라면으로 식사를 해결하고 자주 방문하는 동네 의원에 약을 처방받으러 간다. 담배도 약도 이렇게 규칙을 정해놓고 복용하고 피우는 이유는 무엇일까? 그녀의 설명 속에 답이 있다.

"신경안정제는 이전 콜센터 시절에는 가끔 복용했다. 그때는 화가나면 '나가서 흡연하고 오세요' 이렇게 팀장이 권해주고 또 팀장이 술도 사줬다. 그런데 지금 콜센터에서는 매일매일 신경안정제를 먹는다. 그 대신에 여기서는 이미지 메이킹을 위해서 근무 중 담배를 안 피운다. 사실 담배를 피운다고 스트레스가 풀리는 건 아니다. (…) 담배 피우는 것은 단순 휴식이다. 시간이 되면 그냥 피운다. 전에는 하루에 한갑 피웠다. 지금은 반갑 정도 피운다. **나는 모든 걸 시간을 맞춰서 딱딱 스케줄 맞춰 산다.** 담배도 스케줄에 맞춰서 피우는 거다. 지금은 아침에 두대 피우고 근무 중에는 한대도 안 피운다. 퇴근길에 자전거 세워두고 식당 뒤 재떨이에서 한대, 집에 가서 네대 연달아 피우고, 그리고 체육관 가는데 여기서도 내가 흡연자인 줄 모른다. 마지막으로 집에 와서 여섯대 피운다. 이게 2년째다. 이것이 내가 니코틴 중독이 아닌 이유다. **나는 내가 날 통제한다. 시간의 스케줄 속에 나를 통제했다.** 사우나, 체육관을 정해진 시간에 다니듯, **이렇게 규칙적인 스케줄을 지키는 것이 나를 지키는 방법이다.**"

하은씨는 대인관계에서 수많은 상처를 받았고, 이를 극복하기 위해 자신만의 철저한 시간표를 만들었다. 그녀가 스스로를 보호하는 방법은 그녀만의 하루 시간표를 따르는 것이다. 이것을 오차 없이 따르는 것만이 콜센터 내 왕따와 모멸감을 참아내는 방법이었다. 그녀는 이렇게 하루살이 콜순이 인생(하은씨는 자주 '나는 하루밖에 없다'고 말한다)을 살아가고 있었다. 여기서 그녀가 스스로에게 유일하게 허용한 변주, 즉흥의 순간은 맥주, 오징어, 담배와 함께 하는 금요일 밤뿐이었다. 그녀에게 통제가 가능한 것은 이처럼 하루 흡연 시간표에 불과했지만, 그 규칙적인 일상의 의례를 통해 자신이 통제할 수 없는 그밖의 모든 것으로부터 스스로를 지키고 있었다. 흡연이 건강에 해로운 습관이라는 의사들의 충고는 그녀의 삶 속에선 설 자리가 없다.

나는 하은씨에게 물었다. 왜 신경안정제를 계속 복용하는지 말이다. 그녀의 답변은 '왕따가 두려워서'였다. 이전 콜센터 근무 당시 끼리끼리 문화 때문에 상처를 받아 콜센터를 바꾸었고 다행히 새로운 직장에서는 그 같은 끼리끼리 문화의 피해는 받고 있지 않았다. 하지만 이미 그녀는 이전과 같은 상담사가 아니었다. 항상 1등을 해야만 하는 경주마였고, 나이는 점차 들어가고 있었으며, 비난의 대상이 될 만한 모든 것(흡연 여부, 나이, 개인사 등)을 철저히 숨기고자 했다. 그녀는 "언니는 몇살?"이냐고 묻거나 옆구리를 찌르면서 "언니는 왜 살이 없어?"라는 어쩌면 사소한 이야기에 상처를 받을 만큼 불안정했지만 절대로 불편한 내색을 하지 않았다. 자신이 정한 규칙과 약을 통해 어떻게 해서든 아무렇지 않은 척했다.

"왜냐하면 나는 꼭 일을 해야 한다. 안 하면 폐인이 된다. 그러기 위해 나에겐 규칙적인 삶이 꼭 필요하다."

규칙의 관성에 따라 움직이는 것만이 그녀에게 가장 큰 보호막이었던 셈이다.

## "증상이 덜 심하게 써주세요"

하은씨를 처음 만난 이후로 나는 연구를 마치고 박사를 졸업했지만 그후에도 그녀와 꾸준히 연락을 주고받았다. 그렇게 첫 만남이 있었던 날로부터 2년 반이 지났을 무렵이었다. 하은씨에게 연락이 왔다. 그녀는 어느날 갑자기 돌발성 난청이 생겨 왼쪽 귀가 들리지 않아 병원에 입원해 치료를 받았는데, 치료가 끝나도 원래 기능의 30%까지만 회복이 가능하다고 했다. 돌발성 난청의 원인은 명확하지 않지만 가장 큰 이유로 바이러스 감염이 꼽힌다. 바이러스 감염의 가장 흔한 원인은 바로 피로와 스트레스에 의한 면역력 저하다. 앞서 소개한 안면마비 장애를 앓았던 상담사와 비슷한 이유로 하은씨의 신경에 병이 생긴 것이다. 그런데 하은씨는

당시 의사에게 병가를 위한 소견서를 받을 때 이런 요청을 했다고
한다.

"증상이 덜 심하게 써주세요. 안 그러면 우리 같은 건 언제 잘릴
지 몰라요."

하은씨는 적지 않은 나이에 청력까지 나쁘다는 것이 밝혀지면
상담사 일을 더이상 지속하지 못할 것이라며 불안해했다. 청력이
낮아진 것은 그다음 문제였다. 주변 동료들도 그녀에게 아픈 걸
티 내지 말고 지내라고 조언했다. 산업재해 신청 같은 것은 절대
생각지도 말라고 덧붙였다. 이야기를 전해 들으며 나는 '어디부터
잘못된 것일까'라는 생각에 잠겼다. 하은씨가 겪는 이 같은 현실
이 어디까지 그녀만의 현실일까. 그녀와 함께 밥을 먹고 차를 마
시고 대화를 하면서 그녀가 겪어왔던 삶의 긴장감과 불안감이 멀
지 않게 느껴졌다. 그녀가 왜 일상의 규칙에 기대어 버텨내고 있
는지도 말이다. 내 몸이 그녀의 이야기와 어렵지 않게 공명할 수
있다면, 그것은 나조차 그녀가 살아온 현실과 비슷한 경험을 해왔
기 때문이 아닐까? 내가 아침에 눈을 뜨고 연구를 하고 글을 쓰는
일상의 리듬을 지키고자 했던 것도 결국 알 수 없는 불안감에 긴
장하고 있기 때문은 아니었을까? 그럼에도 여전히 아픔을 축소하
고 숨겨야 하는 삶이 왜 존재해야 하는지 이해할 수 없다. 그 답을
찾기 위해 우선 하은씨의 삶을 여기에 기록해둔다.

# 5장
# 코로나19 팬데믹이 들춰낸
# 콜센터의 현주소


## 초상집 콜센터

개인이 그렇듯 사회도 극단적 상황에 처하면 그 진면목이 쉽게 드러난다. 코로나19 팬데믹은 사회의 모든 면면에 파고들어 깊은 상흔을 남겼으며, 콜센터 역시 그 여파를 피해가지 못했다. 상담사들을 병들게 만들었던 콜센터의 현실은 코로나19 이후 더욱 악화되었다. 콜센터는 코로나19 팬데믹 시기에 일종의 사회적 진단 키트인 셈으로, 사회가 그동안 얼마나 건강했는지, 혹은 얼마나 건강하지 않았는지 파악하게 하는 역할을 했다. 지금부터 소개할 내용은 코로나19 사태 이전에는 존재하지 않았던 것이 새롭게 발생한 것이 아니다. 그보다는 그동안 묵과해오던 콜센터의 실체가 수면 위로 올라온 것으로, 상담사들의 경험이 팬데믹이라는 혼란 속에서 얼마만큼 최악의 상황에 도달할 수 있는지를 증언하는 것으로 보는 게 맞다. 위기의 순간 취약한 연결고리들이 더욱 극명하게 드러날 수밖에 없다. 인권 논의가 도달하지 못한 것을 바이러스가 우회적으로나마 들춰낸 것이다. 여기에 그 증언들을 소개하려 한다.

디지털단지 안에서 콜센터 상담사들은 과거의 여공과 크게 다르지 않은 삶을 살고 있었다. 닭장과도 같은 공간에서 감시를 받으며 몸을 통제당하고, 고객의 갑질은 물론 팀장, 매니저들의 횡포와 동료들 간의 따돌림 등 여러 문제가 겹겹이 쌓여 있다. 이러한 상황만으로도 상담사들에게 버거운 현실이건만 국가 전체에, 아니 전세계에 코로나19 팬데믹이 발생했으니 콜센터 상담사가 견뎌내야 할 어려움은 불을 보듯 뻔했다. 여기저기서 콜센터 집단감염 소식이 들릴 때마다 나는 그동안 친분을 쌓은 상담사들에게 연락을 취해 상황을 묻곤 했다. 정말 많은 상담사가 얇디얇은 마스크 한장에 의지한 채 감염의 두려움에 떨며 분노하고 있었다. 몸이 아파도 그 사실을 숨겨야 했던 상담사들이 코로나19 바이러스가 들이닥친다고 피할 수 있었을까. 이들이 처한 현실이 걱정되었고 궁금했다. 그래서 찾아간 곳이 민주노총 교육장이었다. 코로나19 사태가 조금 정체 국면이었던 2020년 7월, 나는 그곳에서 그 어느 때보다 다급하고 절실한 상담사들의 목소리를 들을 수 있었다. 콜센터 노동조합을 대표하는 지부장, 지회장, 분회장 등이 열띤 발표를 이어갔다.

한 장소에서 다양한 콜센터의 코로나19 상황을 들을 수 있는 기회는 극히 드물었다. 공식적인 참석자가 아니었던 나는 교육장 한쪽 모서리에 간이의자를 펴고 앉았다. 교육장에서는 지역에서 올라온 한 분회장의 발언에 모두가 탄성을 토해냈다.

"한국콜센터는 지금 초상집인데 잔칫집 식혜가 웬 말입니까!"

코로나19로 인해 과중한 업무를 담당하고 있는 상담사들에게 관리자 측에서 위로와 격려의 의미로 음료수를 돌렸는데 하필 음료수의 이름이 상담사들의 초상집 같은 현실과 정반대인 '잔칫집'이었던 것이다. 한국콜센터 분회장은 자신들이 처한 초상집 같은 상황을 이어서 설명했다. 단순히 업무량의 증가만을 뜻하는 것이 아니었다. 실제로 상담사들의 몸이 병들어가고 있었다.

"코로나19 장기화로 피로감이 누적된 상담사들은 심신의 고통을 호소하며 하나둘 나가떨어지기 시작했습니다. 원인 모를 통증에 시달리며, 갑작스럽게 낼 수밖에 없었던 병가가 기약 없이 길어지는 경우가 다반사였어요. 그러다 갑자기 응급실에 실려 가고 급하게 수술을 하고 (…) 예상 밖의 지출이 생겼지만 무급 병가라 버티지 못하고 퇴사하는 상담사들이 생겨나고 있습니다."

2020년 5월 한국콜센터에는 전년 대비 180%가 넘는 콜이 걸려왔다고 한다. 상담사들의 하루 평균 순수 통화시간만 5시간을 쉽게 넘겼다. 자신들을 '국난 극복 전문 상담사'로 부를 정도로 코로나19 관련 업무가 급증했지만, 관련해서 제대로 된 교육 없이 온갖 상담을 처리해야만 했다. 코로나19로 인한 불안함과 두려움에 시민들은 조급했고 민원은 끊이지 않았다. 상담사들을 더욱 암울하게 만들었던 것은 이런 상황이 끝이 나거나 개선될 여지가 전혀 보이지 않았다는 점이었다. 한 상담사는 이 같은 이유로 최근 퇴직을 결정했다. 이런 결정 앞에 노동조합 집행부는 어떤 설득도 할 수 없었다고 한다. 그녀의 말이 사실이었기 때문이다. 일시적인 상황이라면 서로 위로하고 의지하며 버틸 수도 있겠지만, 부당한 업무 지시와 그로 인한 육체적·심리적 고통이 끊이지 않고 지속될 것이 자명했으며, 노동조합은 이에 저항할 힘이 부족했다. 초상집이라는 표현에는 퇴사 이외에 당장 콜센터의 현실을 벗어날 방법이 없다는 무기력함이 담겨 있는 듯했다.

더 큰 문제가 2020년 3월 구로의 한 콜센터에서 발생했다. 비유적 표현이 아니라 정말로 콜센터가 나라 전체의 초상집이 되어버렸다. 해당 건물 11층에 근무하는 직원 216명(상담사는 180여명) 중 94명이 코로나19에 집단감염되었다. 이어서 9~11층을 포함한 콜센터 전체 확진자 97명의 가족 226명 중 34명이 추가로 확진되는 일이 발생했고, 일부는 중환자실에 입원할 정도로 위중했으며 그중 안타깝게도 직원의 배우자 한명이 사망에 이르렀다. 서울시에서 발생한 코로나19 관련 첫번째 사망자였다. 구로 콜센터 사태가 발생하자 온갖 미디어의 이목이 집중되었다. 2010년 전후로 콜센터의 감정노동과 관련된 미디어의 보도가 시작되었지만, 이번 코로나19 집단감염 사태만큼 이목을 끈 적은 없었던 것 같다.

언론의 관심은 상담사의 인권에 대한 인식보다는 콜센터가 코로나19 집단감염의 도화선이 될 수 있다는 우려 때문이었다는 것을 부정할 수 없다.[1] 다행히 이 사태로 콜센터 상담사들이 고도로 밀집된 노동 환경에 노출되어 있으며 코로나19 바이러스 감염에 취약하다는 사실이 과학적으로 입증되는 계기가 되었지만[2] 세간의 관심은 여기까지였다. 나는 구로 콜센터 사태 이후 지속적으로 기사를 모니터링해보았지만, 감염이 확진된 97명의 상담사들이 제대로 된 처우와 적절한 노동 환경 개선을 경험했는지 어디에서도 파악할 수 없었다. 그리고 콜센터들의 전반적인 노동 환경 개선이 이루어졌는지도 제대로 확인할 수 없었다. 내가 민주노총에서 열린 콜센터 워크숍 자리에 참여한 이유는 바로 이러한 의문 때문이었다. 하지만 현장에서 목격한 것은 개선이 아니라 악화였다. 초상집 같은 상황이었다.

워크숍 자리에서 여러 이야기를 들으며 나는 코로나19 사태 속 현장 상황을 크게 네가지로 분류했다. 첫째 코로나19에 감염된 상담사의 피해 및 대응 사례, 둘째 코로나19로 인한 업무 급증에 따른 상담사 피해 사례, 셋째 코로나19 상황에서 분산 근무 강제 시행 등에 따른 피해 사례, 마지막으로 코로나19 속 상담사들의 노조 활동에 대한 탄압 사례였다. 워크숍 조직위의 도움으로 네가지 사례에 부합하는 노동조합 대표 및 관계자들과 만나 면접 날짜를 정할 수 있었다. 그렇게 나는 서울, 과천, 수원, 대전 등 총 네개 지역의 콜센터 노동조합의 집행부를 만났다. 인상적이었던 건 인터뷰를 할 때마다 그곳의 상황을 대변해주는 대표적 단어들이 등장했다는 점이었다. '과일 바구니' '식혜' '붉은진드기' 그리고 '벽'이 그것이다.

## 과일 바구니 : 코로나19 감염의 대가

2020년 3월 8일 구로 콜센터에서 첫번째 코로나19 바이러스 확진자가 나왔다. 이후 관련 확진자가 콜센터 직원 97명 및 이들의 가족 34명, 그밖에 2차 전파로 총 158명 발생해(2020년 3월 25일 기준) 코로나19 대규모 집단감염의 서울 지역 첫번째 사례가 되었다. 언론을 통해서 구로 콜센터의 열악한 노동 환경 등이 보고되면서 구로 콜센터 감염자에 대해서 4월 10일 코로나19로 인한 제1호 산업재해 판정이 났다. 당시 콜센터의 내부 구조가 명확하게 소개되면서 상담사들이 얼마나 밀집된 공간에서 장시간 근무하고 있는지 여실히 드러났다((그림 5-1) 참조).

그러나 세간의 관심은 거기에서 그쳤다. 시민들은 '구로 콜센터'를 해당 센터의 정식 명칭으로 알고 있지만, 이것은 단순히 서울시 구로구 지역에 있는 콜센터를 지칭할 뿐 어떠한 업체인지는 모를뿐더러 원청이니 하청이니 하는 구조 역시 들을 수 없었다. 또한 이후 이루어진 후속 조치들이 무엇이었고 어떻게 진행되었는지 듣기 어려웠다. 실제로 내가 만났던 구로 콜센터 관련 담당자는 3월에는 각종 언론사와 관련 단체들에서 상담사 소개 요청 전화를 포함해 하루에 100통 이상 문의 전화가 걸려왔지만, 4개월이 지난 2020년 7월에는 연락이 거의 사라진 상태라고 말했다.

확진자가 발생한 이후 해당 상담사들에게 무슨 일이 벌어졌을

자동문: ← 엘리베이터: ● 입구: ▲ 화장실: ■

5-1 질병관리본부(현 질병관리청)가 2020년 8월 발표한 학술 논문 내 그림 재인용. 파란색으로 표시된 자리가 감염된 상담사들의 위치다.[3]

까? 나는 2020년 8월 11일 사무금융노조의 보도자료를 통해 상황을 전해 들을 수 있었다. 자료에 따르면 상담사들은 일방적인 임금 삭감 통보를 받은 상태였다(보도자료 제목은 「○○ 손해보험, 콜센터 노동자 임금 삭감 코로나19 집단감염 피해자에 구조조정 보복」이었다). 내용인즉슨 3월부터 6월까지 상담사들이 자가격리 혹은 확진으로 입원하며 일정 수준 이상의 콜센터 업무 목표를 달성하지 못했고 이에 성과 수당 일부를 지급하지 않았다는 것이었다. 이것은 1인당 월 수십만원의 임금에 해당하는 수준으로 상담사들에게는 큰 손실이었다. 질병관리청에서 발표한 논문에서도 드러났듯 구로 콜센터 상담사가 업무를 제대로 수행하지 못한 것은 고도로 밀집된 노동 환경이 초래한 높은 감염 위험성 때문이었지 상담사들 개인의 문제가 아니었다. 그럼에도 감염의 결과로 인한 실적 감소의 책임은 개인에게 돌아간 것이다. 미디어에서 그렇게 극성으로 보도했던 구로 콜센터 집단감염은 사회적 문제로 주목받았지만 결국 개인적 문제로 귀결되어버렸다.

구로 콜센터는 외국계 그룹의 손해보험 회사가 원청기업이며 국내 대표적인 콜센터 전문업체인 M이 하청으로 운영 중인 구로 지역의 콜센터였다.[4] 이곳에서 순수 콜 상담 업무만 하는 상담사는 180여명이며, 나머지는 원청기업에서 파견 온 정규직 직원들이었다(원청 및 하청 기업 사이의 고용구조는 [그림 5-2] 참조). 비교적 작은 규모의 구로 콜센터는 노동조합이 없는 현장이었다. 처음 감염 사태가 발생했을 때 상담사의 권리를 위해 힘써준 곳이 사무금융

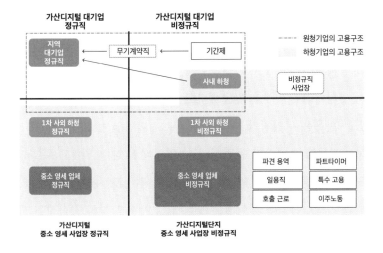

5-2 서울시 금천구 가산디지털단지의 대기업(원청)과 중소영세기업(하청) 간 정규직과 비정규직 고용구조.[5]

노조, 즉 구로 콜센터의 원청기업이 소속된 노동조합이었다.

내가 실제로 심층면접을 진행한 사람은 구로 콜센터 상담사가 아니라 바로 사무금융노조의 김부장이었다. 김부장은 특히 초기부터 감염된 상담사들과 산업재해를 신청한 상담사들을 직접 도와주며 면담을 진행해왔다. 나는 김부장을 통해 상담사들과 접촉하려 했지만 불가능했다. 이들 중 일부가 실제로 주요 언론사들과 인터뷰를 한 후 '이용당했다'는 생각에 격분한 일이 있었고 이후로는 외부인과의 직접 접촉을 거절하고 있었기 때문이다. 비록 당사자는 아니었지만 김부장은 약 5개월간 이들의 공식 대변인으로서 상담사들이 처한 현실에 대해 많은 정보를 제공해주었다.

**5장** 코로나19 팬데믹이 들춰낸 콜센터의 현주소　**187**

나는 처음 확진자가 발생했을 당시가 궁금했다. 상담사 확진자가 발생하기 시작했을 때 ○○손해보험에서 파견된 정규직 직원을 통해 사무금융노조로 연락이 왔고, 이에 김부장이 중심이 되어서 원청기업에 공문을 발송했다고 한다. 사태 초반에 원청은 책임 있는 반응을 보였지만 사태가 대규모 집단감염으로 커지자 이내 하청업체의 문제라며 돌변했다. 하청업체 M의 경우에도 무조건 원청과 협의하라는 말만 반복했다. 결국 원청도 하청도 상담사의 대규모 집단감염에 책임지는 곳이 없었으며, 당연히 공식적인 사과도 없었다.

이러한 상황에서 실제 감염된 상담사들은 어땠을까? 김부장은 그들이 병에 걸린 것부터 이 모든 상황이 "억울하다"라고 전했다. 그들의 잘못이라면 업체에서 하라는 대로 열심히 할당량을 채워가며 밀집된 공간에서 일한 것밖에 없다. 그럼에도 감염과 격리, 외부로부터의 의심 혹은 동정 어린 시선들, 함께 격리를 해야만 했던 가족들(가족들 역시 직장과 학교 등으로부터 갑작스레 격리되어야 했다)에 대한 미안함 등이 열악한 환경에서 열심히 일한 후 얻은 것들이었다. 3월 감염이 발생하기 전, 업체는 2월에 상담사에게 마스크 다섯개를 제공한 것 이외에는 별다른 방역조치도 취하지 않았다고 한다. 손소독제는 부족했으며 상담사 간 감염을 방지할 아크릴판 같은 것도 당연히 없었다.

이처럼 원청과 하청이라는 콜센터의 고질적인 고용 형태는 집단감염과 같은 사건이 발생했을 때 신속한 처리는 물론이고 책임 있는 대책이 마련되기 어려운 구조다. 콜센터 업무는 비대면 서비스로 시간과 장소에 구애받지 않기 때문에 인건비와 임대료가 저렴한 곳에 어디든 아웃소싱을 줄 수 있다. 쉬운 예로 서울의 대기업이 콜센터를 군이 서울 중심가에 두어 비싼 인건비와 임대료를 지불할 필요가 없다. '미소 띤 음성'은 지방 어디에나(사투리가 적고 인건비가 저렴한 대전이 핵심 지역 중 하나다) 아웃소싱을 할 수 있다. 따라서 콜센터 산업이란 근본적으로 비용 절감을 목적으로 하청을 중심으로 이루어진다. 구로 콜센터의 집단감염 역시 근본 원인은 이와 같은 고용구조 때문이라는 지적이 있다. 감염이 발생한 초기에 민주노총 서비스일반노동조합 콜센터지부장의 언론 인터뷰 내용에는 이것이 잘 드러나 있다.[6]

"저는 이번 사태 관련해서 가장 근본적인 원인이 대부분의 콜센터가 원·하청에 구조에 있기 때문이 아닌가 그렇게 생각을 합니다. 왜냐하면 이번 구로 지역에 발생한 그 콜센터에서도 보면 알 수 있듯이, 확진을 받으신 최초 확진자 그분이 아마 감염을 의심을 해서 4시쯤에 보고를, 그쪽 관리자에게 보고를 했던 것 같아요. 그런데 결국에는 바로 조치가 안 되고, 6시까지 근무를 다 하시고 퇴근을 한 것 같아요. 퇴근 과정에서 또 대중교통을 이용을 하시고. 그런데 이런 걸 보면 이게 왜 그러냐 하면, 지금 말씀하신 것처럼 원·하청 구조에 있다 보니까 원청에서 콜센터에 주는 어떤 가이드라인이 있거든요. 오늘은 몇명을 근무를 시켜야 되고, 오늘은 콜 품질을 얼마까지 달성을 해야 되고 이런 것들이 있는데,

하청에서는 그런 기준들을 하루에 어떤 품질이나 아니면 이런 충족을 맞추기 위해서 어떻게든 상담사들에게 전화를 받으라고 할 수밖에 없는, 나와서 전화를 받으라고 할 수밖에 없는 이런 구조가 되는 거죠. **그러다보니까 이런 긴박한 상황에서도 바로바로 하청에서도 대응을 못하고, 원청의 눈치를 본다든가 아니면 다른 것 때문에 바로 조치가 안 되고 이렇게 일이 커진 상태가 된 거거든요.** 결국에는 이런 것들을 보면 근본적인 원인은 원·하청 구조에 있다. 만약에 원청 소속의 콜센터 상담사였으면 과연 내 직원이 그렇게 호소를 하는데 그것을 그대로 방치하진 않았을 거라고 저는 보거든요. 그래서 이런 관계 때문에 일이 더 커진 거라고 저는 생각합니다."

콜센터지부장의 인터뷰 내용처럼 감염 의심 상담사가 제때 적절한 조치를 받았다면 집단으로 확산되지 않았을 수도 있다. 도시 전체의 감염 예방 측면도 있겠지만, 밀집된 공간에서 아무것도 모른 채 당연한 듯 위험에 노출되어 쉼 없이 콜 실적에 매달려야만 했던 상담사들의 상황이 너무나 열악했다. 청력이 손상당하는 질병을 앓아도 아프지 않은 척해야만 하는 하은씨의 사례(4장 참조)처럼 생계형 상담사들의 경우에는 더더욱 감염 발생 위험이 높을 수밖에 없다. 상황이 이러한데 어떻게 코로나19에 감염된 개별 상담사를 비난하며 그에게 책임을 물을 수 있겠는가.

하지만 현실은 상상보다 더욱 참담했다. 공식 사과 한번 없었던 원청기업은 확진자에게만 위로 차원에서 20만원어치의 상품권과 과일 바구니를 전달했다고 한다. 그리고 그것이 전부였다. 그들의 가족들, 접촉 감염자 및 함께 격리된 가족 구성원들에 대해서는 어떠한 보상도 없었다. 그러면 감염된 사람들 외에 자가격리 조치된 다른 상담사들은 무엇을 받았을까? 업체는 이들에게 위로 혹은 격려품은커녕 업무용 노트북을 '신속하게' 배달했다고 한다.

이런 현실 앞에 상담사들은 어떤 기분이었을까? 과일 바구니를 받아들고 감사의 마음이 들었을까? 그들의 감정은 위안보다는 불쾌함에, 공감보다는 모멸감에 가까웠을 것이다. "억울하다"라는 그들의 답변에 이 같은 감정들이 담겨 있다. 억울하다는 표현은 화가 남에도 불구하고 어쩔 수 없이 근무를 이어가거나 혹은 이직하는 수밖에 없음을 나타낸다. 산업재해 신청을 한다고 해도, 그래서 어렵게 승인 판정을 받는다 해도 월급의 70%만 보장받는다. 감염의 모든 과정, 즉 감염, 격리, 치료 과정 등과 심리적 고통을 생각한다면 절대로 충분하다고 볼 수 없다. 실제로 그 과정을 모두 견뎌내고 최초의 콜센터 관련 산재 판정을 받은 구로 콜센터 상담사는 이후 바로 회사를 떠났다고 한다.

구로 콜센터의 첫 감염자가 확진되고 두달이 지난 시점이었다. 어느 기자가 취재한 구로 콜센터는 예전과 사뭇 달랐다. 기사의 제목에는 "유리창에 붙은 '마음의 벽'"이라는 표현이 있었다.[7] 무슨 의미일까? '마음의 벽'은 '하얀 종이들'을 뜻했다. 확진자가 많았던 건물 11층 콜센터는 여전히 폐쇄된 상태였고 7~9층만 운영 중이었다. 그런데 통로 쪽 통유리 창에 하얀 A4용지들이 빼곡히

붙어 있었다. 기자가 만난 상담사는 이 종이벽을 가리켜 마음의 벽이라고 불렀다고 한다. 기사에 따르면 벽은 다음과 같이 천천히 쌓여졌다.

"자꾸 누군가 들여다보는 거예요. 어디서 알고 찾아왔는지 한참을 노려봐 뒤통수가 따가울 때도 있었어요. 그때마다 하나씩 붙인 게 지금 저렇게 늘었습니다. 솔직히 직원들이 특별히 무슨 잘못을 한 건 아니지 않나요? 열심히 일한 죄밖에 없는데… 그런데 두달 내내 우린 '진원지'고 '온상'이고 '감염 소굴'이었어요. 지금도 괜히 누가 쳐다보면 몸이 먼저 움츠러듭니다."

구로 콜센터가 있는 건물은 이제 '감염 소굴'이자 '진원지'였다. 바이러스는 사라졌지만 다른 것으로 얼룩져 있었다. 낙인이 찍힌 것이다. 하얀 종이로 유리창 밖 익명의 시선을 가려야 할 만큼 도덕적으로 오염된 공간이 되어버렸다. 이제는 '집단감염'이나 '코로나'라는 단어만 들어도 온몸에 닭살이 돋는다고 말하는 상담사도 있었다. 마치 죄인이 된 듯, 그만큼 세간의 시선에 움츠러들고 민감해진 상태였다.

# 식혜: 과중한 업무의 대가

구로 콜센터 사례가 실제 감염을 경험한 상담사의 이야기였다면, 이번에는 코로나19 사태로 인해 직접적으로 콜센터 업무가 급증한 사례를 소개하려 한다. 해당 콜센터는 이 장 서두에서 언급했던 한국콜센터다. 이곳은 국가기관을 원청으로 둔 민간 콜센터 전문업체가 약 220명의 상담사를 고용해 하청으로 운영 중인 곳이다. 코로나19가 확산하던 2020년 3월에 처음으로 노동조합이 결성되어 220여명 중 94명이 조합에 가입한 상태였다. 노동조합이 생긴 지 얼마 되지 않아 인터뷰에 응해준 분회장과 사무장은 너무나 바쁜 일정을 소화하고 있었다. 약속한 장소에서는 이미 노무사와 한차례 회의를 마친 상태였고, 미리 보낸 질문지에 빽빽이 답변까지 달아놓았다. 이날 카페를 두군데나 옮겨가며 인터뷰를 진행할 정도로 많은 이야기를 전해 들었다.

한국콜센터 노동조합의 초대 분회장은 수년간 민간기업 콜센터에서 근무한 사람이었다. 그러던 중 정부기관 콜센터는 민간과 다를 것이라는 기대 속에 2년 전쯤 한국콜센터에 입사했다. 그런데 들어와보니 업무 자체의 난도와 강도가 이전 콜센터보다 높아 더 힘들었다고 한다. 왜냐하면 이곳은 중앙부처, 지방자치단체, 공공기관 등의 업무에 대한 민원을 안내 및 상담해야 하는 종합민원센터 같은 곳이기 때문이다. 정말 이것만 해도 숙지해야 할 정보들이 산더미 같은데, 이 상황에 코로나19 사태까지 발생해 업무량이 급증해버렸다.

이 장 서두에서 언급했듯 한국콜센터는 2019년 대비 2020년 5월 콜 수가 180% 증가했으며, 상담사의 일일 평균 통화시간도 2019년 3시간 20분에서 2020년 5시간 10분가량으로 증가했다. 여기까지는 재난 상황이라 불가피한 것 아니냐고 생각할지 모른다. 문제는 갑작스런 과중한 업무로 인해(그것도 콜센터 집단감염의 소식을 들으면서 말이다) 상담사 여럿이 심신의 고통을 호소하기 시작했다는 점이다. 원인 모를 통증에 힘들어하기도 하고, 그로 인해 병가를 자주 내거나 응급실을 방문하고 수술을 받는 등의 사례가 빈번하게 발생했다. 그렇지만 이것은 지극히 개인적인 질병이었을 뿐 코로나19 사태로 인한 과중한 업무의 결과라고 인정받지 못했다. 아니, 그 같은 인정을 감히 기대한 상담사가 없었을 것이다. 모든 병가는 언제나 그랬듯 무급 병가였고, 병가 기간이 계속 길어져만 가는 상담사들 중 아예 퇴사를 결정한 사람들도 생겨났다. 어떻게든 아프지 않고 버티는 사람만이 말 그대로 생존하는 것이었다.

코로나19 사태는 한국콜센터에 구체적으로 세가지 긴급 상담 업무를 추가시켰다. 첫번째는 식품의약품안전처가 시행한 '공적 마스크' 상담, 두번째는 행정안전부가 시행한 '긴급재난지원금' 상담, 그리고 세번째는 고용노동부가 시행한 '긴급고용안전지원금' 상담이었다. 마스크, 재난지원금, 고용안전지원금! 무엇 하나 시민들에게 절박하지 않은 사항이 없었다. 얼마나 많은 사람이 한국콜센터에 문의 전화를 걸었을지 상상이 된다.

그런데 상담사들을 정말로 고통스럽게 만든 것은 단순히 콜 수가 폭증했기 때문만이 아니었다. 그들이 가장 힘들어했던 것은 바로 자신들도 상담 내용을 제대로 모른다는 불안감이었다. 긴급을 요하는 민감한 문제임에도 상담사들은 제대로 된 교육을 받지 못한 채 곧바로 현장에 투입되기 일쑤였다. 식품의약품안전처의 공적 마스크 같은 경우 상담 시작 당일 오전에 10분가량 선 채로 설명을 들은 후 바로 상담에 투입되었다고 한다. 나머지 자세한 사항은 모두 자료로 대체했고, 심지어 그 자료마저도 계속해서 바뀌었다. 쪽지로만 몇백개가 추가되었다. 행정안전부 긴급재난지원금 관련 내용은 단지 교육자료만 배포했으며, 고용노동부 긴급고용안전지원금 교육은 90분짜리 동영상이 전부였다. 동영상 교육만으로는 내용을 제대로 파악할 수가 없어 노조가 나서서 겨우 30분의 자습 시간을 얻어냈다.

한국콜센터 상담사들은 국민의 고충을 해결해준다는 자부심과 사명감을 지니고 있다고 말하지만, 이러한 감정이 상담사들에게는 사치였을까? 수익만을 쫓는 민간 콜센터가 아니라 국가기관을 원청으로 하는 콜센터에서 정말 일다운 일, 보람 있는 일을 하려고 마음먹는 것이 상담사에게는 감히 상상할 수 없는 일이었을까? 아무리 원청이 정부기관이라고 할지라도 결국 하청을 받아 상담사를 고용하는 것은 똑같이 수익만을 쫓는 민간 콜센터 전문업체였다. 시민들은 정부기관에 전화를 건다고 생각하겠지만 그곳은 민간업체다. 그것도 약 2년마다 높은 실적과 낮은 인건비를 가지고 원청인 정부기관에 재계약을 얻어내야만 하는 '을'의 위치다. 정부기관과 계약을 체결하고 싶은 민간 콜센터는 너무나 많기 때문에 결국 먹이사슬의 가장 밑에 있는 상담사들은 쉼 없이 콜 실적을 쌓아야 했다. 그 콜이 아무리 중요하고 복잡해도 어떻게 해서든 소화해내야만 했다. '정확'하지 않은 내용을 어떻게 '친절, 신속'하게 상담할 수 있을까? 한국콜센터 분회장은 이렇게 답했다.

"정확하지도 않고 매일 추가되는 배포 자료에 의지해 내가 맞는 상담을 하는지 확신이 없고, 그로 인해 민원인에게 **폭언을 듣거나 원청으로부터 책임 전가를 받기도** 했다. 그리고 해당기관의 부서에 연결되지 않아 생기는 모든 불만을 상담사가 책임져야만 했다."

폭언과 책임 전가. 상담사에게 주어진 대처법이라곤 온몸으로 버티는 것밖에 없었다. 덜 상처받기 위해서는 어떻게 해서든 스스로 학습해야 했다. 그런데 콜센터 측은 이러한 상황을 이해하거나 인정하기는커녕 당근이 아닌 채찍질을 선택했다. 회사는 코로나19 사태로 전체적으로 콜 수가 증가하면서 상담사들의 전반적인 콜 실적이 증가했고, 이에 상대평가가 어려워졌다는 핑계로 하루에 상담사 한명이 받아야 하는 최소 기준 콜 수를 100콜에서 120콜로 상향 조정했다. 숨이 차오를 정도로 달리고 있는데 결승선을 뒤로 옮겨버린 셈이다.

울퉁불퉁한 요철의 트랙이 주는 고통을 홀로 감내하며 달려왔음에도 보상이란 없었다. 합리적인 대우란 일한 만큼 추가 보상을 하거나, 그것이 어렵다면 휴식 시간을 늘려주거나 인력을 확충하는 것이 맞다. 그러나 콜센터 측이 선택한 방법은 기준선 자체를 올려버리고 더 열심히 달리라고 지시한 것이었다. 상담사는 그렇게 대우해도 되는 '일회용 배터리'(상담사로부터 실제 들은 표현이다)일 뿐이었다. 언제든 쉽게 버려지고 또 쉽게 뽑을 수 있는 존재 말이다.

분회장은 더욱 황당한 사례를 이야기했다. 업체가 기준 콜 수를 상향 조정하며 상담사들 간의 경쟁을 독려하기 위해 이벤트를 기획했다는 것이었다. 모두에게 증가한 업무량만큼 월급을 올려주는 것이 아니라 열심히 노력해 이벤트에 당첨된 상담사에게만 혜택을 주는 방식이었다. 한국콜센터가 선택한 이벤트는 '777 이벤트'로 777번째 콜을 받는 상담사에게 선물을 수여했다. 폭언과 책임 전가, 그리고 높아진 일일 콜 할당량 목표의 대가가 겨우 단 한 명을 위한 상품뿐이라니 허탈하지 않을 수 없다.

곧이어 상담사들을 더욱 허탈하게, 아니 폭발하게 만든 사건이 벌어졌다. 급하게 막중한 민원처리 업무를 일방적으로 하달했던 정부 부서에서 고마움의 표시로 상담사들에게 '잔칫집 식혜'를 돌린 일이었다. 이때 상담사들의 단체 채팅방에서는 "한국콜센터는 지금 초상집인데 잔칫집 식혜가 웬 말이냐"라는 분통 섞인 원망이 이어졌다고 한다. 이들이 정말 원했던 것은 정확한 상담을 위한 충분한 교육과 적절한 업무량이었다. 겨우 식혜 음료 하나로 보상이 충분하다고 생각했을까? 과거 구로공단 시절 충효사상에 입각해 공장새마을운동을 펼치며 국가와 민족, 그리고 가족을 위해 인내와 헌신을 미덕으로 말하던 그때 그 시절과 무엇이 다른 것일까? 이력서를 받아주고, 비록 계약직이나 비정규직일지라도 취직을 시켜준 것만으로도 감사해야 할 일이었을까? 식혜는 달콤한 음료가 아니라 쓰디쓴 독약이었다.

코로나19 사태가 발생한 직후 한국콜센터 노동조합이 설립되었으니, 이곳을 맡고 있는 분회장은 코로나19로 인한 업무 폭주와 부실한 교육에 대해 지속적으로 항의할 수밖에 없었다. 언제나 그랬듯 노조의 문제 제기에 하청인 민간 콜센터 업체는 원청인 정부기관에서 지시한 것이니 어쩔 수 없다고 말하고, 원청인 정부기관은 한국콜센터 자체가 정부의 민원을 안내하는 곳이기 때문에 정부의 모든 안내를 필요할 때마다 해야 하는 것 아니냐는 원론적인 답변만 보내왔다.

물론 원청과 하청 모두 지금의 상담 업무가 힘들다는 데에는 동의했다. '777 이벤트'와 '식혜'가 그 증거이지 않던가. 그러나 상담사들이 아무리 심신이 힘들고 병이 들어 개인 연차를 소진하고 무급 병가를 쓰며 사비로 병원비를 충당하더라도 그것은 어디까지나 개인이 감당할 몫으로 방치했다. '잔칫집 식혜'는 이런 현실에 지친 상담사들에게 앞선 구로 콜센터 사례의 과일 바구니처럼 위로가 아닌 모욕적인 선물이었을 것이다. 상담사들을 더욱 슬프게 만드는 것은 그럼에도 퇴사하기 싫다면 이를 받아들여야만 한다는 현실이었다. 식혜는 이런 현실을 다시금 각인시켜주는 징표였다. 식혜는 상담사들의 즉각적인 원망을 초래했지만, 이것이 집단적인 저항으로 연결되지는 못했다. 그저 분회장의 1인시위만으로 부당함을 호소할 수밖에 없었고, 오히려 초상집과 같은 상담사들의 현실 앞에 사측의 무관심의 벽이 얼마나 높고 단단한지를 재확인할 뿐이었다.

그렇다면 상담사들은 적어도 코로나19 집단감염으로부터는 철저히 보호받고 있었을까? 나는 이곳이 재난 관련 민원을 책임지는 콜센터이니만큼 당연히 모범적으로 방역수칙을 지키고 있을 거라 생각했다. 그런데 현실은 기대와 달랐다. 한국콜센터는 상담사 간의 감염을 막기 위한 아크릴판을 고용노동부 점검에 대비해 급하게 설치했다고 한다. 그런데 이때 설치된 판은 흔히 보는 투명한 재질이 아니라 이사할 때 사용하는 아크릴로 만든 박스 재질이었다(〔사진 5-3〕참조). 허술한 아크릴판에 방역 효과를 기대할 수 있을지 의문이었고, 심지어 상담 중에 자주 무너지기까지 했다. 또한 상담사 개인 자리 뒤쪽 공간은 매우 비좁고 과도하게 밀집되어 있어 아무리 좋은 아크릴판을 정면에 설치한다 한들 그 효과를 기대하기 어려워 보였다. 분회장은 오히려 불투명한 재질로 전방의 시야를 가려놓았기 때문에 마치 밀폐된 공간에 갇힌 듯 가슴이 답답해진다고 했다. 부실한 아크릴판, 좁은 상담사 간 간격, 밀려

5-3 한국콜센터 상담사 자리에 설치된 아크릴판.

드는 콜 상담 알림 소리 등 온통 상담사들을 절망에 빠트리는 것들밖에 없어 보였다. 코로나19 사태는 이렇게 노동자로서 상담사들이 어떤 위치에 놓여 있는지를 더욱 절실하게 깨닫게 만드는 계기였다.

한국콜센터 상담사로부터 들은 이야기 중 잊히지 않는 것이 하나 있다. 재택근무를 했던 상담사의 사연이었다.

"행정안전부의 무분별한 교육자료 배포에 정리 자료를 요청했는데 도움이 되지 않는 자료들이 많았다. 그래서 전부 상담사의 잘못으로 인정하며 '죄송합니다'라는 말을 입에 달고 상담을 했다. 떠넘기는 식으로 주민센터 혹은 연락이 되지 않는 걸 알면서 행정안전부의 담당 부서 번호 안내를 하고 종료하는 일도 생겼다. 그러면서 일에 대한 자부심도 점점 잃어버리게 됐다. 재택근무자 중 한명은 자녀에게 '**엄마는 왜 전화 오는 사람들한테 매일 죄송하다고만 해? 뭘 잘못한 거야?**'라는 질문을 받고 눈물을 흘린 적도 있다고 했다."

'죄송합니다'를 반복할 수밖에 없는 일을 한다는 것이 어떤 경험일지 상상이 되질 않았다. 가게에 들러 물건을 사고 나오면서도 항상 '감사합니다'를 주고받는데, 어떻게 서비스를 제공한 후 '죄송합니다'를 말해야 하는 것일까? 요리를 배우지 않은 초보자에게 고급 요리를 당장 만들어 직접 손님에게 제공하라고 떠미는 격이 아닐까 싶다. 당연히 맛이 부족할 음식을 손님에게 내놓는 심정이란 자괴감 그 자체일 텐데, 이 상황을 최대한 많이 반복해야 한다고 하니 그 암담함은 이루 말할 수 없을 것이다. 앞의 사례처럼 매번 전화를 거는 사람에게 죄송하다고 말해야 하는 삶이란 아이의 눈에도 도저히 납득할 수 없었나보다. 분회장과 사무장은 한국콜센터 상담사들만의 특징이 있다고 말했다. 비록 자신들의 업무 능력이 제대로 인정받지 못하고 있지만 그래도 보람 있고 가치 있는 일을 한다는 사명감과 자부심을 가지고 있다는 것이다. 지금처럼 코로나19 사태가 지속되고 '죄송합니다'만을 반복하게 되는 불합리한 상황이 계속된다면 마지막 남은 자부심마저도 얼마 지나지 않아 사라져버릴지 모른다.

## 붉은진드기 : 상담사의 취약한 노동 현장

세번째 사례는 그 이름부터 낯선 '붉은진드기'에 대한 이야기다. '붉은진드기'라는 말을 처음 들어본 이도 있을 테고, 그것이 콜센터 및 코로나19와 무슨 상관이 있는 것일까 의문이 생기는 이도 있을 것이다. 나 또한 대전에 내려가 대한콜센터 상담사들을 만나기 전에는 한번도 들어본 적 없는 말이었다. 대한콜센터는 민간 금융기관의 전국 여섯개 하청 콜센터 중 하나다. 이 금융기관의 하청 콜센터 중 대한콜센터를 포함한 세개의 콜센터가 대전에 있고 대한콜센터의 경우 상담사 인원은 135명, 다른 두개의 콜센터 업체는 각각 160명, 135명의 상담사를 고용하고 있었다.

나는 대전에서 대한콜센터 노동조합의 지회장과 부지회장을 만나 많은 이야기를 나누었다. 각각 4년, 11년의 콜센터 근무 경력을 지닌 두 사람은 2018년 5월에 77명의 노조 가입자를 시작으로 대한콜센터 노동조합을 결성했다. 두 사람의 업무가 끝나고 콜센터에서 가까운 카페에서 만나 오랜 시간 대화를 나누었다. 비가 많이 내리고 매우 습한 날이었기에 마스크를 쓰고 장시간 이야기하는 것이 쉽지 않았다. 앞에 마주 앉은 두 사람은 이런 마스크를 쓰고 하루 8시간 상담 업무를 진행한다고 생각하니 얼마나 불편할지 상상이 되지 않았다. 그럼에도 마스크를 뚫고 울리던 두 사람의 경쾌한 목소리가 잊히지 않는다.

대전의 경우 약 15년 전부터 대전시를 중심으로 적극적으로 콜센터 산업을 육성해왔고 현재는 소위 '콜센터의 메카'로 불린다. 지회장은 대전 지역 여성들이 기본적으로 사투리를 사용하지 않으며, 성격이 급하지 않고 순하기 때문에 상담사로 선호된다는 이야기를 들었다고 한다. 물론 서울보다 건물 임대료나 인건비가 높지 않다는 점과 대전시의 지원이 있다는 점도 무시할 수 없다. 그렇지만 대전에서 나고 자란 나는 대전 지역의 여성들이 그 같은 특징을 지니고 있고 그것이 상담사에 적합한 특성이라는 것을 단 한번도 생각해본 적이 없었다. 내가 그렇게나 자주 오가던 대전이 콜센터의 메카로 성장했다니 믿어지지 않았다. 지회장은 심지어 다음과 같은 속설이 있을 정도라고 했다. "대전의 30, 40대 여성치고 콜센터에서 한번이라도 일 안 해본 여성을 찾기 어렵다. 동시에 두번 이상 이 일을 하는 사람도 드물다. 왜냐면 얼마나 힘든지 알기 때문이다." 이 말을 들으니 어느정도 상황이 이해되었다. 특별한 경력 없이도 쉽게 취직할 수 있을 만큼 대전에 콜센터 일자리가 많다는 뜻이며, 취직이 쉬운 만큼 힘든 업무로 인해 이·퇴직률도 높다는 뜻이었다.

대전에는 은행, 보험, 카드, 통신 등 주요 업체들의 콜센터가 골고루 들어서 있다. 이렇게 콜센터가 많다는 이야기는 콜센터 전문업체들 간의 경쟁이 심하다는 걸 의미한다. 대한콜센터만 하더라도 하나의 원청회사가 고용한 여러 하청업체 중 하나에 속한다.[8] 대부분의 원청회사들은 단일 회사에 업무를 맡기지 않고 두세개의 하청업체와 동시에 계약을 맺는다. 당연히 업체 간 자연스러운 경쟁을 유도하고, 이로 인해 적은 비용으로 높은 효율을 얻기 위해서이다. 이러한 콜센터 간 경쟁 구도의 부담이 고스란히 상담사들에게 전가된다. 지회장은 노동조합을 결성하게 된 근본적 이유가 이런 상황 때문이라고 했다.

지회장은 외부인이 들으면 조금은 황당한 이야기를 통해 이를 설명해주었다. 요컨대 몸이 아파서 출근을 하지 못하는 상담사에게 "출근해서 로그인만 하고 가라"라고 요구한다는 것이었다. 상식적으로 로그인만 하고 바로 퇴근할 거면 왜 출근을 하라는 것일까 의아할 수 있다. 지회장은 '객단가' 혹은 '석단가'라는 용어로 이를 설명했다. 객단가는 출근한 상담사의 명수에 따라 원청회사가 하청회사에 비용을 지불하는 것을 뜻하는 말이다. 따라서 하청회사들은 어떻게 해서든 로그인한 사람 수를 채우고자 한다. 일례로 지회장이 둘째를 임신했을 때 산전검사 결과가 좋지 않아 유산의 위험성이 있었다. 이때 병가가 불가능해서 연차를 사용하고 싶었지만 센터에서는 '로그인이라도 하고 가라'고 말했다고 한다. 객단가 때문이다. 누가 들어도 도저히 납득할 수 없는 처사였다. 이야기를 전해 들은 그녀의 남편 역시 크게 항의했다. 이처럼 객단가 때문에 불합리한 일을 겪은 사람은 지회장 외에도 많았다. 병가를 쉽게 내주지 않아 심지어 링거를 꽂고 출근해 일을 하거나 감기로 목소리가 나오지 않는 경우에도 출근을 시켰다. 이 모든 부당한 사례를 견디다 못해 지회장은 2018년 2월부터 노동조합 결성 준비를 시작해 그해 5월에 노조를 설립했다고 한다.

이제 '붉은진드기' 이야기로 넘어가자. 내가 코로나19 사태와 관련해서 대한콜센터에 특별히 주목한 이유는 바로 분산 근무 때문이었다. 2020년 2월 말 원청인 금융기관은 금융감독원의 방역 지침에 따라서 갑작스럽게 하청업체에 소속된 상담사들의 분산 근무를 실시했다. 분산 근무가 있기 전까지 원청회사는 본사 건물 한 층에 세개 콜센터 업체를 입주시켰으며, 이곳에 총 500여명의 직원이 근무하고 있었다. 분산 근무가 단행되면서 대한콜센터에 소속된 상담사들은 세군데 장소로 분산되었다.

그런데 이 같은 분산 근무를 시행한 이유가 단순히 상담사들의 감염 위험을 줄이고 집단감염을 예방하기 위한 것만이 아니었다. 만일 500여명이 밀집되어 근무하는 곳에서 감염자가 발생하면 대규모 인원이 모두 격리 조치되어야 하고, 이는 원청 금융기관의 업무 마비를 초래할 수 있기 때문이었다. 상담사들은 갑작스럽게 분산 근무 관련 문자를 받았고 곧바로 어느 곳에서 일을 할지가 결정되었다(지회장의 기억으로는 30분 만에 분류가 끝났다고 한다). 그렇게 이동한 임시 근무지는 책상과 의자, 기본 집기 등이 매우 열악한 상태였다. 특히 장시간 앉아서 근무하는 상담사들에게 불편한 의자와 책상은 큰 문제였다.

무엇보다 상담사들을 경악하게 만든 것은 생전 처음 보는 붉은 진드기였다([사진 5-5] 참조). 새빨간 진드기가 시멘트벽을 타고 여기저기서 나타났다. 여름철 시멘트에서 주로 관찰된다는 붉은진드기는 보기에만 끔찍한 것이 아니었다. 이로 인해 진드기에 물린

5-4　분산 근무지에 마련된 상담사의 자리.
5-5　분산 근무지에서 발견된 붉은진드기.

사람, 알레르기 피부발진이 생긴 사람 등 여러 피해 사례가 발생했다. 다급하게 회사에 붉은진드기를 처리해달라고 했지만, 언제 해결될지 모르는 상황이었기에 노동조합이 앞장서서 제거 작업을 시행했다. 나 역시 지회장이 보여준 사진을 보고 난생 처음 붉은진드기라는 것을 알게 되었다.

붉은진드기는 코로나19 사태 속 상담사가 처한 적나라한 현실을 보여주는 구체적 증거였다. 상담사들은 진드기 자체가 주는 혐오감과 신체적 위해는 물론이고 이렇게 열악한 건물에서 근무해야 하는 자신들의 위치가 절망스러웠을지 모른다. 이런 곳에서 업무를 해야만 하는 현실, 경악스럽지만 다른 직종으로의 뚜렷한 대안이 없는 현실 앞에 암담한 기분이었으리라.

문제는 여기서 멈추지 않았다. 붉은진드기는 시작에 불과했다.

분산 근무에 의한 진짜 피해는 이다음이었다. 질병관리본부와 금융감독원은 밀집된 콜센터 근무 환경을 개선하라는 방역지침을 내렸고, 원청 금융회사는 이를 근거로 원청 건물 안에 상주하는 하청 콜센터 업체 세곳을 영구히 건물 밖으로 내보낼 계획을 실천에 옮겼다. 이것은 하청업체에 고용된 상담사들이 노동조합을 결성해서 핵심으로 주장했던 원청회사 직접고용 요구를 물리적으로 차단하는 수단이었고, 사내가 아닌 옥외로 하청업체를 철저하게 분리시켜버리는 조치였다. 정확히는 하청업체에 모든 것을 '풀 아웃소싱' full outsourcing 하는 방식으로 계약을 변경하는 것으로, 하청업체가 외부에 건물을 확보하고 완벽하게 분가를 하는 셈이다. 심지어 이에 드는 비용은 원청 금융회사가 대출해주는 방식이라고 한다. 중소 콜센터 전문업체에게는 비용 대출이 솔깃한 제안일 수 있었고, 금융회사는 직접고용이라는 부담감을 완벽하게 방지할 수 있는 방안이었다.

코로나19로 인한 분산 근무 방역지침이 원청회사에게 콜센터를 풀 아웃소싱으로 전환해 완벽하고 지속적으로 상담사의 간접고용을 유지할 수 있게 만들어주었다. 그 결과 상담사들은 하청업체 간접고용 상태라는 불안정한 고용 환경 속에서 경쟁 위주의 상담 업무를 지속할 수밖에 없다. 실제로 지회장이 속한 대한콜센터 외에 다른 업체가 먼저 2020년 8월부터 풀 아웃소싱으로 전환되었다.

지회장은 이러한 과정을 목격하면서 자책과 회의감에 빠졌다.

자신을 중심으로 대한콜센터에 소속된 하청업체 중 최초로 노동조합을 결성했고, 한 건물의 다른 업체 상담사들에게 선전전을 시도해 다른 콜센터 업체에도 노조를 결성하게 만들었다. 또한 원청 건물 안에는 금융기관 소속 다른 업체들이 많이 입주해 있었고, 총 직원의 숫자가 2,000명에 달했다. 노동조합은 지회장을 중심으로 이들 직원에게 노동조합의 필요성을 설파했고, 이것은 분명 원청회사에 큰 부담으로 작용했을 것이다. 이렇게 한 공간에 많은 상담사가 함께 머물면서 점차 연대의 힘이 커졌고 그 목소리에도 힘이 실렸다. 결국 이러한 연대와 결집이 원청회사의 노동조합 활동에 대한 경계로 이어졌을 것이며, 꼭 그것 때문이라고 단정 지을 수는 없지만 결국 세 업체가 건물 밖으로 내몰리게 되었다.

이 부분을 이야기하면서 지회장은 깊은 한숨을 쉬었다. 몸이 아파도 출근해서 로그인이라도 하라는 황당한 처우에 저항하기 위해 힘들게 노동조합을 결성하고, 주변의 다른 하청 콜센터 상담사들이 조합을 결성할 수 있도록 도와주며 함께 노력했던 모든 시간이 주마등처럼 스쳐갔다. 그리고 갑작스러운 코로나19 사태로 모든 것이 소용돌이에 휩쓸리듯 순식간에 진행되어버렸고, 붉은진드기를 마주해야 하는 분산 근무에 이어 본사 건물 밖으로 내몰려버리기까지 했다. 자신과 노동조합이 했던 모든 일이 조합원과 비조합원을 막론한 많은 상담사를 본사 건물 밖으로 내몰리도록 만든 건 아닌지 깊은 회의감이 들었다고 했다. 물론 단지 노동조합 때문에 풀 아웃소싱이 진행된 것은 아니겠지만, 앞으로 험난한 길이 이어질 거라는 현실은 너무나 절망스러웠을 것이다.

붉은진드기 이외에도 코로나19 사태가 초래한 여러 피해가 있었다. 대표적인 것이 콜 수의 증가다. 원청 금융회사의 정직원들 중 코로나19 감염자가 발생하면서 영업점들이 폐쇄되는 일이 벌어지자 콜센터 업무가 급격히 증가하기 시작했다. 그리고 현실적으로 상담사들을 가장 괴롭혔던 것은 바로 마스크 착용이었다. 마스크로 인해 상담 중 숨이 막히고 뜨거운 입김이 올라와서 눈이 시리다는 사례가 속출했다. 하루 종일 마스크를 착용한 채 상담을 하는 것은 너무나 힘든 일이었다. 재택근무를 하면 그나마 마스크를 벗을 수 있겠지만, 금융 관련 상담 업무였기 때문에 재택근무가 기술적으로 불가능했다(자택에서 개인정보 검색이 불가능하다). 상담사들도 자신들의 감염 예방을 위해 마스크 착용이 필수인 것을 알지만 현장에서 이를 철저히 지키기에는 어려움이 많았다. 사회적 거리두기, 마스크 상시 착용 등은 오로지 업무 성과만을 우선시하는 콜센터의 노동 환경에서는 허락되지 않았다. 마스크 착용과 안전한 방역 관리는 기본적인 인권 차원의 문제였지만, 상담사들의 표현처럼 콜센터에서는 '콜 수가 곧 인격'이었다.

사실 마스크 착용 이전에도 대한콜센터 상담사들은 이미 충분히 힘든 일상을 보내고 있었다. 11년 경력의 부지회장은 상담사들이 두가지 병, 즉 '화병'과 '의자병'(의자병은 부지회장이 만든 표현이다)에 걸려 있다고 보았다. 화병은 심리적 차원의 병을, 의자병은 신체적 차원의 병을 뜻한다. 화병으로 말하자면, 지회장과 부지회장의 경우에도 숨이 100% 들이마셔지지가 않고 80% 정도에서 멈춘다고 했다. 결국 한의원에 방문했고 가슴이 들숨과 함께 쉽게 열리지 않는 것이 화병이라는 이야기를 들었다. 또한 상담사들은 과도한 긴장 상태와 심리적 스트레스 등이 겹쳐 부인과 질환 등을 자주 앓는다고 했다. 불임부터 심지어는 유산의 경험까지 있었다. 여기에 하루 종일 거의 쉬는 시간 없이 의자에 앉아서 줄곧 상담을 하다보니 '의자병'이 생겼다. 신체적으로 허약해져서 하지정맥류에서 방광염까지 여러 질환으로 고생하며 치료를 받아야 했다. 특히 방광염의 경우 단순히 화장실을 자주 가고 가려움이 있는 정도가 아니었다. 화장실을 가는 것이 공포스러울 정도인데, 소변을 볼 때 '악' 하고 비명을 지를 만큼 통증이 심하며 밤에는 통증 때문에 깊은 잠을 잘 수 없는 수준이었다.

지회장은 콜센터 상담사가 존재하는 목적에 대해 이렇게 이야기했다. 상담사들이 악성 민원에 모멸감을 느끼고, 붉은진드기에 경악하며, 끊이지 않는 콜에 묻혀 화병과 의자병에 고통받는 이유가 단순히 고객을 위해서만은 아니라고 말이다. 그녀는 자신들의 존재 이유가 원청회사의 정직원들이 민원 콜을 받지 않게 하기 위함은 아닐지 의심했다. 즉 상담사는 말 그대로 원청업체 직원들의 '총알받이'인 것이었다. 그녀는 원청업체 직원이 "그것도 모르면서 거기 왜 앉아 있나!"라고 비아냥거렸던 일이 가장 고통스러웠다고 회상했다. 제대로 된 교육도 없고 결정권을 부여하지도 않은 상태에서, 어쩔 수 없이 민원 고객의 질문사항을 원청 직원에게 문의했을 때 손아랫사람 다루듯 하대하는 경우가 많았다고 한다.

여성 직원에게는 때때로 상담 능력 이상을 요구하는 일도 있었다. 지회장은 이곳에 오기 전 같은 원청 금융회사의 다른 계열 소속 콜센터에서 상담사로 5년 동안 근무했다. 그 당시 그녀는 매니저급으로 승진을 권유받으며 특이한 조건을 제안받았는데, 무조건 올림머리를 해야 하며 술을 잘 마셔야 한다는 것이었다. 계열사 상급자가 이 두가지를 좋아한다는 이유 때문이었다. 상담사들은 불합리한 상황에도 힘들게 고객 상담을 이어나가고 있지만, 감정노동 수당 명목의 추가 수당은 매달 1만 5,000원이 고작이었다. 그것도 원청에서 1만 6,250원 주는 것을 하청이 중간에서 얼마를 제하고 지급한다.

지회장은 목소리가 크고 자신감이 넘치는 스타일이었다. 쾌활한 그녀의 목소리는 듣는 이에게도 활력을 불어넣어주는 듯했다. 마스크 밖으로 경쾌한 웃음이 전해질 정도였던 그녀에게도 목소리가 급격히 무거워지는 일이 있었다. 한번은 상담사 중 임신을 하게 된 동료가 있었는데, 어느날 그녀가 여전히 흡연을 하는 것을 알게 되었다고 한다. 여성 상담사의 흡연이야 새로울 것 없는 일이었지만, 임신 중에는 당연히 끊을 줄 알았던 것이다. 지회장은 그녀의 말을 듣고는 너무나 마음이 아팠다. "언니, 이거까지 안 되면 저 죽어요." 그리고 가장 최근 젊은 여성 상담사가 퇴사를 하는데 이를 막을 수 없었다고 했다. 그 여성의 지적이 사실이었기 때문이다. "편의점에서 일해도 여기보다 더 많이 받을 거예요." 얼마나 더 열심히 일하고 노동조합 활동을 해야 일의 가치를 인정받고 올바른 대우를 받을 수 있을까. 화병과 의자병도 모자라 코로나19 감염의 위협에 붉은진드기까지, 이야기를 듣는 내내 마음이 무거웠다.

## 벽: 상담사를 부르는 이름

마지막으로 소개할 곳은 지금까지 소개한 콜센터 중에 가장 규모가 큰 곳이다. 공공기관 고객센터인 이곳은 전국적으로 다수의 콜센터가 하청으로 운영 중이다. 내가 만난 지부장은 경기도 콜센터에 소속되어 2009년 10월 1기로 시작해 인터뷰를 하던 2020년 8월까지 쭉 근무하고 있었다. 지부장을 만난 시각은 그녀의 업무가 끝난 늦은 시각이었다. 집 근처 한적한 카페에서 영업이 끝날 때까지 이야기를 이어갔다. 지부장은 미리 보내준 질문지에 답하기 위해 자료를 한움큼 가지고 왔다. 그녀는 차분하게 자료 하나하나를 설명해가며 답변을 이어갔다. 퇴근 후 지친 기색도, 대규모 콜센터 노동조합을 이끄는 리더로서의 버거움도 느껴지지 않았다. 그런데 놀랍게도 그녀는 이전까지 단 한번도 노동조합 활동을 해본 적 없었다고 했다. 그저 성인이 된 자녀를 둔 평범한 직장인이었다. 나한테 자기가 사는 지역이 집값도 합리적이고 살기 좋다며 이사 오라고 농담을 던지기도 하는 편안한 인상의 중년 여성이었다. 그렇지만 앞으로 소개할 콜센터 안에서의 일들은 지금의 편안한 모습을 도저히 상상하기 어려운 힘든 여정이었다.

지부장이 입사할 2009년 당시 1기 상담사는 120명이었는데 2020년에는 그중 일곱명만 남았다고 한다. 그리고 인터뷰 당시 벌써 111기가 교육 중이었다. 지부장은 2019년 9월 25일 고객센터 콜센터 최초로 노동조합 창립을 주도했고, 같은 해 12월 5일에 설립 신고를 하고 12월 21일에 첫 총회를 진행했다. 총회 자리에서 지부장은 경선을 통해 초대 지부장으로 선출되었다. 그녀는 지부장으로서의 첫해인 2020년을 뜻하지 않게 코로나19 사태와 함께 시작했다. 코로나19 이전에 콜센터의 다양한 문제들이 곪아 더이상 해결의 여지가 없다고 판단해 노동조합을 결성했지만, 코로나19 사태가 발생하면서 이 같은 현실은 더욱 악화되었다. 노동조합을 결성하기 전까지 10년 넘게 상담사로 버틴 것도 쉽지 않았으며, 조합을 결성하기로 마음먹고 준비해 첫 총회까지 이끌어오는 과정 역시 너무나 험난했다. 그런데 코로나19 사태까지 터져버렸다. 그날의 만남은 이 모든 과정을 뚫고 지나온 그녀의 생생한 경험담을 듣는 소중한 기회였다.

지부장이 특히 힘들 수밖에 없었던 것은 무려 1,000명이 넘는 전체 조합원들의 의견을 중재하면서 동시에 코로나19 사태로 인한 상담사들의 고충을 사측과 싸워서 해결해야만 했기 때문이다. 그 과정에서 사측은 어느 경우에도 선뜻 노조의 요구에 신속하게 답변하거나 시정 조치를 취하지 않았다. 코로나19가 확산하면서

3월에는 대구 지역 고객센터 콜센터에서, 6월에는 서울 지역 고객센터 콜센터에서 코로나19 확진자가 발생했다. 코로나19 사태에 대응해 3월에는 시차출근 강제 실시, 주 1일 순환근무, 팀별 네 명씩 돌아가면서 재택근무, 4월 중순부터 자리 앞면에 아크릴 가림막 설치(옆면은 미설치) 조치를 취했다. 가장 큰 문제는 앞서 다룬 대한콜센터 사례에서와 마찬가지로 마스크 착용이었다. 자신과 동료 상담사를 위해 마스크를 착용해야 하지만 마스크를 쓰고 상담을 하면 마스크 안에서 열이 나서 피부발진이 자주 발생했다. 또한 발음이 명확하지 않아서 말을 할 때 배에 힘을 주게 되어 힘든 상황이었다고 한다. 더욱이 마스크 안에서 내뱉은 숨을 다시 흡입하게 되면서 이산화탄소를 자주 들이마시게 되어 호흡곤란과 구토 증세를 호소한 상담사도 발생했다.

업체 측은 이 같은 상황을 알기에 상담 중에 힘들면 마스크를 벗고, 외부 감시자가 오면 마스크를 쓰라고 지시했다. 이렇게 방역조치를 위한 마스크는 제대로 사용되지 못하고 있었다. 지부장은 이에 대한 대안으로 반드시 업무 중 휴식 시간이 필요하다고 주장하며 1시간 근무 시 10분 이상 휴식 시간을 제공해달라고 요구했다. 그러나 자리를 이탈해 휴식을 하면 개인 평가 점수가 깎이고 인센티브가 삭감되어 마음 편안히 화장실을 가는 것도 어려운 게 현실이다. 상담사 간의 거리도 노동부 지침보다 좁고 밀집된 상태였다.

이 모든 사안에 대해 원청업체인 공공기관도 하청업체도 서로 책임을 전가하기만 했다. 하청업체는 최종 결정권은 자신들이 가지고 있지 않다고 난색을 표명하고, 원청은 도급업체 계약법에 의거해 도급업체 일에 전혀 개입할 수 없다고 발뺌했다. 이에 지부장은 자체적으로 고객센터 상담사들의 노동실태 설문조사를 시행해 2020년 7월 9일 객관적 수치를 발표해버렸다. 결과는 너무나 명확했다. 코로나19 이후 공단 및 수탁업체가 환경 개선을 위해 노력하고 있는지에 대한 질문에 상담사 응답자 중 64%가 '크게 바뀐 것이 없다', 24.4%가 '일부 개선되었으나 미흡하다'고 답했다. 공공기관에서 외부에 보도한 대로 상담사 간 거리 유지 및 칸막이 설치가 잘 되어 있는지에 대한 질문에서 32%가 '전혀 그렇지 않다', 29%가 '별로 그렇지 않다', 36.5%가 '보통이다'라고 답했다. 그리고 입사 이후 새롭게 생기거나 악화한 질병이 있는지에 대해 78.2%가 '있다'고 답했다. 총 790명의 응답자 중 허리, 목 등 디스크 질환이 47.8%로 가장 많았으며, 우울증, 조울증, 공황장애, 불면증, 식이장애 등 정신과적 질환은 21.8%나 되었다(〔표 5-1〕 참조). 이처럼 코로나19 바이러스에 감염되지 않더라도 이미 상담사들은 충분히 아픈 상태였다. 상담사들이 처한 현실은 이렇게 객관적 자료를 제시해야만 믿을 수 있는 것일까? 얼마나 더 아프고 병들어야만 믿을 것인가?

물론 이렇게 수치를 제시해도 사측에서든 사회에서든 관심을 갖기는 여전히 어려운 게 현실이었다. 2020년 7월에 발표된 실태조사 자료집을 보면서 가장 충격적이었던 것은 바로 실제 상담사

| 질환명 | 응답자 수 | 응답 비율 |
|---|---|---|
| 허리디스크, 목디스크 | 378명 | 47.8% |
| 귀 질환 | 258명 | 32.6% |
| 손목, 팔, 어깨 통증 등 | 250명 | 31.6% |
| 비뇨기계 질환 | 241명 | 30.5% |
| 성대 관련 질환 | 232명 | 29.3% |
| 정신과적 질환 | 173명 | 21.8% |
| 소화기계 질환 | 162명 | 20.5% |
| 호흡기계 질환 | 142명 | 17.9% |
| 여성 질환 | 137명 | 17.3% |
| 기타 | 101명 | 12.7% |
| 심혈관계 질환 | 25명 | 3.1% |
| 눈 질환 | 22명 | 2.7% |
| 신경계 질환 | 20명 | 2.5% |
| 내분비계 질환 | 17명 | 2.1% |
| 피부 질환 | 12명 | 1.5% |
| 중증(암, 희귀 질환) | 5명 | 0.6% |

표 5-1 공공기관 고객센터 콜센터 상담사 질병 분포. 2020년 7월 9일 노동조합 발표자료를 참고해 정리했다.

의 일일 업무일지였다. 상담사가 출근부터 퇴근할 때까지 모든 콜 상담 내용이 상세하게 적혀 있었다. 내용을 보면 하루 통화 수가 113통이었고 총 8시간의 노동 시간 중 화장실에 간 횟수는 4회(총 15분)였으며 휴식 시간은 0분이었다([표 5-2] 참조). 나는 해당 내용을 한줄 한줄 읽으면서 숨이 막히는 듯 답답함을 느꼈다. 상담 내용을 그대로 옮겨 적을 수는 없지만 매시간 얼마나 많은 상담을 연이어 하는지 일부 상담 시간을 나열하는 것만으로도 그 강도를 느낄 수 있을 정도다.

지부장이 처음 노동조합 설립을 결심한 이유는 위탁운영이 아닌 직접고용으로의 전환을 요구하기 위해서였다고 한다. 다른 공공기관 콜센터들이 하청을 통한 간접고용 형태에서 점차 공공기관의 직접고용 형태로 전환되는 중이었고, 지부장은 왜 이곳 고객센터만 이러한 정책이 시행되지 못한 것인지 의문이 들어 이에 대해 시민단체를 통해 알아보기 시작하면서 노동조합 설립이 진행되었다. 처음에는 두 명의 '용감한' 상담사와 함께 셋이서 비밀리에 조합원을 모으기 시작했고 '똑똑한 K'라는 별칭으로 불리며 익명으로 활동했다고 한다. 이렇게 익명으로 활동한 이유는 업체 측에서 주동자가 누구냐고 추궁하는 등 매우 민감하게 반응했기 때문이었다. 심지어 의심되는 상담사가 퇴근한 후 그녀의 컴퓨터 메신저 프로그램에 로그인해서 비밀 대화를 나눈 것이 없는지 조사할 정도였다고 털어놓았다.

표현은 '용감'하고 '똑똑'하다고 했지만, 실제 지부장은 노조 창립 과정에서 심적 부담감과 스트레스로 인해 체중도 감소하고 탈모에 불면증까지 앓았다고 한다. 그럼에도 그녀가 지금까지 버텨온 이유는 무엇일까? 그 이유가 가장 궁금했다. 그녀의 대답은 뜻밖이었다. 아니, 어찌 보면 가장 솔직하고 당연한 대답이었다. 지부장은 콜센터에 노동조합이 생겼음에도 동료 상담사들이 여전히 통제에 길들여지는 현실을 마주했기 때문이라고 대답했다.

| | | | |
|---|---|---|---|
| 8:50 | 출근 | | |
| 8:55 | 상담 프로그램 로그인 | | |
| 9:00 | 대기 | [15~16시] | |
| [9~10시] | | 15:01 | 6분 16초 상담 |
| 9:03 | 2분 7초 상담 | 15:07 | 2분 37초 상담 |
| 9:05 | 1분 59초 상담 | 15:10 | 3분 7초 상담 |
| 9:07 | 7분 37초 상담 | 15:14~15:17 | 화장실(개인 사유로 이석 처리함) |
| 9:16 | 1분 58초 상담 | 15:17 | 4분 37초 상담 |
| 9:18 | 2분 20초 상담 | 15:21 | 3분 48초 상담 |
| 9:20 | 3분 15초 상담 | 15:25 | 1분 상담 |
| 9:24 | 1분 59초 상담 | 15:26 | 1분 27초 상담 |
| 9:26 | 2분 52초 상담 | 15:28 | 2분 27초 상담 |
| 9:29 | 3분 59초 상담 | 15:31 | 1분 55초 상담 |
| 9:34 | 4분 18초 상담 | 15:34 | 1분 57초 상담 |
| 9:38 | 2분 39초 상담 | 15:36 | 49초 상담 |
| 9:41 | 2분 24초 상담 | 15:38 | 7분 36초 상담 |
| 9:44 | 3분 38초 상담 | 15:46 | 1분 50초 상담 |
| 9:47 | 3분 38초 상담 | 15:49 | 5분 27초 상담 |
| 9:49 | 2분 30초 상담 | 15:54 | 2분 20초 상담 |
| 9:52 | 8분 35초 상담 | 15:58 | 1분 36초 상담 |

- 화장실 4회(총 15분): 10:46~10:50, 14:01~14:05, 15:14~15:17, 17:01~17:05
- 하루 통화 수: 113통
- 휴식 시간: 0분(점심시간 11:33~12:33 제외)

표 5-2 공공기관 고객센터 상담사의 8시간 업무 기록 중 오전 9~10시, 오후 3~4시까지의 세부 상담 시간 기록표. 참고자료를 바탕으로 재편집했다.

정말 누가 봐도 성실하게 맡은 바 일을 수행하고 있는데도 불구하고 상담사들이 스스로를 그저 특별한 자격 조건 없이 적당히 뽑혀서 일하는 비전문가로 생각하며, 업무 중 받는 부당한 처사를 어쩔 수 없이 당연하다는 듯 받아들이는 모습이 그녀의 눈에 보였던 것이다. 그녀는 이런 모습을 옆에서 지켜보는 것이 "제일 속상하다"라고 말했다. 그래서인지 그녀는 만나는 조합원들마다 항상 모든 상황을 당연하게 받아들이지 말고 "생각해보라"고 조언했다. 그녀 역시 처음 3개월간은 일이 너무 힘들어서 이직을 생각했지만, 결국 다른 일을 전혀 찾지 못해서 그만두지 못했다고 한다. 그렇게 자신처럼 수많은 상담사가 이직할 수 없는 상황에서 당연하다는 듯 길들여지고 있었던 것은 아닐까 싶었다.

이곳은 다른 콜센터와는 조금 다른 특징이 있었다. 그것이 바로 '벽'이라는 표현과 관련된 이야기이다. 이곳 고객센터 상담사들은 입사시험을 치르고 정규직으로 채용된 원청 소속 직원들과 함께 근무를 한다. 정규직 직원들은 상담사는 물론이고 직급이 높은 콜센터 관리자에게도 쉽게 하대를 했다. "걔네는 외주업체야" "기분 나빠서 처리 못해줘" 등 모욕적인 표현을 경험한 상담사들이 적지 않았다. 특히 정규직 직원들이 가장 싫어하는 상담사의 행동이 바로 '호전환'呼轉換, call transfer 이라고 한다. 호전환은 말 그대로 전화를 정규직 직원에게 연결하는 것, 즉 민원인이 상담사가 아니라 원청인 공공기관 정규직 직원과 통화를 원할 경우 전화를 연결해주는 것을 말한다. 정규직 직원들은 이러한 전화를 받는 것을 매우 싫어하기에 콜센터 안에는 "지사 호전환 노! 노! 노!"라는 구호가 있을 정도라고 한다. 절대로 민원인에게 전화번호를 직접 알려주어서는 안 되며 상담사가 먼저 정규직 직원에게 전화를 걸어서 벨소리가 네번 울릴 때까지 기다리고, 연결이 안 될 경우 2회 반복해야 하는 등의 규칙이 있었다. 만일 이러한 매뉴얼을 제대로 지키지 않으면 OA(사무자동화)팀에 적발되어 개인 평가 점수가 차감되고 월급이 삭감된다.

이렇게 이곳 고객센터를 포함해 대다수의 콜센터에는 여러개의 크고 작은 벽이 존재한다. 외부인의 출입을 막기 위해 출입증으로만 통과가 가능한 센터의 출입구, 상담사들이 자신의 상담 업무에만 집중하게 만드는 파티션, 시민(고객)과의 직접적인 접촉을 막아주는 모니터, 근무 중 자리 이탈을 방지하기 위한 전자식 모니터링 시스템, 퇴근을 가로막는 일일 콜 목표 수치, 그리고 상담사와 관리자의 업무 공간을 구별하는 물리적인 벽이 존재한다. 여기에 코로나19 사태로 인해 상담사 간 바이러스의 전파를 막기 위한 가림막과 마스크가 새로이 등장했다.

이러한 구체적인 물리적·시스템적 벽 이외에 지부장은 또다른 벽을 소개했다. 바로 상담사 자체가 하나의 벽으로 불리고 있으며, 이는 단순히 은유<sup>隱喩, metaphor</sup>가 아니라 하나의 환유<sup>換喩, metonymy</sup>와도 같았다. 적어도 지부장이 10년을 몸담은 콜센터에서 상담사들은 실제로 벽이었다. 민원인을 끝까지 막는 벽! 그녀는 고객센터가 존재하는 이유, 즉 상담사가 존재하는 이유가 고객을 위해서가 아니라 정규직 직원을 보호하기 위한 것 아니냐며 반문했다. 이렇게 정규직 직원을 지키기 위해 민원인을 끝까지 막는 벽이 되다가 민원인의 폭언에 트라우마를 입고 일을 그만둔 직원들도 있다. 그녀가 보기에 사측은 상담사들이 감정노동에 능숙한 전문가가 되기를 바라는 것이 아닌 듯했다. 상담사들은 외주업체 직원이기에 하대가 당연한 존재였고, 자신들은 힘든 입사시험을 치르고 공정하고 당당하게 그 위치에 오른 상급자였다. 마음이 다치든 말든 상담사들은 그저 어떻게 해서든 호전환을 막기만 하면 되는 존재였고, 베테랑이든 신규 직원이든 호전환만 없다면 그들이 무슨 일을 겪든 아무 상관 없었다.

지부장은 업체들이 노동조합이 생긴 것만으로도 기본적인 사항들에 대해서 적어도 눈치를 보게 되었다며 그 나름의 보람을 느낀다고 말했다. 그러나 그녀는 여전히 상담사가 벽이라고 발언하는 관리자들을 마주해야만 했다. 또한 아직까지도 상담사들에게 휴식 시간을 가지라고 말하면 휴게실에서 쉬는 것이 눈치가 보여서 화장실에 가서 쉬는 상담사들이 있다며 가슴 아파했다. 휴식과 같은 당연한 권리조차 눈치를 보게 만드는 상황, 그리고 스스로가 감정이 없는 벽과 같은 존재라는 것을 매분 매초 받아들여야만 하는 상황은 벽이라는 환유가 전달하는 메시지임이 분명하다. 상담사들이 다양한 심신의 질환을 앓는 것은 주어진 매뉴얼, 인센티브와 연결된 평가에 얽매여 순응만을 강요받았기 때문이다. 그렇게 순응하는 몸을 만드는 콜센터 안 크고 작은 물리적·시스템적 벽이 상담사들의 열악한 심신 상태를 형성하고 있었다.

상담사들의 질병은 아이러니하게도 콜센터가 제시하는 규율과 규칙에 철저히 순종적으로 따랐기 때문에 발생한 것들이었다. 노동 현장에서의 건강한 노동이란 정해진 매뉴얼을 충실히 따를 때 확보되는 것임에도 콜센터의 현실은 정반대였다. 콜센터 안 상담사들이 건강하려면 결국 지금의 상황과는 반대로, 다시 말해 철저히 순응하기보다 오히려 자율성과 참여가 밑바탕이 된 저항을 할 때 가능한 것은 아닐까? 예를 들면 코로나19 사태 속 상담사들의 건강이란 단순히 감염되지 않은 상태가 아니다. 마스크를 언제 어떻게 착용하고 말지를 업체의 평가를 위해서가 아니라 자신과 타인의 건강을 위해 자율적으로 결정하고 업무 환경의 변화를 요구할 수 있을 때 달성되는 것이 아닐까.


## 얼굴과 가슴이 없는 사람들: 정동적 지배의 결과

"〔직전에 일했던 증권회사 콜센터에서〕 만난 사람들에 대한 이미지를 계속 생각해봤다. 얼굴이 없고 가슴이 없는, 뻥 뚫려서 횡한 바람만 지나다니는 것 같은 가슴을 가진 그런 이미지가 떠올랐다. 입사 동기라는 개념도 없었고, 제대로 된 대화를 나눠본 기억이 없는 것 같다. 친해지고 말을 걸어보고 싶은 사람들은 다 떠났고, 정말 아무 생각이 없이 사는 것같이 보이는 사람들은 남고 승진해서 또 별거 아닌 권력을 누리고 사는, 그런 정말이지 희한한 구조다."

'잔칫집 식혜'를 받으며 일했던 한국콜센터 소속 사무장의 이야기다. 분회장과 함께 긴 이야기를 나누고 헤어진 다음 날 사무장은 나와 나누었던 대화들을 곰곰이 떠올려보았다고 했다. 그러면서 스스로를 제삼자인 듯 관찰하며 자신이 다녔던 이전 콜센터의 장면을 떠올려보았다. 그때는 노동조합원도 아니었고 그저 군중 속 한명의 상담사에 불과했다. 그녀는 직전에 근무했던 민간 증권회사의 콜센터 상담사들 모습도 떠올렸다. 이들은 마치 얼굴과 가슴이 없는 사람들처럼 뇌리에 남아 있었다. 그곳은 화장실 이용조차 철저하게 통제하며 업무 경쟁을 시켰다. 상담사들은 생각도 감정도 없는 듯 느껴졌고, 이러한 사람들만 남아 콜센터가 유지되는 모습이 사무장에게는 납득하기 어려운 '희한한 구조'였다. 업체는 미소 띤 음성을 강조하지만, 정작 전화기 밖 상담사들의 얼굴에는 표정이 사라지고 가슴에는 감정이 소멸된 듯 비친 것이다.

한국콜센터에서 일하게 된 사무장은 이제는 시민들의 민원을 해결해준다는 자부심을 갖고 동료들과 일한다고 말했다. 업무 자체가 힘들어도 보람을 느낄 수 있었다. 그러나 이러한 자부심과 보람도 코로나19 사태로 업무가 급증하면서 서서히 사라져갔다. 위로로 받은 '잔칫집 식혜'마저 '초상집'을 떠오르게 할 만큼 현실은 괴로웠다. 정확한 정보를 신속하게 전달할 때 온전히 보람을 느낄 수 있을 테지만, 지금은 부족한 교육 시간과 쏟아지는 새로운 안내로 인해 '죄송합니다'를 연신 반복해야 하는 상황이니 절망적일 수밖에 없다. 여기에 숨을 가로막는 마스크는 덤이며, 코로나19 바이러스 감염은 걱정의 순위에서 밀릴 정도다.

2020년 7월 콜센터 조직화 워크숍 때 천안 지역의 공공기관 콜센터 지회장 한명은 자신이 일반 상담사와 면담했던 사례를 소개했다. 해당 상담사는 악성 민원으로 고통받다 신경정신과 진료 후 입원까지 한 상태였다고 한다. 그녀는 결국 노조를 탈퇴했다. 지회장이 소개하고자 한 것은 바로 탈퇴 사유였다. 그 상담사는 "이 모든 상황이 내 잘못이니 내가 감수해야죠"라는 생각을 했다. 악성 민원을 받은 것도, 그래서 정신적 트라우마를 입은 것도 모두 자신의 문제로 받아들였다. 지회장은 그런 모습을 보며 노조가 믿을 만한 모습을 보여주지 못한 것 같아 미안한 마음이 들었다고 했다. 결국 상담사와 지회장 모두 가해자가 아닌 스스로에게 잘못의 화살을 돌리고 있었다.

이러한 사례를 들으며 나는 또다시 정동을 떠올렸다. 특히 '얼굴과 가슴이 없는 사람들'이라는 표현을 들었을 때 더욱 그러했다. 나는 상담사들에게 과도하게 부과된 정동의 불평등에 대해 이야기하면서 정동을 의학 및 심리학에서의 정의처럼 개인에 국한된 신체 변화를 초래하는 강렬한 감정 상태가 아니라, 이를 넘어 개인 간 상호작용으로서의 감정으로 소개했다(3장 참조). 이것을 지금까지의 이야기와 연결시켜 볼 때 영국의 사회심리학자 마거릿 웨더럴Margaret Wetherell의 '정동적 지배'라는 표현이 떠오른다.

그녀는 정동을 일종의 '보존력'<sup>conservative forces</sup>으로 보며, 사회 구성원들이 강한 '정동적 지배'<sup>affective grip</sup>에 의해 사회적 장에 묶여 있다고 설명한다.[9] 상담사들의 경우 월급 및 고용에 직결된 경쟁구조에서 여러 모욕적인 통제 속에 묶인다. 여기에 고객의 폭언까지 더해져 상담사들이 겪어야만 하는 강렬한 감정들(모욕, 모멸, 치욕, 수치, 억울함, 분노 등 어떤 단어로 부르든지 간에)은 이들의 몸을 얼어붙게 만들었을지 모른다. 그것이 어느 상담사의 눈에는 '얼굴과 가슴 없는 사람들'로 비쳐진 것이며, 혹은 '벽'으로 길들여지고 있는 상담사들의 모습일지도 모른다.

상담사를 마주하며 정동이라는 생소한 단어를 자꾸 떠올린 것은 다음의 이야기 때문이다. 프랑스의 철학자 질 들뢰즈<sup>Gilles Deleuze</sup>가 '정동이란 무엇인가'라는 강연에서 정동이라는 개념을 철학적으로 처음 제시했던 네덜란드의 중세 철학자 바뤼흐 스피노자<sup>Baruch Spinoza</sup>를 언급했는데, 나는 이 내용이 중세가 아닌 오늘날 콜센터 안에서도 똑같이 작동한다고 믿었다. 스피노자는 중세 시대의 폭군과 사제 들이 권력을 사용하기 위해 백성들의 '이것'이 필요했다고 강조한다. 여기서 '이것'은 무엇일까? 이것은 폭력도, 고문도, 감금도 아닌 바로 '슬픔'이다.[10] 슬픔은 너무나도 정치적인 감정이고, 이것으로 백성들을 통제 속에 묶어놓을 수 있다고 본 것이다.[11] 조합원 수가 1,000명이 넘는 상담사 노동조합을 이끌던 지부장도 아마 똑같은 모습을 보았던 것 같다. 상담사들이 통제와 모욕을 당연하게 받아들이면서 길들어가는 모습 말이다.

상담사들을 꽁꽁 묶어놓은 정동을 일으키는 마주침이란 무엇이 있을까? 예측할 수 없는 민원인의 욕설, 바이러스 확산, 마스크 의무화, 과일 바구니와 식혜가 주는 황당함, 붉은진드기의 공포, 호전환 불가 구호, 가림막과 마스크라는 답답한 벽, 상담사를 실제 벽으로 바라보는 시선, 끝없이 하달되는 매뉴얼 업데이트 메시지들, 이 모든 것이 아닐까? 이런 생각과 함께 한편에서는 끊임없이 나를 자극하는 질문이 있었다. 도대체 무엇이 상담사에게 슬픔을 강요하는 정동이 아닌 기쁨을 채워줄 정동을 가져다줄 수 있을까? 나는 정말로 지고 싶지 않다.

# 새로운 몸을
## 찾아서

3

# 6장
# 상담사들의 노동운동 도전기

## 노조 사무실, 청소 그리고 흡연

앞서 소개한 노동조합들은 2018년 중순, 2019년 말, 2020년 초에 결성된 조합들이었다(5장 참조). 내가 한참 디지털단지를 헤매던 2014년과 2015년에는 콜센터 노동조합이 손에 꼽을 정도였다. 간접고용된 비정규직이 다수였던 콜센터의 고용 형태로 인해서 노동조합이 결성되기 어려울 수밖에 없었다. 2009년 조사에 따르면 콜센터 고용 형태 중 무려 89.4%가 비정규직에 속했다([표 6-1] 참조).[1] 노조를 결성하려면 결국 누군가 불모지를 개척하고 설사 실패할지라도 선례를 남겨야만 했다. 그렇게 시간이 흘러 지금은 크고 작은 규모의 콜센터 노조들이 조금씩 결성되고 있다. 이번 장에서 그 같은 선례를 남기기 위해 애썼던 콜센터 상담사들의 이야

| 고용 형태 | 빈도 | % |
|---|---|---|
| 정규직 | 59 | 10.6 |
| 비정규직 | 500 | 89.4 |
| 기간제 | 236 | 42.2 |
| 파트타임 | 83 | 14.8 |
| 위탁파견 | 87 | 15.6 |
| 개인사업주 | 94 | 16.8 |
| 합계 | 559 | 100.0 |

표 6-1 콜센터 고용 형태 비율. 정규직(정년 보장, 풀타임 근무) 및 비정규직 기간제(일정한 계약 기간 설정), 파트타임(하루 8시간 미만 근무), 위탁파견(콜 업무를 위탁받아 수행하거나 파견회사에 고용되어 업무 수행 회사로 파견 근무), 개인사업주(사업자등록을 냈거나 또는 회사와 근로계약이 아닌 위탁계약, 도급계약을 체결)에 따른 비율.


기를 해보고자 한다.

2014년 12월이었다. 여러 경로를 거쳐서 어렵게 언론에 자주 등장하는 콜센터 노동조합 지회장 연락처를 받게 되었다. 상담사를 찾아 각종 연구소와 단체를 방문하고 자문을 구하는 과정에서 많은 이들이 미래콜센터 노동조합 지부장 설희씨를 만나보라고 권했다. 지부장이 나를 만나줄까 고민도 되고, 또 만나면 무슨 이야기를 해야 할까 걱정이 앞섰다. 아니나 다를까 연락을 하니 일정이 너무 많아서 직접 만나는 것은 어렵고 전화로 인터뷰를 하자고 했다. 설희씨는 돌려 말하지 않고 직설적인 화법을 선호했다. 긴장한 탓에 준비한 질문지가 눈에 들어오지 않았다. 그래서 당시 여성 상담사의 흡연에 관심이 있었던 나는 대뜸 미래콜센터에도 흡연 구역이 있느냐고 물어보았다. 지금 생각하면 정말 바보 같은 질문이었다. 당연히 없을 수가 없다는 것을 이전 연구를 통해 알고 있었으면서 그런 질문을 하다니. 설희씨는 질문이 끝나기가 무섭게 "없으면 난리 난다!(웃음)"라며 큰소리로 답했다. 나의 미숙함이 들통난 것 같아 제대로 질문을 이어나가지 못했다. 이렇게 인터뷰가 허무하게 끝나버리는구나 생각하며 스스로를 자책하고 짧은 통화를 마무리했다.

첫 통화 이후 두달이라는 시간이 흘렀다. 2015년 2월이 되어서야 나는 다시 설희씨를 만나기 위해 미래콜센터 노동조합을 찾았다. 지난번 같은 전화 통화로는 도저히 심도 있는 인터뷰를 진행할 수 없을 것 같아 꼭 직접 만나야겠다고 생각했다. 그래서 전화도 없이 그냥 무턱대고 찾아갔다. 허탕을 치더라도(솔직히 한번은 문이 잠겨 있어서 돌아온 적이 있었다) 노동조합 사무실을 방문해보고 차근히 친분을 쌓고 싶었다. 정말 별 계획 없이 오후 5시경에 미래콜센터 근처 노조 사무실에 찾아갔다.

똑똑똑. 조용히 문을 열고 들어가니 지부장 대신 여성 집행부원 한명이 있었다. 나는 자기소개를 하고 지부장 설희씨를 만나러 왔다고 말했다. 또 허탕인가 생각했는데, 조합원 교육을 끝내고 얼마 안 있으면 설희씨가 올 것이라고 해서 다행이다 싶었다. 이때 함께 있던 집행부원이 갑자기 청소를 하기 시작했다. 마침 사무실 대청소를 하는 날이어서 여기저기 짐도 정리하고 빗자루로 바닥도 쓸고 있었다. 나는 어색하던 참에 차라리 잘되었다 싶어 청소를 돕기 시작했다. 그래도 힘쓸 일들이 있어 지부원들이 선뜻 허락해주었다. 그렇게 얼마간 청소를 하고 있자니 지부장 설희씨가 도착했다. 노조 조끼를 입은 당당한 체구의 설희씨와 마주쳤다. 빠르게 나를 소개하고 청소를 이어갔다. 무턱대고 찾아온 불청객이 된 기분에 빗자루라도 들고 있다는 게 얼마나 다행인가 싶었다. 이날의 첫 만남이 이후 나에게 얼마나 큰 영향을 주었는지 그때는 미처 알지 못했다. 그날 노조 사무실 철문 앞에서 한참을 망설이다가 문고리를 돌렸던 그 결정이 지금의 나에게는 최고의 1초였다.

청소와 짐 정리만 1시간 넘게 한 나에게 설희씨는 저녁 식사라도 같이 하고 가라고 권했다. 나중에 알게 되었지만 그녀는 여성 상담사의 흡연이나 궁금해하는 내가 처음부터 탐탁지 않았다고 한다. 그래도 청소까지 함께 했으니 노력이 가상해서 저녁 자리에 초대한 거였다. 그렇게 상담사들에게 맛집으로 소문난 인근 식당에서 지부장 설희씨, 집행부원, 그리고 나 이렇게 셋이서 술을 한 잔씩 기울이며 식사를 했다. 설희씨가 노조 여성 집행부원 한명이 지금 상담을 마치고 퇴근해서 합석할 것이라고 했다. 그 집행부원은 실비씨로, 씩씩한 여성이었다. 첫 대면부터 나는 실비씨와 설희씨의 주량에 견뎌내지 못하고 금방 얼굴이 홍당무가 되었다. 그래도 함께 식사와 술을 하고 나니 이방인이던 나도 어느새 허물없이 같이 어울릴 수 있었다. 그들은 식사가 끝나고 밖에 나오자마자 누가 먼저랄 것도 없이 담배를 나누어 피우기 시작했다. 그러면서 묻지도 않고 나에게도 담배를 주었다. 담배를 피우지 않았던 나는 자연스럽게 둥글게 모여 흡연의례에 참여했다.[2]

뜻밖에 참여하게 된 상담사들과의 청소, 저녁 식사, 술자리, 그리고 흡연. 디지털단지를 거닐면서 그렇게 찾아 헤맸던 상담사들과 이렇게 갑작스럽게 친분을 맺게 되었다는 사실만으로 나는 너무나 기뻤다. 이때만 하더라도 이 만남 이후 나의 박사 논문이 완전하게 방향을 틀게 될 줄 전혀 예상하지 못했다. 논문의 제목, 전체적인 이론의 틀, 그리고 인류학 연구자로서의 자세까지 모든 것이 변하게 된 발화점 같은 순간이었다. 그로부터 일주일이 지난 후 두번째 만남은 수많은 조합원이 퇴근 후 모인 집회 현장이었다. 김밥과 생수 한통, 그리고 핫팩을 건네받은 후 함께 구호를 외치고 노래를 불렀다. 노래 제목은 '진짜 사장이 나와라'였다. 그렇게 콜센터 노동조합의 노동운동 현장에 동행하게 되었다.


## 상담사들의 몸에 새겨진 시선의 무게

첫 식사 및 흡연의례를 통과한 후 나는 기회가 닿는 한 미래콜센터 노동조합의 거의 모든 활동에 참여하려 했다. 상담사들이 열악한 노동 환경에 저항하기로 마음을 먹었을 때 어떤 어려움을 겪고 어떤 난관을 극복해야만 하는지 알고 싶었다. 그중 기억에 가장 깊게 남아 있는 경험은 원청기관 앞에서 실시한 퇴근길 문화제

6-1  미래콜센터 노동조합 문화제 주변에 세워진 노란색 폴리스라인 저지대. 빨간색 몸자보를 입은 조합원과 노란색 플라스틱이 대비를 이룬다.

에 참가했을 때다. 도심 한복판 인도 위에 구호가 적힌 빨간색 '몸자보'를 입고 나란히 앉았다. 주변은 온통 '폴리스라인'이 쓰인 노란색 플라스틱으로 막혀 있었다([사진 6-1] 참조).

나는 앞쪽에 앉아 열심히 문화제를 관찰하며 필드노트에 메모를 남겼다. 이때 폴리스라인 밖으로 지나가는 행인들의 시선이 느껴졌다. 그들이 실제로 나에게 눈길을 보내는지 아닌지는 중요하지 않았다. 그냥 지나쳐 가는 순간에도 나는 익명의 시선을 느꼈다. 몸이 긴장되었다. 구호를 외칠 때마다 조합원들을 따라서 팔을 들어 올리려 하는데(이것을 '팔뚝질'이라고 불렀다) 그 순간 팔이 너무 무겁게 느껴지고 어색했다. 조합원도 아니며 어떻게 보면 위축될 이유가 전혀 없던 내가 폴리스라인 안에서 익명의 감시 속(물론 집회를 감시하는 경찰관도 있었다)에 앉아 있는 것만으로 예전과 다른 몸이 되었다. 조합원들이 극복해야 하는 저항의 순간들은 이것과는 비교가 안 될 정도로 힘들 때가 있을 텐데 그때마다 어떤 두려움과 직면해야 하는지 상상이 되질 않았다. 노동조합 운동이 단순히 의지만으로 하는 것이 아니라 실제로 몸을 써야만 하는 것임을 깨달았다.

문화제에 참여하기 전 나는 홍보물에 그려진 사람들의 팔뚝질 그림을 보며 그저 구호를 외치는 통상적 모습으로만 생각했다([그림 6-2] 참조). 그런데 현장에 참여해보니 나에게는 이것이 절대로 쉽지 않았다. 이런 일이 있은 후 감정노동자에 대한 삽화를 다시 보니 이전과는 다른 모습들이 보이기 시작했다. 2011년 국가인권위원회에서 『여성 감정노동자 인권가이드 실천을 위한 사업주 안내서』를 발간했다. 여기에는 식당 종업원, 콜센터 상담사, 화장품 매장 점원, 마트 계산대 직원 등 대표적인 감정노동자를 그린 삽화가 들어가 있었다([그림 6-3] 참조). 나는 투쟁문화제의 그림을 처음 볼 때처럼 이 또한 당연하게 받아들였다. 익숙한 모습이고 예상할 수 있는 장면이기에 특별히 내 눈길을 끄는 부분은 없었다.

그런데 문화제 참가 이후에 다른 것들이 보이기 시작했다. 우선 피해자가 모두 여성이라는 점(어떻게 남성이 한명도 없을까!), 다음으로 이들의 몸이 특정한 방향을 향하고 있다는 사실이었다. 모두 상대와 제대로 눈을 마주치지 못한 채 허리와 고개를 숙이고

6-2 미래콜센터 문화제 포스터.

시선을 아래로 내리고 있었다. 문화제에서 노동조합원들이 주먹을 쥐고 팔을 높이 드는 모습과 너무나 대비되어 보였다. 특히 상담사의 경우 고객이 실제 눈앞에 보이지 않는데도 쩔쩔매는 모습으로 몸을 숙이고 있었다. 마치 내가 문화제 때 지나가는 행인이 나를 보고 있지 않음에도 몸이 경직된 것과 마찬가지로 말이다.

자세히 보면 이상한 이 장면이 왜 처음 보았을 때는 아무렇지도 않았을까? 한국 사회에서 너무 당연한 일이기 때문일까? 이런 생각에 다다르니 앞서 사례로만 이야기했던 상담사들의 '화장실 손들기'가 떠올랐다. 화장실을 가기 위해 팀장 혹은 매니저가 볼 수 있게 손을 들어 표시해야 하는 상황 말이다. 단순히 허락을 받고

6-3  2011년 국가인권위원회에서 발간한 인권가이드에 수록된 감정노동자에 대한 삽화.

화장실에 가도록 하기 위한 통제의 수단일 수 있지만, 한 상담사의 표현처럼 초등학생도 하지 않는 손 들기를 성인이 되어서 해야한다는 게 수치스럽게 느껴질 수 있다. 결국 최대한 화장실을 적게 사용하라는 메시지일 것이다(수치심만큼 정치적으로 생산적인politically productive 감정이 또 있을까?). 이렇게 상담사들의 움츠러든 몸은 화장실 손 들기로 표출되고, 반면 문화제에서 노동조합원들이 저항하는 몸은 팔뚝질을 위한 손 들기로 표출되는 것이 아닐까 싶었다. 즉 통제도 저항도 모두 몸이라는 공통분모 속에서 경험되고 실천된다.

구호를 외치는 상담사의 얼굴([그림 6-2])과 고객의 폭언 앞에 힘들게 미소를 짓는 상담사의 얼굴([그림 6-3]) 중 어떤 것이 일반 인들에게 익숙한 모습일까? 많은 이는 인권가이드의 삽화에서처 럼 '친절함, 상냥함, 미소' 등과 같은 감정 표현들을 묘사한 여성 의 모습에 좀더 익숙할 것이다. 마치 그것이 여성의 본능인 것처 럼 말이다.

이것을 보니 미국의 여성학자 주디스 버틀러Judith Butler가 여성성 을 규정하는 것은 생물학적 성이 아니라 바로 수행성performativity이 라고 한 주장이 떠올랐다.[3] 일찍이 미국의 현상학자 아이리스 영 Iris Young 역시 단순한 여성의 공 던지기 동작throwing like a girl조차도 온전히 여성이 지닌 신체적 특징 혹은 한계에 의한 것이 아니라고 하지 않았던가.[4] 사회에서 요구하는 여성성이 단순해 보이는 공 던지기 동작에도 체현되어 있을진대, 폭언하는 고객에게 여성 상 담사가 몸을 숙이고 응대하는 것은 한국 사회가 요구하는 '자연 스러운' 여성성을 적절히 수행하는 것으로 받아들일 수 있지 않을 까? 이렇게 표현할 수도 있을 것이다. 여성 상담사의 몸이 고객의 모욕 이전에 이미 '모욕의 무게'를 기억하고 있다고 말이다.

노조 문화제에서의 경험과 두 삽화를 통한 성찰 이후 나는 여 성 상담사들이 몸으로 어떤 경험을 하고 또 그 경험이 어떻게 표 출되고 있는지 고민하는 데 집중했다. 특히 몸을 실천해야만 하는 노조의 활동들에 주목했다. 사실 나는 이전부터 몸이 문화의 존 재 기반이라는 미국의 의료인류학자 토머스 소르다스Thomas Csordas 의 주장을 익히 알고 있었다.[5] 소위 '체현'embodiment의 중요성을 강조한 그의 주장을 나는 머리로만 기억하고 체감하지는 못했다. 폴리스라인 안에서 몸으로 직접 경험하고 난 후부터 그제야 각성하기 시작한 셈이다. 생각이 여기에 다다르니 자연스레 다음의 질문으로 이어졌다. 상담사들이 노동조합을 통해 위축되지 않고 저항하기 위해서는 도대체 어떠한 몸의 굴레를 끊어야 하는가. 생각한다고 몸이 즉각 변하는 것은 아니다. 지겹도록 몸을 쩔쩔매게 만드는 그 '보이지 않는 끈'들은 무엇이며, 어떻게 극복할 수 있을까? 고객의 폭언과 팀장의 삿대질, 동료들의 왕따, 그리고 여기에 시민들의 불편한 시선까지, 이에 익숙해진 여성 상담사로서의 '몸틀'을 어떻게 극복해낼 수 있을까 질문이 끊이질 않았다.[6]

미래콜센터 노동조합 사무실은 이제 나에게 편안한 장소가 되었다. 설희씨와 실비씨를 비롯해 여러 집행부원과 친분이 생기면서 자주 발길을 그곳으로 옮겼다. 각종 집회, 문화제, 후원 주점, 토론회 그리고 여러 뒤풀이에 참여하면서 다양한 경험을 공유했다. 긴장하며 노조 사무실 문을 열던 이전의 나와 많이 달라져 있었고, 이를 통해 알게 된 것이 있다. 미래콜센터에서 노동조합의 실체는 무엇이고 어디에 있는지 말이다. 이는 마치 여성성의 실체는 무엇이고 어디에 근거한 것인지에 대답하는 것과 같다. 나의 생각은 이렇다. 노동조합은 노동조합 사무실도 지부장도 집행부원들도 아니다. 노동조합의 실체는 여러 집행부 및 조합원의 다양한 실천 속에서 존재한다. 좀더 자세히 표현하자면 모욕의 무게에 짓눌려 위축되었던 상담사의 몸 실천과 노동조합 설립 이후 당당해진 몸 실천 사이의 격차만큼이 노동조합의 실체라고 할 수 있겠다. 이제부터 힘차게 손을 뻗어 올린 문화제 포스터와 고개를 숙이고 쩔쩔매는 감정노동자를 표현한 삽화 속 상담사 간의 몸의 차이가 미래콜센터에서 어떻게 형성되었는지 이야기해보려 한다.

## 저항의 시작: 노동조합을 품다

우선 미래콜센터가 어떤 곳인지 간략히 소개해보겠다. 이곳은 공공기관을 원청으로 하며 세개의 콜센터 전문업체에 하청을 주고 있었다. 한 건물 안에 세개의 하청업체 소속 상담사가 층을 달리해서 일한다. 상담사만 350여명에 이르렀고, 그외 매니저와 팀장 등 관리자가 70여명에 달했다. 미래콜센터는 노조가 생기기 전에는 상담사들 사이에서 회피 대상이 될 정도로 상담 업무 자체가 힘들기로 악명 높았다. 그래서 과거 미래콜센터에서 일했던 상담사는 다른 콜센터 어디든 쉽게 취직할 수 있을 정도로 능력을 인정해주기도 한단다. 노조가 없을 때는 1년 이상 근무한 상담사가 50% 정도밖에 안 되었다고 한다. 이로 인해 과거에 근무했던 상담사들 사이에서 미래콜센터를 '미래 감옥'이라고 부르기까지 했다. 이유인즉슨, 퇴사를 하고 싶은데 퇴사자 인원도 많고 대기 중인 퇴직 희망자도 많아서 당장 그만두지 못했기 때문이다. 퇴사자가 많아 퇴사를 마음대로 못한다니 정말 웃지 못할 상황이었다.

악명이 높았던 또다른 이유는 바로 월말 평가시험 때문이었다. 월 1회의 업무 테스트는 두꺼운 백과사전식 데이터베이스를 두고 무작위 시험을 보는 방식으로 상담사에게 극도의 스트레스를 주어 이직의 가장 큰 이유로 꼽혔다.[7] 이 같은 현실에 임금 체불, 과도한 실적 압박, 상담사 간 경쟁 구도 등으로 인한 크고 작은 고충이 함께 축적되고 있었다. 설희씨가 노동조합을 만들기 위한 최적의 배지가 마련되어 있던 셈이다.

미래콜센터 노동조합의 초대 지부장이었던 설희씨는 콜센터 취직 전부터 노동조합을 설립하기로 마음먹고 있었고, 취업 후 약 1년 동안 비밀리에 노동조합을 준비했다. 그녀는 우선 세개의 하청업체에서 함께할 집행부원들을 모으기 시작했다. 그리고 공식적인 발표 이전까지 모든 것을 비밀에 부쳤다. 설희씨는 자신의 의도를 들키지 않기 위해 센터 내에서도 투명인간인 듯 조심스럽게 생활했다. 이렇게 한 더 큰 이유는 업체의 불법 행위에 대한 자료들, 특히 퇴근 후 교육, 시간 외 수당 미지급 등과 관련된 내용을 몰래 수집해놓기 위해서였다. 얼마나 철저히 숨겼는지 설희씨가 노동조합 설립을 센터 내에 처음 대자보로 공표했을 때 그녀가 속한 하청회사 매니저는 자보 속 '설희'라는 이름을 확인하고도 그것이 진짜 자신이 알던 설희씨가 맞는지 찾아와 확인까지 할 정도였다고 한다. 그리고 당연히 상담사들 사이에서도 도대체 설희가 누구냐는 물음이 이어졌고 '듣도 보도 못한' 이가 지부장이 되었다는 소문이 돌기까지 했다. 설희씨가 자주 쓰는 표현대로, 그녀는 정말로 '주도면밀한' 성격의 소유자였다.

설희씨는 노동조합의 성장을 네단계의 과정으로 설명했다. 초기 조직화 시기, 조합의 힘을 키우는 시기, 직접고용의 발판을 만드는 시기, 직접고용 정규직 전환 투쟁 기간이 그것이다. 이 단계별 성장은 시기마다 노동조합과 조합원의 단결된 힘으로 이룩한 것이었지만, 설희씨는 외부적인 요인도 무시하지 못한다고 이야기했다. 우선 기본적으로 2010년을 전후로 한국 사회에서 감정노동에 대한 관심이 특히 미디어를 중심으로 급증하기 시작했다.[8] 또한 당시 콜센터 상담사가 상담 과정에서 높은 스트레스를 받는다는 사실이 연예인들의 현장체험 등을 통해 공중파 방송에서 방영되기도 하는 등 콜센터 업무에 대한 대중의 인식이 널리 확산하던 시기였다. 이 같은 사회적 분위기 속에 지부장 설희씨는 적극적으로 언론과 인터뷰를 시도했고, 이것이 적지 않은 효과를 가져왔다고 한다. 여기에는 미래콜센터의 원청기관이 여론에 민감할 수 있는 공공기관이라는 사실이 주효했다.

한편 비정규직 노동자들이 많아지면서 2000년대 후반 들어 이들의 권익을 보호하고 대변할 수 있는 중심체인 노동조합의 필요성이 높아지기 시작했다. 그 결과 2009년 12월 미조직 비정규직 노동자들을 위한 '희망연대노조'가 민주노총 서울지역본부 내에 결성되었다. 희망연대노조는 다수의 비정규직이 근무하던 콜센터 산업 분야에 주목했고, 설희씨의 노동조합 준비 과정에 도움을 주었다. 결과론적으로 볼 때 비정규직 노동자의 확산과 그로 인한 문제점이 축적된 현실이 미래콜센터에서 노동조합이 형성될 수 있었던 토대가 된 셈이었다.

이렇게 내외부의 치밀한 준비와 도움으로 1년여의 준비 기간을 거쳐 설립된 노동조합이었지만 처음부터 안정적으로 활동이 진행된 것은 아니었다. 업체는 상담사 전체와 노동조합 집행부에 대해 각각 제 나름의 전략으로 대응했다. 듣기 전에는 나로서는 둘 다 상상도 못했던 것들이었다. 노동조합 가입 여부와 상관없이 상담사 모두의 몸이 힘들어졌다. 가장 먼저 노동조합이 설립된 이후 미래콜센터는 신규 상담사를 채용하지 않았다. 처음에 이 이야기를 듣고 무슨 말인가 싶었다. 그런데 듣고 보니 이는 고용주 측의 아주 뿌리 깊은 노조 파괴 수단이었다. 미래콜센터는 앞서 소개했듯이 상담사들의 잦은 퇴사로 공석이 끊이지 않았고 이를 채우기 위해 매달 신규 인력을 채용했었다. 그런데 노조 설립 이후 신규 채용을 하지 않음으로써 애초 500명이었던 상담사 숫자가 400여 명까지 줄었다. 자연 퇴사자가 100명쯤 되는데도 신규 채용을 안 했던 이유는 첫째 노동조합 조합원의 신규 증가를 막는 것이며, 둘째 남은 상담사들이 부족한 인원의 업무를 떠안게 만들어 업무 하중을 증가시키는 것이었다. 증가한 업무의 무게로 저항하는 상담사들의 어깨를 짓누르는 전략이었다.

이것은 시작에 불과했다. 회사 측의 보다 직접적인 제재는 노동조합 집행부에게 집중되었다. 이 전략의 핵심은 집행부를 일반 상담사로부터 격리시키고 위신을 떨어뜨리는 작업, 일명 '직장 내 따돌림'이었다. 우선 집행부 자리를 팀장 옆에 홀로 배치해서 다른 상담사와의 접촉을 의도적으로 차단하고, 친한 상담사들을 트집 잡아 괴롭힘으로써 집행부와 멀어지게 만들기 시작했다. 또한 팀원들과의 회식 자리에 참여 의사를 보여도 장소를 알리지 않고 진행하거나, 집행부가 어떻게 해서든 비조합원과 같이 식사를 하지 못하게 점심시간 조를 배치했다. 이밖에도 노동조합 집행부는 자신들이 속한 팀의 팀장으로부터 인사를 못 받는 것은 물론이고 공개적 혹은 개인적으로 잦은 비아냥과 노골적인 비하를 받기 일쑤였다.

노조 집행부는 조합 설립 이후 여타 비조합원 상담사로부터 물리적으로 고립되어갔다. 근무 시간이든 점심시간이든 혹은 퇴근 후 회식 시간이든 몸의 접촉이 최대한 제한되었다. 이것은 외부로부터의 물리적인 제약에 지나지 않았다. 이와 동시에 집행부 자신이 내부적으로 위축되게 만드는 일들도 함께 진행되었다. 사측이 다른 상담사로부터 노조 집행부, 특히 지부장 설희씨의 업무 태도에 대한 거짓 증언을 의도적으로 받아내어 회사 로비에 대자보로 게시하려 한 일이 벌어졌다. 내용은 그녀의 업무 태도가 매우 불성실하고, 신경질적이며, 팀장과 동료들에게 비협조적이라는 것이었다. 이를 통해 노조 지부장으로서의 명예를 실추시켜 노동조합의 기반을 약화하려는 사측의 속셈이었다. 당시 비조합원 상담사 다섯명이 지부장 및 다른 남성 집행부원에 대해 증언한 내용

6-4 미래콜센터 노동조합 지부장과 집행부원에 대한 모함이 담긴 문서.

들이 문서로 정리되어 당사자인 설희씨와 집행부원에게 전달되었다. 나는 설희씨가 보관 중인 당시의 문서를 볼 수 있었다(〔사진 6-4〕 참조). 문서의 내용만 본다면 설희씨와 집행부원에게 충분히 불신을 가질 만했다. 설희씨의 표현대로, 정말로 회사가 그녀를 "미친 또라이"로 만들려 했다. 물론 이 모든 계획은 수포로 돌아갔다. 왜냐하면 기본적으로 그것은 사실이 아니었고, 설희씨를 중심으로 한 노동조합의 활동이 조금씩 구체적 성과들을 보여주었기 때문이다. 오히려 문서 작성에 참여했던 사람 중 일부가 노동조합에 가입했다고 한다.

## 조합원들, 보이는 몸으로 연대하다

우여곡절이 있었지만 지부장 설희씨도 노동조합도 상담사들에게 점차 신뢰를 얻어갔다. 노동조합의 실질적 성과들이 조금씩 나타나기 시작했기 때문이다. 노조의 지속적인 노력으로 시간외 근무 수당의 체불임금을 받아내고, 월 1회 업무 테스트를 분기별 1회로 바꾸고 출제 방식도 문제은행식으로 바꾸었으며, 휴게 시간 확보 및 원 스트라이크 아웃제 도입[9]도 이루어냈다. 그 결과 2년 만에 전체 약 350명의 상담사 중 조합원이 300여 명까지 늘어나며 노조는 크게 성장했다. 노조 가입률로 환산해보면 초기 20% 수준에서 85%로 증가한 것이었다. 이 모든 성과는 바로 노동조합이 존재했기 때문에 가능했다. 여기서 노동조합의 실체란 앞서 말했듯 여러 집행부 및 조합원의 다양한 실천, 그 자체라 할 수 있겠다. 그러면 구체적으로 어떠한 실천들이 있었을까?

우선 개개인의 자리에서 실천한 '몸자보' 걸어놓기가 있다([사진 6-5] 참조). 몸자보란 노조의 요구사항을 적은 빨간색 조끼를 말하는데, 노동조합은 이것을 시위가 있을 때만 쓰는 것이 아니라 일상 근무 중에도 활용했다. 즉 조합원들이 자신의 의자에 몸자보를 걸어두는 나름의 암묵적 시위를 기획한 것이었다. 노동조합 설립 초기 가입률이 20% 정도일 때는 노조에 가입한 상담사가 누구인지 서로 확인할 길이 없었다. 말 그대로 서로가 서로에게 보이지 않았다. 그렇지만 노조가 몸자보를 만들어 조합원들에게 제

6-5 　몸자보가 걸려 있는 콜센터 내부 모습.

공하고 몸자보 걸어놓기를 실시한 후 뜻밖의 효과를 얻게 되었다. 바로 조합원들이 서로의 존재를 눈으로 확인할 수 있었다는 점이다. 또한 몸자보가 걸린 자리가 늘어남을 통해 노조 가입률의 증가를 실시간으로 파악할 수 있었다는 점도 큰 장점이었다. 이렇게 몸자보는 서로의 존재를 확인할 수 있는 중요한 계기가 되었다.

　이제 조합원들은 콜센터 안에서 서로에게 '보이는 몸'이 되었다. 물론 노동조합 개설 초기 가입률이 20%에 불과할 때는 몸자보를 통해 노조 가입 사실을 가시적으로 드러내는 것 자체가 부담이었을지 모른다. 오히려 팀장이 감시하는 시선이 꽂히는 표식에 가까웠을 것이다. 하지만 몸자보의 숫자가 어느 임계점을 넘는 순간 몸자보는 상호 지지의 시선이 닿는 기표로 변경되었다. 몸자보를 통한 상호 지지가 자리 잡음에 따라 상담사들은 매니저와 팀장의 파놉티콘 같은 감시체제에서 조금이나마 저항이 가능한 몸을 형성할 수 있었다. 어느 상담사가 이야기했듯 누구라고 딱 지목하지 않더라도 이제 상담사들은 "왠지 든든하고 기댈 곳"이 생겼다는 느낌을 갖게 되었다. 노동조합의 실체가 생긴 것이다.

몸자보가 일상에서의 단결을 경험하는 계기였다면, 실제로 함께 모이는 노조 활동은 더욱 뚜렷한 상호 지지의 계기가 되었다. 그 첫번째 계기는 노조 결성 후 1년이 된 시점에 시도한 첫 파업이었다. 이것은 일종의 경고파업으로 1시간만 상담 자리를 떠나 콜센터 1층 로비에 모이는 돌발파업 형식이었다. 설희씨는 그날의 모습을 또렷이 기억했다. 사실 그녀에게도 너무나 긴장되었던 첫 파업이었다. 그녀가 파업 시작을 알리는 '10분 스피치'를 해야만 했기 때문이다. 설희씨는 당일 약속한 시간이 되었을 때 콜센터 건물 각 층을 돌면서 조합원들에게 파업 시간이 되었음을 육성으로 알렸다. 사실 그녀는 이 파업이 성공할 수 있을지 예측하기 어려웠다. 만일 주변의 비조합원 상담사들과 팀장들의 비난이 두려워 조합원들이 선뜻 파업에 동참하지 않으면 어떡하나 걱정이 앞섰다. 그런데 그녀가 발언을 시작하자 처음에는 망설이던 상담사들이 한두명씩 자세를 고치고 일어나기 시작했고, 그 같은 모습들이 점점 더 눈에 띄기 시작하면서 주저함은 실천으로 바뀌었다. 설희씨는 이 장면을 잊을 수 없다고 했다. 당연히 자리를 박차고 일어났던 상담사들에게도 잊지 못할 경험이었을 것이다. 이전까지 콜센터 안에는 상담사들을 콜 수에 얽매이게 만드는 '보이지 않는 끈'이 있었다면, 첫 파업을 경험한 이후부터는 나를 지지해 주는 또다른 끈이 존재한다는 사실을 느꼈을 것이다. 기존의 순응하던 몸에서 저항하는 몸으로 지향할 수 있게 서로가 서로에게 끈이 되어준 셈이다.

나는 설희씨를 통해 이 사례를 듣고 나서야 프랑스의 철학자 모리스 메를로퐁티Maurice Merleau-Ponty가 한 다음의 이야기가 비로소 온전히 이해되었다. "나의 의미는 나의 밖에 있다."[10] 정말로 상담사들 사이에서 '너'의 가치가 '나'에게서 비롯되고, '너'에게서 '나'의 가치가 생겨났다. 이 같은 파업의 경험은 노조 결성 2년이 되는 시기에 있었던 로비 점거 시위에서 최고조에 달했다. 이 파업은 단순히 원청회사 로비에 모이는 경험 이상이었다. 설희씨는 이날의 장관을 노조가 경험한 최고의 순간으로 꼽곤 했다. 그 장관이란 다음과 같다. 우선 조합원들은 정해진 날짜 정오에 원청회사 로비에서 집합하기로 약속했다. 로비에는 경비원이 상주하기 때문에 시위 자체가 쉽지 않았다. 그래서 모두 행인인 것처럼 연기하며 로비에서 서성였고, 곁눈질로만 서로의 위치를 확인하며 지부장의 신호가 있기를 기다렸다. 그러던 중 12시가 되자 지부장의 신호가 로비에 울려 퍼졌고 그 순간 '장관'이 펼쳐졌다. 조합원들은 일제히 숨겨두었던 각자의 몸자보를 꺼내 입고 일사불란하게 지부장 앞에 모여들었다. 정말 모두를 전율케 한 순간이었다. 이때의 기억은 두고두고 노동조합의 커다란 자산이 되었다.

그밖에도 서로의 신뢰를 기반으로 한 또다른 저항의 실천들이 있었다. 대표적으로 '적정 콜 받기'(하루 동안 상담사 1인당 적정 콜 수 이하로 받기)가 있었다. 이것은 파업과 달리 모두의 일괄적인 참여가 이루어지지 않는다면, 즉 한두명이라도 자신의 콜 실적과 급여를 위해 약속을 어긴다면 이루어질 수 없는 단체행동이었다. 적정 콜 받기는 과도한 경쟁 구도를 벗어나기 위해 노동조합이 생각해낸 대안이었지만 개개인이 급여 삭감과 등급 평가 하락의 가능성을 감수하고 참여해야 했기에 실제 성공 여부는 장담하기 어려웠다. 다행히도 결과적으로 계획은 성공했다. 전 조합원이 적극적으로 참여했고, 그 결과 최소의 희생으로 최대의 효과를 얻을 수 있었다. '동시 이석' 실천도 있었다. 각자 점심시간 이외에 주어지는 하루 40분의 휴게 시간을 이용해서 약속된 시간에 말 그대로 동시에 전원이 상담 전화를 받지 않고 자리에서 나와 40분 동안 집단행동을 하는 것이었다. 짧은 시간이지만 조합원들의 조직력과 단결력이 없다면 이 또한 실행 불가능한 실천이었다. 정말 상담사들은 이전과는 전혀 다른 몸이 되어 있었다. 그 달라진 몸의 차이만큼 노동조합의 실체가 생성되고 있었다.

## 저항의 무게 1: 지부장의 삭발과 결단의 이유

미래콜센터 노동조합은 점차 단결된 조합원의 힘을 통해 여러 성과를 이루어내기 시작했다. 체불임금 환급, 업무 테스트 완화,

임금 및 상여금 인상, 조합원 교육 시간 확보, 휴게 시간 40분 확보, 그리고 '손 들기' 없는 화장실 이용 등 여러 영역에 걸쳐 크고 작은 성과를 얻어냈다. 그렇지만 이러한 성과들이 아무런 갈등과 실패, 좌절, 그리고 누군가의 헌신적 노력 없이 하루아침에 이루어진 것은 아니었다. 노동조합을 설립하고, 노조에 대해 한번도 생각해보지 않았던 많은 상담사를 설득하고, 그들을 대표해 업체에 요구사항을 주장하는 것은 험난한 과정의 연속이었다. 협상이 결렬될 가능성이 큰 상황에서 노동자로서 할 수 있는 유일한 수단인 파업을 이끌어가기 위해 집행부는 강력한 리더십은 물론 파업의 끝에 성과를 가져와야 한다는 압박감도 이겨내야만 했다.

이제 집행부 세 명의 경험을 통해서 구체적으로 노조 내외부에서 어떠한 갈등과 노력이 있었는지 소개하려 한다. 시작하기 전에 먼저 꼭 밝혀둘 것이 있다. 그것은 이 글의 목적이 몇몇 집행부의 노고를 높이 평가하고 노동조합의 밝은 미래를 이야기하려는 것이 결코 아니라는 점이다. 각고의 노력 끝에 성공이 따르기도 했지만 이는 지속 가능하기 쉽지 않았으며, 그 성공의 이면에는 그보다 숱한 실패가 깊게 내재되어 있다. 어찌 보면 집행부가 겪은 콜센터 상담사로서의 노동운동 성공 사례는 반어적으로 콜센터 안에서 노동운동이 얼마나 성공하기 어려운지를 보여주는 것인지도 모른다. 현실은 감히 꿈도 꾸지 말라고 말하는 것처럼!

먼저 초대 지부장이었던 설희씨의 사례부터 시작해보자. 그녀는 지부장을 하던 2년 동안 단 하루도 아무런 고민 없이 숙면을 취했던 기억이 없다고 했다. 자녀를 둔 어머니로서 가사노동과 학부모 역할을 병행하면서 동시에 상담 업무와 지부장 역할까지 수행하는 것은 쉽지 않았다. 우선 상담사들과 친해지기 위해 다시 시작한 흡연 횟수가 계속해서 증가했고, 잦은 집회와 회의로 만성피로에 시달렸으며, 그럴수록 잦아지는 뒤풀이 자리로 인해 음주 역시 증가했다. 상담 업무로 목 아픔이 지속되고 손목 통증도 잦아졌으며, 비염이 악화해 축농증이 발생했다. 나는 그녀에게 이러한 과정 중 가장 기억에 남고 힘들었던 순간이 언제인지 물어보았다. 1년여간의 노조 결성 준비, 그후 2년간의 지부장 생활 중 그녀가 가장 먼저 떠올린 순간은 바로 노조의 첫 경고파업 때 실행한 삭발이었다. 노조가 생긴 지 1년이 된 시점에 업체들과의 교섭에서 의미 있는 성과를 이루기 위해서는 조합원들의 단결력이 무엇보다 중요했다. 특히 파업 중에는 더욱더 그러했다. 이때 설희씨가 선택한 돌파구는 백마디 말이 아닌 행동이었다. 그녀는 자신의 보이는 몸 자체를 바꾸려 했고, 그런 결단이 삭발로 이어졌다(〔그림 6-6〕 참조). 1차 경고파업을 진행하면서 그녀는 콜센터 로비에 모인 조합원들 앞에서 예고되지 않았던 삭발식을 단행했다. 노동운동이 처음이었던 많은 상담사에게는 충격적인 사건이었다.

"교섭이 막바지로 가면서 어떤 방식으로든 파업 선포를 할 때 나의 결의를 조합원들과 공공기관과 위탁업체에 보여주고 싶었다. 또 지부장으로서 제대로 끝까지 투쟁을 끌고 갈 수 있을지 걱정되었고, 떨리고 흔들리는 나를 볼 때 내 자신을 확실히 붙잡기 위해 고민했었다. 마지막 조정위원회 합의가 이루어지지 않고 결렬되고 (…) 조합원 의식을 바꾸기 위해 결심했다. 그러니깐 파업이라는 것이 작은 일이 아니라는 것을 인식시켜줘야 했다. 실제로 충격을 느끼라고 삭발을 하려했다. 이게 콜센터에서 이뤄지는 첫번째 파업이었으니깐. 10분 스피치하고 내려와서 바로 모이게 한 후 사무국장이 손을 벌벌 떨면서 내 긴 머리를 바로 깎았다. 머리카락이 씹히면서 좀 아팠다. 그런데 이것을 보고 조합원들이 놀랐던 거다. 아마 속으로 '아! 긴장해야 하는구나!' 그리고 다른 간부들도 긴장해야겠다고 생각했을 거다. 사실 파업의 성과에 대한 걱정이 많았다. 그래서 자신감도 떨어져 있었고. 목욕재계처럼 나 스스로도 결의를 다지려 했다. 조합원들의 경우 머리 깎는 것을 TV에서 많이 보았지만 나와는 다른 세상의 일이라고 생각했었는데, 직접 노조 조합원들에게 자신의 일이라는 것을 느끼게 해주고 싶었다. (…) 삭발식은 고공농성이나 삼보일배와 다르다. 이것은 나, 그리고 나와 함께 있는, 나를 보고 있는 동료들만을 위한 것이다. 머리카락이 한올 한올 떨어지는 그 과정을 보게 만들어서 충격을 주려고 한 것이었다. 바로 이 순간만을 위해 삭발을 한 거다. 의례, 제사와도 같다. 한 5분에서 10분 안으로 머리를 깎은 그 순간에 조합원들에게 각인을 시켜주는 거다. '아! 노동조합이라는 것이 이런 거구나!' 이런 걸 느끼게 해주는 순간이었다."

설희씨는 자신이 소중히 여기던 몸의 일부를 잘라내는 그 짧

결의를
나타내기 위해
삭발을 했습니다.

6-6 삭발한 지부장을 그린 그림.

은 순간을 통해 메시지를 던지려 했다. 가장 걱정했던 자녀에게
는 "엄마가 회사 다니는데, 나쁜 일 당해서 엄마 동료들이랑 싸우
는데 엄마가 '대장'이다. 그래서 머리를 깎을 수 있다"라고 전했
다. 그녀는 싸움에 나서는 대장으로서 자신이 할 수 있는 자기 나
름의 희생의례를 시행한 것이다. 삭발이 진행되는 내내 설희씨는

눈을 감고 고개를 숙였다. 만감이 교차했고 "결국 이렇게 되는구나. 내가 정말 이런 시기에 왔구나"하며 감정이 복받쳤다. 조합원들의 눈을 마주치면 눈물을 참을 수 없을 것 같아 시종일관 고개를 들지 못했다. 예고 없이 진행된 삭발식이 충격적이어서 부정적으로 보는 조합원도 일부 있었지만, 내부적으로는 조합원을 결속시키는 데 크게 기여한 것으로 평가되었다. 설희씨의 표현처럼 삭발은 오로지 눈앞의 조합원만을 위한 의례였다. 머리카락이 잘려나가는 그 순간이 모든 조합원의 몸에 각인되기를 바랐다. 단호한 결의와 긴장감, 그리고 두려움, 이 모든 것이 담긴 노동조합원들의 몸 하나하나가 노동조합의 실체였기 때문이다.

설희씨는 삭발하던 순간을 가장 기억에 남는 장면으로 손꼽았지만, 또한 가장 힘들었던 순간으로도 기억했다. 더 정확히는 삭발 이후가 그러했다. 그녀가 삭발 의례를 치른 지 일주일 만에 다행히 업체와의 협상을 이끌어냈고 이후 사람들은 모두 상담사로서의 일상으로 돌아갔다. 그런데 설희씨는 "내 머리와 나만 '투쟁 모드'로 남아 있어 그 당시가 감정적으로 가장 힘들었다"라고 회상했다. 즉 모든 조합원과 간부들이 파업 종료 이후 편안한 시간을 즐기는 때에도 자신만 '투쟁적' 외모를 지닌 채 수개월을 지내야만 했다(머리가 원래 길이로 자라기까지 3년이 걸렸다고 한다). 그녀의 삭발한 머리는 파업 중에는 조합원들의 지지와 연대의 시선이 머무르는 공간이었다면, 파업 종료 이후 센터 밖 일상에서는 당혹감과 수치의 시선이 교차하는 공간이 되곤 했다. 삭발한 머리는 그녀가 일상으로 되돌아가지 못하고 항상 긴장 상태에서 지내야만 했던 시간들을 상기시켰다. 그것은 그녀에게 노조 지부장이라는 벗을 수 없는 복장과도 같았고, 투쟁을 내려놓고 일상에서 재충전할 여유를 느낄 수 없게 만들었다.

삭발에 대한 그녀의 솔직한 심정을 들은 후 나에게는 큰 질문거리가 생겼다. 그렇게 항상 당당하고 주도면밀해 보이던 설희씨에게도 투쟁 모드에서 벗어나고 싶은 순간들이 있었는데 어떻게 노동조합을 설립하고 추진할 용기가 생겨났는지, 그리고 왜 하필 콜센터에서 그것을 계획했는지 말이다. 처음에 나는 그녀가 대학생 시절 학생운동에 적극적이었기 때문에 노동운동에 대한 신념이 중요한 원동력일 거라 생각했다. 실제로 그녀에게 왜 노조를 설립했느냐고 물으면 그녀는 원론적인 답변만 해주었다. 그러던 어느 날 미래콜센터 고용구조에 대한 외부 강사의 발표를 들은 후 가진 긴 뒤풀이 자리에서 나는 오랫동안 가슴에 묻어두었던 질문을 어렵게 꺼냈다. 왜 이렇게 힘든 콜센터 노조를 만들었고, 왜 중간에 포기할 수 없었는지 말이다.

"내가 아주 친한 이모 딸 A가 있다. 나보다 나이가 조금 어렸다. 난 남동생 한명밖에 없어서 오히려 그애랑 더 친했다. 특별한 이유를 말하지 않아도 서로에게 그냥 기댈 수 있고 힘이 되어주는 그런 사이였다. 그런데 그 아이가 ○○ 계열 콜센터에 취직했다. 어느날 A한테 전화가 왔다. 시간 외 근무를 많이 하는데 추가 수당도 안 주고 그리고 결정적으로 계약직으로 1년, 2년째 되니 원청에서 아예 하청업체와 통째로 계약을 해지해버렸다고 했다. 이 아이가 1년 10개월 정도 근무했고, 이제 좀만 있으면 정규직으로 전환될 수 있는 시점이었다. 당시 관련 법이 유리하게 개정되기 일보 직전이었는데 돌연 업체를 쫓아내면서 그 많은 상담사들을 한칼에 정리한 것이다. 그래서 이 아이가 노조에 대한 문의를 하러 나에게 전화를 한 것이다. 난 그냥 그건 노조를 만들어야 해결이 된다고 했다. 그러고 얼마 지나지 않아 이 아이가 진짜 주변에 동료 두명을 만나 노조 설립 계획을 세웠다. 그런데 그중 한명이 윗사람에게 고자질했다. 그래서 고자질한 사람은 한달 치 상여금 더 받는 혜택을 받았고, 내 친척 A는 졸지에 왕따가 됐다. 한 2년간을 그렇게 친하게 지냈는데 동료들이 한순간에 자신을 투명인간 취급했다는 거다. 정말. 그러다가 모두가 해고되는 마지막 날이 왔다. 그래도 같이 오랜 시간을 보냈는데 함께 저녁 먹고 술 한잔하고 싶었단다. 그런데 전부 다른 약속이 있다고 거절을 했단다. 알고 보니 A만 빼고 모두 모여 회식을 했단다. 이 일이 있은 후 수개월 뒤 내 친척 아이가 자살했다. 너무 충격이었다. 이 모든 게 가만히 있던 아이에게 노조 설립하라고 말한 내 잘못 같았다. 그렇게 말해놓고 잘 도와주지도 않았다. 너무 힘들었다. (…) 그 일 이후로 난 꼭 콜센터 노조를 만들겠다고 다짐했다. 내가 만들어서 그 친구의 한을 풀어주고 싶었다. 일종의 복수랄까. 그래서 난 노조를 세웠다. 처음 세우고 나서 직장 내 따돌림, 어이없는 업체 측 탄압 등〔으로 힘들었지만〕 (…) 그래도 난 버텼다. 원래 어떠한 탄압이 발생할지 다 예상하고 있었지만 실제로 당하니 너무 힘들었다. 사실. 내 친척은 주변에 도와주는 동료 하나 없었지만 버티면서 노조를 설립하려 했는데, 그래도 난 같이 노조를 이끌어가는 동료들이 있었다. 그런 상황에서 내가 힘들다고 포기할 수 없었다. 끝까지 참고 더 힘내서 노조를 이끌어갔다."

이 이야기는 사실 뒤풀이 자리가 끝나고 모두가 헤어진 다음에 듣게 되었다. 나와 설희씨, 그리고 설희씨 다음으로 지부장을 이어받았던 지회장, 이렇게 세명이서 지하철 막차를 타고 함께 귀가하던 중이었다. 나는 설희씨에게 앞의 질문에 대한 답변을 듣고 싶었고, 조금은 망설이던 끝에 우리 셋은 막차를 떠나보내고 가까운 선술집에 들어갔다. 동석한 지회장도 처음 듣는 이야기를 설희씨는 어렵게 꺼내놓았다. 노조 설립을 계획할 때 도와주었던 조력자 이외에는 정말 아무한테도 하지 않았던 이야기라고 했다. 사연을 들으며 나와 지회장은 함께 많은 술잔을 기울였다. 설희씨는 차마 글로 다 담아낼 수 없는 더 많은 아픈 사연을 견뎌내며 살아왔다. 동시에 '만일' 자신이 노동조합을 만들어보라고 말하지 않았다면, '만일' 자신이 콜센터 내 왕따와 끼리끼리 문화의 심각성을 알았더라면, 그리고 좀더 관심을 갖고 친척의 상황을 지켜봐주었다면… 설희씨의 '만일'에 대한 한탄은 끝이 없었다. 그녀의 죄책감이 노조 설립이라는 가시밭길 속으로 스스로를 던지게 만든 주된 원동력이었던 것이다. 지금 그녀의 곁에 있는 미래콜센터 노동조합 조합원들은 단순한 동료들이 아니었다. 그들은 그녀의 친척 A가 '갖지 못했던' 동료들이었다. 그렇기에 설희씨는 절대로 포기할 수 없었다.

설희씨의 친척 A의 사연에는 당시 한국의 불합리한 고용구조의 핵심적인 측면들이 그대로 드러나 있었다. 무엇보다 원청 및 하청 기업 구조와 비정규직 고용구조라는 고용 불안정성이 노동자에게 어떠한 방식으로 작동하는지를 여실히 보여준다. 대부분의 콜센터 업체는 콜센터 업무를 전문으로 하는 회사들로, 원청기업의 아웃소싱을 받아 하청으로 운영된다. 따라서 이 같은 콜센터 업체에 취직한 상담사들은 모두가 직접고용이 아닌 간접고용된 상태였다. A의 사례처럼 원청기업에서 하청 재계약을 하지 않으면 상담사들은 한순간에 실업자가 되며, 만일 하청 재계약이 성사된다 하더라도 기본적으로 비정규직 계약직인 경우가 많아 계약 기간이 종료되면 자동으로 실업자가 된다. 기간제법(기간제 및 단시간 근로자 보호 등에 관한 법률)에 따르면 사업주는 계약직 노동자를 2년 이상 고용했을 경우 그를 정규직(정확히는 무기계약직)[11]으로 전환해야 하지만 대부분의 콜센터가 2년째 되는 날 계약 만료를 통보한다. 친척 A는 2년을 기다리며 정규직 전환에 대한 희망고문을 받은 셈이었다. 설희씨의 최종 목표가 미래콜센터의 직접고용 전환으로 상정된 것은 어찌 보면 당연한 일이었다.

## 저항의 무게 2: 마른오징어와 시한폭탄 같은 지회장의 삶

다음으로 지회장[12] 우경씨의 경험을 이야기하려 한다. 40대 중반의 우경씨는 차분한 목소리에 항상 웃음을 띠고 있어서인지 나는 그녀와의 첫 만남 때부터 편안한 마음이 들었다. 그녀는 2011년 초 미래콜센터에 입사했고 입사 이후 거의 항상 가장 높은 등급의 우수 상담사로 지내왔다. 그러던 그녀가 미래콜센터 노동조합의 지회장으로 1년 동안 활동했다. 사실 우경씨는 노조가 처음 생겼을 당시 3개월 동안 업체의 감시가 두려워 가입을 망설였다. 퇴근길에 노동조합 집행부가 노조 홍보물을 나누어줄 때도 건물 2층에서 업체 사람이 내려다보지는 않을까 두려워 위를 올려다보며 눈치를 볼 정도였다. 민주노총이라는 단체가 있는지조차 몰랐던 그녀였지만, 무조건 노동조합을 욕하면서 나중에 노조의 성과만 누리려 했던 주변의 '약삭빠른' 비조합원 상담사들이 너무나 싫었다고 한다. 그래서 인원수라도 채워주고 싶은 마음에 결국 조합에 가입하게 되었다.

나는 지금도 우경씨를 생각하면 '마른오징어'가 떠오른다. 그녀가 종종 자신을 마른오징어에 빗대어 표현했기 때문이다. 예를 들면 이런 식이었다. "오징어… 맞다. 내가 지금 40대고, 모아둔 돈도 없고, 집도 없고, 고졸 학력에 경력도 별게 없고. 정말 나는 내세울 게 너무 없다. 그래서 위축된다." 처음에 나는 단순히 자신의 상황을 한탄하는 비유인 줄로만 알았다. 그런데 어느날 우경씨가 노조에 가입해서 처음으로 단체행동을 하게 된 날에 겪었던 끔찍한 경험을 이야기해주었다. 나는 그제야 '마른오징어'라는 표현이 단순한 비유에 그치는 것이 아님을 알게 되었다.

사연은 이러했다. 노조가 설립되고 처음 있었던 1차 경고파업 때, 그러니까 지부장이 삭발을 한 날, 우경씨는 문 앞을 지키고 서 있던 매니저가 두려워 자리에서 일어나지 못하고 울고만 있었다고 한다. 주변에 비조합원들이 많았지만 앞에 앉은 유일한 남자 조합원이 천천히 자리에서 일어나 매니저를 지나쳐 갈 때 그녀는 울음이 터졌다. 그녀에게는 그와 같은 용기가 없었기 때문이었다. 자리에서 울고 있던 그녀에게 팀장이 다가와 "전화 안 받고 뭐 하는 거예요? 지금 파업에 동참하는 거예요?"라고 지적했고, 그녀는 다시 전화를 받았다. 우경씨는 당시 상황을 떠올리며 자신을 "불판 위 마른오징어"라 칭했다. 콜센터는 뜨거운 불판, 그곳에서 쪼그라들고 위축된 오징어는 자기 자신이었다. 오징어는 일단 불 위에서 구워지면 완전히 안으로 말려버리고 이후 다시 펴는 것이 매우 힘들다. 마른오징어는 두려움과 불안감에 경직되고 위축된 자신의 몸을 있는 그대로 묘사한 표현이었다.

우경씨가 스스로를 평소 마른오징어라 칭했을지 모르지만, 지회장 일을 하면서 그녀에게 붙은 별칭은 따로 있었다. 바로 '시한폭탄'이었다! 오징어처럼 위축되어 감정을 숨기다가도 한번 감정이 폭발하면 욕설까지도 서슴지 않으며 담아둔 이야기를 모두 쏟아붓는다고 해서 시한폭탄이라 불렸다. 그녀 자신은 폭발력은 있지만 그것이 강인함에서 나온 것이라기보다는 오히려 낮은 자존 감에서 나온다고 말한다. 한번은 원청기업 앞에서 기자회견을 할 때였는데 우경씨가 예기치 않게 발언을 하게 되었다. 이내 시한폭 탄이 되어 주변 시선 신경 쓰지 않고 여러 이야기를 쏟아냈지만, 속마음은 다음과 같았다.

"갑자기 발언을 시켜서 얼떨결에 얘기한 것이라 지나가는 사람들 시 선 신경 쓸 겨를이 없었던 것 같다. 생존을 놓고 이판사판이었던 거다. 미래콜센터 들어와서 수많은 업무와 민원에 절어 있어서, 그리고 결 혼하고 살면서 상대적 빈곤과 현실 때문에 불에 올려진 마른오징어처 럼 오그라들은 상태여서 마이크 들고 내 생각을 얘기하기가 많이 떨 렸다. (…) 사실 내 삶이라는 게 어제도 오늘 같고, 오늘도 내일 같고… 삶이 그렇다. 그런데 내가 평소에는 참고 지내다가, 조용히 지내다가 한번씩 폭발한다. 그래서 별명이 시한폭탄이다. 한번 빵빵 터트리고 그러니깐. (…) 지회장이 되고 나서도 매니저가 상담 중인데 메시지로 잠깐 보자고 그래서 마음속으로 콩닥콩닥했다. 그런데 가슴 떨리고 그러던 게 막상 그 앞에 가니 '레드썬' 하고 바뀌었다. 그래서 할 말 다 하고 왔다. 가진 게 없으니 잃을 것도 없어서 당당했던 것 같다."

그녀에게 노조란 무엇일까? 강자 앞에서 가슴을 졸이던 그녀가 앞뒤 사정 안 가리고 폭발할 수 있게 해주는 뇌관, 스위치, 혹은 폭 발에서 보호해줄 방탄복이 아니었을까 싶다. 예전에는 화를 밖으로 표출하지 못하고 그 대신 눈물을 터트렸던 몸이었다. 그런데 이제는 폭발해도 괜찮다는 경험들이 쌓이면서 뇌관을 터트릴 수 있게 된 것이다.

하지만 노조 활동을 통해 좋은 기억들만 남은 것은 아니었다. 지부장 설희씨가 삭발 투쟁을 한 후 홀로 항상 투쟁 모드여야만 했던 일상에 힘들었던 것처럼, 지회장 우경씨도 1년간의 임기를 거치면서 조금씩 심경의 변화를 겪었다. 우경씨는 자신이 지부장처럼 학생운동을 경험했던 사람도 아니었기에 임기를 마친 후 노동조합 일에 헌신하고 싶은 마음이 없어졌다고 말했다. 이유는 아이러니하게도 노동조합에 처음 가입하기로 결정한 이유와 동일했다. 바로 무늬만 조합원인 상담사들과 노동조합의 성과만 공유하려는 비조합원 상담사들로부터 적지 않은 상처를 받았기 때문이었다. 스스로 마른오징어와 같이 내세울 게 없는 사람이라 평했지만, 그래서 노조 활동이 두렵기도 했지만, 주변의 이기적인 사람들이 눈에 들어와 힘들었다고 했다. 그녀에게 노동조합의 성과는 겉으로 보이는 결과물보다도 사람들의 진심 어린 참여와 지지였는지 모른다. 열성적인 조합원과 집행부원 들과의 유대관계, 그리고 그것이 만들어낸 성과들마저 없었다면 그녀는 지회장 임기 1년을 버티기 힘들었을 것이다.

그렇다면 노조 활동이 우경씨에게 남긴 것은 무엇일까? 지회장이라는 직책명만은 분명 아닐 것이다. 그것은 아마도 노조 활동 이전과 이후 당당함의 차이가 아닐까. 그런데 일부 상담사들의 이기적인 행동과 자신의 변하지 않는 일상이 그녀의 몸을 오징어에서 탈피시키는 데 장애물이 되었다. 누가 뭐래도 그녀의 직업은 상담사였으며 집에서의 뻔한 삶도 그대로였다. 노동조합 설립 시의 설렘도, 지회장으로서의 삶도 지나가 버린 과거가 되었지만, 상담사와 아내 그리고 엄마로서의 삶은 변한 게 없었다.

"하루 종일 거의 8시간 긴장하며 집중해서 전화 상담하고 이력 남기고 한다. 성격상 시간 내서 편히 쉬거나 동료들과 얘기하거나 쉬지를 못한다. 여유가 없는 거다. 퇴근하면서 집에 오는 시간에 긴장이 풀리고 배고픔이 쓰나미처럼 몰려온다. 집에 오면 자녀는 자신의 방에서 스마트폰 하고 있고, 남편은 먼저 들어오거나 나중에 들어와서 노트북 끼고 있고, 나는 스마트폰 보며 이것저것 먹는다. 그럼 배가 부르고 피곤이 몰려와서 잠들어서 새벽에 깨고 이것저것 하다가 다시 배고프면 뭐 먹고 졸려서 잠깐 자고 출근한다. 빵, 과자, 사탕, 초콜릿은 그냥 봉지 뜯어서 바로 먹을 수 있으니까 편하다. 쉬는 날은 힘들기도 하고 어디 가기도 그렇고 집안일도 해야 하고 집이 편하니까, 혼자가 편하니까 먹고 자고 먹고 자고. 그러면 스트레스가 풀린다. 가난한 루저의 싸게 노는 법이다."

이전의 위축된 삶이 노동조합과 함께 떨림과 위축이 교차하던 삶으로 전환되었지만 임기가 끝난 이후 우경씨는 원래의 일상으로 돌아갔다. 퇴근 후 삶의 변화가 없었던 것이 어떻게 보면 그녀에게는 숙명과도 같은 자신의 삶에서 벗어날 수 있다는 희망이 상실된 것처럼 느껴졌을 것이다. 노조 활동을 하며 위축된 몸에서 탈피해 시한폭탄이 되는 떨림을 공유하는 삶을 살았지만 지회장 임기가 끝나고 상담사의 자리로 돌아오니 모든 것이 그대로 반복되었다. 변하지 않는 것은 '가난한 루저의 싸게 노는 법'이었다. 물론 분명한 것은 1년간의 지회장 경험은 시한폭탄과도 같이 위축된 몸틀을 탈피하는 계기였다는 점이다. 그렇지만 그녀가 깨달은 것은 자신 한명 폭발한다고 세상이, 그리고 자신의 루저 같은 삶이 초기화되는 일은 벌어지지 않는다는 사실이었다. 이것이 지회장으로서의 저항의 경험이 그녀에게 준 현실의 무게였다.

## 저항의 무게 3: 약과 술로 버틴 집행부원의 삶

마지막으로 노동조합 집행부의 일원이었던 실비씨의 이야기다. 그녀는 앞서 미래콜센터에서 나의 첫 흡연의례를 함께한 그 집행부원이다. 실비씨는 2009년에 미래콜센터에 입사했다. 나이는 30대 후반으로 설희씨와 우경씨보다 어리지만 이들보다 2, 3년이나 앞서 미래콜센터에 취직한 선배였다. 그녀는 첫인상은 매우 활발하고 당당해 보였지만, 앞의 두명과 달리 정신과 약물을 복용하고 있었다. 실비씨의 우울증은 미래콜센터에 취직하면서 생기기 시작했는데, 그녀는 그 원인을 크게 두가지로 보았다. 하나는 대학교 전공을 살리지 못한 채 콜센터에서 계속 참고 일해야만 하는 자신의 현실에 대한 자괴감이다. 동료들이 이직하는 것에 공감하면서도 자신은 그럴 수 없는, 경력도 없고 30대의 나이로 이직이 어려운 자신의 상황이 스스로를 더 위축되게 만들었다. 다른 하나는 이런 힘든 상황에서도 마음을 열고 친해졌던 신규 상담사들이 해마다 이직하면서 그녀와의 관계 또한 아무렇지도 않게 끊어버리는 것을 여러번 경험한 탓이었다. 실비씨는 이런 일을 겪은 후 다른 상담사들과 교류하는 것에 회의감을 느꼈고, 점차 자신만의 공간인 상담사 책상에 스스로를 가둔 채 홀로 책을 읽고 홀로 흡연을 하게 되었다. 그녀는 당시 자신의 몸이 항상 '전투태세'였다고 기억했다.

"옆에 사람들이 떠나면서 책을 읽기 시작했고, 혼자서 담배를 피우기 시작했다. 집행부원 C도 나한테 처음 6개월간 말을 걸기가 힘들었다고 그랬다. 이때 나는 콜센터에 와서 일만 하면 된다고 생각했다. 흡연은 나만 쉬고 싶은 걸로 변했다. 유일하게 쉬는 시간이 흡연하는 타임이었다. 그리고 난 항상 전투태세였다. 그래서 사람들이 나를 안 건드렸다. 나는 당시 술 먹는 멤버가 정해져 있었다. 내가 2기인데 한 8기까지는 마음이 열려 있었다. 그런데 그 이후로는 신경을 쓰지 않았다. 벌써 23기까지 들어왔다. 나는 상담사들이 그냥 뜨내기들이구나 생각하기 시작했다. 별로 친해지고 싶지 않았다. 그저 내 공간에서 나만 생각했다. 그러면서 책을 읽기 시작했다. 당시에는 콜을 기다리는

3~5분의 중간 텀이 있었는데 이때마다 책을 읽었다. 난 나만의 세계에 갇혀 있었다. 나를 내 스스로가 가뒀다. 안 다치려고."

이렇게 철저히 혼자만의 세상에 갇혀 살던 실비씨에게 노동조합은 스스로 만든 감옥에서 벗어나게 해주는 계기가 되었다. 지부장 설희씨는 처음 노조 사무실에 방문했던 실비씨의 모습을 잊을 수 없다고 했다. 실비씨는 지금의 활발한 모습과 달리 웃음기 전혀 없이 무표정하게 책상만 바라보고 있었다. 지금은 노조 집행부에서 없어서는 안 되는 임원이자 분위기 메이커가 되었지만 말이다. 지부장은 실비씨를 매우 어둡고 내성적이라고 기억했지만, 사실 실비씨는 그때 속으로 다른 생각에 잠겨 있어서 그렇게 보였을 거라고 했다. 당시 그녀의 머릿속을 채웠던 다른 생각이란 '듣도 보도 못한' 설희씨에 대한 불신과 불만이었다. 설희씨만큼 실비씨 역시 노동조합의 필요성을 느끼고 있었기 때문이다.

"노조는 나도 필요하다고 생각했다. 난 원래 하고 싶은 대로 하며 살고 있었다. 그런데 다른 상담사를 위해서 필요하다고 봤다. 정말 동료들이 잘 못 버텼다. 나랑 제일 친한 아이가 어느날 '언니, 도저히 못하겠어' 하고 그만뒀다. 이때가 신종플루가 한창 유행일 때다. 신종플루에 걸린 상담사에게 콜 받으라고 했다는 말을 들었는데 팀장한테 단 한마디 대꾸도 못했다고. 자신이 경력자임에도 말을 못했다고. 신종플루에 걸렸다고 하는데도 '근무할 수 있겠어요?' 하고 물었다고 한다. 이런 악덕 팀장들이 많았다. 이런 팀장들은 강자에게는 약하고, 약자에게는 강했다. 이런 일들이 생기니 나도 이래서 노동조합이 생겨야 한다고 생각했다. 그런데 노조가 처음 생겼다고 했을 때 사실 기분이 나빴다. 내가 해야 하는데.(웃음) 원래 6개월 전부터 내가 먼저 이야기를 하고 다녔다. 노조가 필요한 거 아니냐고. 그런데 갑자기 생긴 거다. 그것도 내가 모르는 사람이. 그것도 신입이. 그래서 부끄러웠다. 누구야! 이런 정체 모를 거부감이 좀 있었다. 그래서 처음 노조가 생겼을 때 3일간 좀 고민을 했다. 그러다가 이왕 생긴 거면 잘하자고 생각했다. 처음에는 적극적으로 하지는 않았다. 간부들이 내 스타일이 아니었다. 처음 간담회 있는 날 내가 조용히 말도 없이 구석에 고개를 숙이고 앉아 있었다고 지부장이 말하는데 사실 외부에서 온 민주노총 사람이 자신을 소개하지 않고 우리 상황에 대해서 이것저것 아는 척하는 게 보기 싫었다. 왜 만들었는지 이야기를 안 한 거다. 그러면서 미래콜센터의 문제점만 이야기해서. 그래서 조용히 있었다. 속으로는 두고보자 이렇게 생각하고 있었다."

실비씨는 신입이라고 느낀 설희씨가 노동조합을 만들었다는 소식을 듣고 당혹스럽기도 했지만 부끄러운 마음도 컸다. 오랜 시간 근무하며 불합리한 일들을 목격해오면서도 그저 '자신을 보호한다'는 명목하에 주변과 차단한 채 항상 예민한 상태로 지내왔기 때문이다. 그럼에도 미래콜센터의 상황을 제대로 모르는 외부인(민주노총)한테까지 전투태세의 예민함을 드러내기도 했다.

부끄러움과 전투태세가 결합해서일까, 그녀는 노조 활동을 하면서 많은 변화를 겪었다. 우선 대인관계가 좋아졌다. 조합원으로서 노동조합에 도움을 주기 위해 작은 실천부터 시작했다. 그것은 바로 다른 상담사들한테 먼저 다가가 인사하기였다. 특히 같은 조합원들에게 말이다. 그러면서 점차 실비씨는 열혈 조합원이 되었고 집행부의 일원까지 맡았다. 실비씨는 특히 노조 뒤풀이에서 사람들과 격 없이 어울리기를 좋아했다. 과음으로 매일 피로한 하루를 보내면서도 단절되었던 자신의 인간관계가 다시금 열리게 된 것을 만끽했다. 그곳은 그녀에게 웃음을 참아야만 했던 일상에서, 한숨조차 제대로 쉴 수 없는 끝이 없는 상담 업무에서 벗어날 수 있는 공간이었다.

그러나 이미 발생한 우울증은 그녀의 의지와 상관없이 더욱 심각한 증상들을 보였다. 대중교통을 이용하지 못했고, 엘리베이터 등 닫힌 공간에 들어갈 수 없었으며, 상담을 하면서 갑작스런 공황발작을 경험하기도 했다. 우경씨의 경우와 마찬가지로 노조 활동이 상담사라는 실비씨의 현실을 완전히 바꾸어주지는 못했다. 여전히 전공과 다른 직업이었으며, 상담사 이외에는 특별한 경력이 없어 이직하기도 마땅치 않은 상황이었다. 노동조합이 있어도 상담사는 상담사였다. 더욱이 업체 관리직들의 탄압과 비협조적 태도는 그녀의 전투태세를 더욱 자극했고 뒤풀이에서의 음주량과 횟수는 점차 증가했다. 그래서 이제는 "술 깨기 전에 술을 마신다"라고 할 정도로 음주에 기대 여러 불안감으로부터 벗어나려

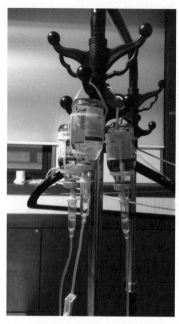

6-7 미래콜센터 노동조합 사무실에서 집행부원들이 맞았던 영양제.

했다. 술이 약이고, 약이 안주였다. 은유적 표현이 아니라 실제가
그랬다.

물론 그녀는 노조 활동과 자신의 정신적 어려움은 전혀 상관이
없다고 강조했다. 실비씨는 노조 활동으로 체력이 많이 떨어졌음
에도 활동을 멈추지 않았다. 심지어 병원에 갈 시간적 여유가 없
어 다른 집행부원들과 함께 노조 사무실 한편에서 간호사 지인의
도움으로 영양제를 맞기도 했다([사진 6-7] 참조). 모두들 덕분에 호
강한다며 웃음을 보였지만, 실제로는 심신이 거의 탈진된 상태였

다. 실비씨에게는 그만큼 노동조합이 소중했고 절실했다. 그곳은 자신이 벗어날 수 없을 것만 같았던 콜센터 내 중압감으로부터 스스로의 가치를 깨닫게 해준 곳이었다. 물론 그 대가로 만성불면증, 심한 알코올 의존, 체중 감소, 만성피로 등과 같은 지친 몸을 얻게 되었고, 회사 매니저와 비조합원은 물론이고 몇몇 조합원과 집행부와의 크고 작은 마찰과 갈등도 피할 수 없었지만 말이다.

## 손 들기의 무게

지금까지 미래콜센터 노동조합의 집행부인 지부장 설희씨, 지회장 우경씨, 집행부원 실비씨의 저항의 경험을 살펴보았다. 미래콜센터의 노동조합 초기 2년간의 활동을 담은 사진들을 보면 사진 속에 거의 항상 이 세명이 목격된다. 그만큼 이들은 미래콜센터 노동조합의 중심에 있었다. 사진만 보면 미래콜센터 노동조합의 투쟁 현장에 세명의 서로 다른 삶이 녹아 있는 듯 보인다. 그렇지만 이들이 지나온 삶의 궤적들을 조금만 깊게 들여다본다면 오히려 노동조합이라는 것이 이들의 기나긴 삶의 여정에 포함된 부분일 뿐이라는 것을 알 수 있다. 단지 그 시기가 서로 교차했을 뿐이다. 즉 노동조합의 투쟁사는 결국 노동조합의 모든 구성원의 일상적 삶이 교차된 교집합인 셈이다. 교집합에 포함되지 않는 수많은 개인사는 채 드러나지도 못했다. 친척의 죽음이라는 아픔을 가슴에 묻은 채 삭발 이후에도 홀로 투쟁의 갑옷을 입고 지냈던 지부장 설희씨, 마른오징어처럼 위축된 일상에서 시한폭탄처럼 일순간 타올랐다 식어버린 지회장 우경씨, 책상에 스스로를 가두고 전투태세로 무장했던 삶을 벗어나 열혈 조합원이 된 집행부원 실비씨. 이들 모두 각자의 삶의 무게에 더해 상담사로서, 노동조합의 중심 일원으로서 함께 저항의 무게를 온몸으로 짊어졌다.

이들의 저항을 목격하면서 다음과 같이 반문해본다. 구로공단에서 50여년이 흘러 디지털단지 시대를 맞이한 2020년대인 지금, 순종적이며 성실한 여성의 수행성을 요구하던 과거 한국 사회가 과연 얼마나 달라졌을까? 미래콜센터 노동조합의 설립 과정에서 여성 상담사들이 들려준 답변은 이렇다. 고용 불안과 모욕으로 위축된 일상의 삶, 그렇지만 가슴 속에 시한폭탄을 품고 있는 삶, 그러면서 이유도 모른 채 병들고 고립되는 삶, 저항하려 하면 직장 내 따돌림을 당하는 삶! 이 모든 삶의 결과 팔을 들고 구호를 외치는 집단적 저항을 실천하기 어렵게 만드는 현실! 이것이 내가 얻은 짧은 답변이라면 답변이다. 상담사들은 하루에 몇시간이고 친절하고 상냥한 목소리를 내지만 정작 스스로를 위한 저항의 목소리는 상실한 채 살아가고 있었다. 생계(급여)를 볼모로 모욕 앞에 길들여지는 일상은 몸(틀)을 위축시키기에 부족함이 없어 보였다. 1970, 80년대 여공들처럼 물리적 폭력과 성폭력에 상시 노출된 것은 아니었지만, 그보다 얼마나 진보한 노동 환경에서 일하고 있는지는 의문투성이다.

결과적으로 미래콜센터 노동조합 설립에 대한 현장연구를 통해 드러난 것은 역설적이지만 콜센터 노동조합을 설립하기가 너무나 어려운 현실인지도 모른다. 다행스러운 것은 그럼에도 여러 콜센터 노동조합이 결성되었다는 사실이다([표 6-2] 참조).[13] 나는 박사 논문을 마무리하고 졸업장과 함께 귀국한 후 감사하게도 여러 곳에서 해당 내용을 발표할 수 있었다. 한번은 발표가 끝나고 나가려는데 누군가 나에게 다가와 발표를 잘 들었다며 나지막이 말했다. "지금 미래콜센터 노동조합은 발표한 것과 상황이 많이 달라졌어요."

사실 나도 이미 알고 있었다. 설희씨가 지부장 임기를 마치고 어디서 무엇을 하고 있고, 우경씨가 지회장 임기 이후 어떤 삶을 살고 있으며, 실비씨의 근황이 어떤지 모두 알고 있다. 다른 집행부원들의 부모님 장례식장에도 세번이나 다녀왔다. 그리고 미래콜센터 노동조합이 처한 현실이 어떠한지도 안다. 상담사의 힘은 유한했고, 이들의 저항을 억누르는 무게는 무한했다. 그렇다 하더라도 이들이 함께 만들어갔던 실천의 기억들이 사라지는 것은 아니다. 몸자보 걸기, 돌발파업, 로비 점거 시위, 적정 콜 받기, 동시 이석, 그리고 이로써 얻어낸 크고 작은 성과들은 절대 사라지지 않는 소중한 기억들이다. 나는 당장은 이들이 보여주었던 그 저항과 연대의 가능성을 기억하고 기록하고 싶다.

| 민주노총 | 서비스연맹 | 서비스일반지부 | 콜센터지부 | 트랜스코스모스코리아(TCK)지회<br>위닉스콜센터지회<br>한국장학재단콜센터지회<br>한국고용정보지회<br>제주항공지회<br>SH서울주택도시공사지회<br>유베이스지회<br>효성ITX지회<br>메타넷지회<br>월앤비전지회<br>한국도로공사지회(2020. 6. 30.) |
|---|---|---|---|---|
| | 공공운수노조 | 대전지역일반지부 | | 국민은행그린CS지회<br>국민은행효성ITX지회<br>국민은행제니엘지회 |
| | | 국민건강보험<br>고객센터지부 | | |
| | | 경기지역지부 | | 용인시콜센터분회<br>정부민원안내콜센터분회 |
| | | 국민연금지부 | | 콜센터분회 |
| | 일반연맹 | 공공<br>연대노조 | 고용<br>노동부지부 | |
| | 공공운수연맹<br>운수산업노조 | 전국철도<br>노동조합 | 철도고객<br>센터지부 | |
| | 금속노조 | 삼성전자서비스지회<br>(수리기사 및<br>콜센터 상담노동자) | 대구경북지회 | 대구콜센터분회 |
| | | | 광주전남지회 | 광주콜센터분회 |
| | | | 경기지회 | 수원콜센터분회 |
| | | 하이텔레서비스지회<br>(LG전자 자회사) | | |
| | | 인천본부 | 미추홀콜센터분회 | |
| | 희망연대노조 | 다산콜센터지부<br>경기도콜센터지부<br>CJ텔레닉스지부(LG헬로비전, CJ오쇼핑, 대한통운 등) | | |
| | | 딜라이브지부 | 텔레웍스지회 | |

표 6-2 **전국 콜센터 노동조합 조직 현황(2020년 기준).**

# 7장

# 일단 몸부터 펴고 이야기합시다

또다른 운동을 접하다: 몸펴기생활운동과의 조우

생활운동? 몸펴기? 이게 다 뭔가 싶을 거다. 콜센터 상담사 이야기를 하던 와중에 웬 운동이란 말인가. 박사연구 기간 동안 내가 미래콜센터 노동조합을 만나게 된 것은 정말로 큰 행운이었고, 내 연구의 거대한 전환점이 되어주었다. 물론 노조를 통해 콜센터 안에서 상담사들이 순응하기도 저항하기도 어려운 현실에 처해 있음을 알게 해주었기 때문이기도 하지만, 가장 큰 이유는 바로 '몸펴기생활운동'(이하 몸펴기)을 만날 수 있었기 때문이다(〔사진 7-1〕 참조). 별것 아닌 듯한 이 운동이 나에게는 몸과 세상을 바라보는 시각과 함께 몸 그 자체를 변혁시켜준 가치를 지닌다. 나는 내가 디지털단지를 돌며 상담사를 찾아 다닐 때만 해도 상담사

7-1　미래콜센터에서 오후 4시 휴식 시간 20분 동안 상담사들이 몸펴기생활운동을 함께 하고 있다.

들과 정기적으로 운동을 함께 할 것이라고는 전혀 예상하지 못했다(더욱이 박사 기간 내내 이 운동에 의지해 나의 건강을 챙기고, 훗날 정식 사범까지 될 줄은 꿈에도 몰랐다).

　몸펴기는 장시간 앉아서 근무하는 상담사들의 굳어진 몸을 스트레칭 위주로 펴주는 운동으로, [사진 7-1]에서 보듯 배우기 쉽고 따라 하기 쉬운 생활운동이다. 주변에서 쉽게 볼 수 있는 단순한 스트레칭 동작과 크게 다르지 않기 때문에 이름만 듣고 이것이 얼마나 중요한 의미가 있을지 의사로서 의문을 가졌다. 그저 흔한 운동법 중 하나일 뿐 인류학적 고찰의 대상이 될 것이라고는 상상하지 못했다. 특히 나는 애초에 변화를 시도하는 몸 자체에 주목하지도, 또 그것이 변화의 주체가 되리라고 기대하지도 않았었다. 또한 이처럼 단순한 생활운동이 상담사의 건강을 회복시키고 더 나아가 저항의 연장선이 될 수 있다고 전혀 생각하지 못했다. 하지만 이제 나는 이러한 의문을 지닌 이들에게 나에게 처음 몸펴기를 가르쳐준 사범의 답변을 똑같이 전달해주고 싶다. "일단 몸부터 펴고 이야기합시다!"

몸펴기는 정말로 나에게 큰 충격으로 다가왔다. 심지어 이 운동을 접한 이후 박사 논문의 제목을 '핸즈 업'(Hands Up)으로 결정했고, 박사 논문 가장 마지막 챕터였던 몸펴기 부분을 가장 먼저 작성했다. 현장연구를 마치고 영국으로 돌아간 나에게 지도교수들은 '네가 가장 쓰고 싶고 흥미를 느끼는 부분부터 쓰라'고 조언했고, 그것이 몸펴기였다.

논문의 제목인 핸즈 업(부제는 '서울디지털산업단지 내 콜센터 여성 상담사의 노동, 투쟁 그리고 건강'이다), 즉 손 들기는 상담사의 현실을 세가지 손 들기로 형상화한 것이다. 첫번째 손 들기는 상담사들의 '화장실 손 들기'를 의미한다. 이것을 통해 상담사를 통제하는 콜센터의 현실을 보여주고, 그 안에서 사소한 일도 허락받아야 하는, 움츠러든 상담사들의 몸을 표현하고자 했다. 두번째 손 들기는 콜센터 노동조합원들의 '팔뚝질을 위한 손 들기'를 상징하는 것으로 저항하는 상담사들의 몸을 이야기하고 싶었다.

그리고 마지막 손 들기가 바로 상담사들의 '몸펴기를 위한 손 들기'를 뜻하는 것으로 건강을 쫓는 상담사의 몸을 보여주려 했다.

허락을 위한 것이든, 저항을 위한 것이든, 혹은 단순히 건강을 위한 것이든 전부 똑같은 상담사의 몸으로 똑같은 동작을 시행하는 것이다. 하지만 각각의 동작이 이루어지는 상황과 그것이 의미하는 바가 전혀 달랐다. 처음에는 그 차이를 주목하지 못했지만 상담사들과 몸펴기를 함께 하면서 비로소 눈에 들어오기 시작했다. 그리고 그 차이에 두가지 공통점이 있음을 깨달았다. 하나는 모두 상담사의 몸이 그 공통분모였다는 점이고 다른 하나는 허락을 위해서든, 저항을 위해서든, 건강을 위해서든 손 들기 실천이 상담사들에게 쉽지 않았다는 점이다. 허락 앞에는 시간의 압박과 팀장의 모욕이, 저항 앞에는 각종 탄압과 시련이, 건강 앞에는 실적 경쟁과 심신의 탈진이 버티고 있었다. 내 마음대로 움직일 수 있는 몸인데, 그저 손을 들어 올릴 힘만 있으면 되는데 상담사들은 그 손 들기 하나가 힘든 삶을 살아가고 있었다. 왜 그럴까? 왜 이렇게 생활할 수밖에 없을까? 질문은 끊이지 않았다. 몸펴기는 이런 질문에 일말의 깨달음을 주었다.


상담사의 몸펴기 현장에 가다: 노조 사무실에서 만난 운동

내가 몸펴기를 처음 접하게 된 건 미래콜센터 노동조합을 통해

서였다. 어느날 노조 집행부원 실비씨가 매주 노동조합 사무실에서 열리는 운동 소모임을 소개해주며 언제 한번 놀러 오라고 권해주었다. 순간 나는 눈이 번쩍했다. 당연히 운동이 필요해서가 아니었다. 어떻게 해서든 좀더 많은 상담사와 친분을 쌓고 싶은 마음이 제일 컸다. 그렇게 조금은 불순한(?) 의도를 가지고 2015년 2월 몸펴기에 첫발을 들여놓게 되었다.

모임은 매주 목요일 저녁 6시 반부터 약 2시간 동안 미래콜센터 노조 사무실에서 열렸다. 저녁 6시, 업무를 마친 상담사들은 콜센터에서 도보로 5분 거리에 있는 노조 사무실로 모인다. 회원들이 도착할 때쯤 사무실에 있는 노조 집행부는 매트를 펴고 운동 도구들을 배치한다. 저녁 시간이기에 인원수에 맞게 김밥까지 준비해둔다.

6시 반 정각이 되면 준비운동인 온몸운동(고개를 들고 양팔을 위로 쭉 뻗은 채로 음악에 맞춰 좌우로 팔, 몸통, 골반을 흔드는 자세)을 시작한다. 흥미로운 건 이때 음악이 항상 민중가요였다는 사실이다. 강렬한 음악에 맞춰 좌우로 신명나게 10여분간 몸을 흔들고 있으면 김사범이 도착하고 곧 본격적인 운동이 시작된다. 이후에 바로 생활운동이 시작되는데, 선 자세에서 도구 없이 시행하는 생활운동은 온몸돌리기, 팔돌리기 등 기초적인 이완 운동으로 참가자가 돌아가며 10회의 구령을 붙이면서 진행된다. 이렇게 땀을 흘리며 몸이 어느정도 이완된 후 매트 위에서 도구(방석, 큰 봉, 작은 봉)를 사용하는 기본운동이 이어진다. 이때부터 굳어 있는 몸들로부터 나오는 비명과 웃음소리가 끊이질 않는다. 특히 나처럼 초보자가 참가한 경우에는 더더욱 그러하다. 그리고 거의 항상 마지막에는 상체펴기를 15분 정도 진행하는데 이때 불을 끄고 명상의 시간을 가진다. 명상이라고 해서 침묵의 시간은 아니다. 몸이 이완되고 체온이 약간 상승한 상태에서 각자 상체펴기 자세로 매트 위에 누워 휴식을 취하면서 담소를 나눈다. 낮에 있었던 진상 고객 이야기부터 몸 상태에 대한 이야기 등 내용도 다양하다.

이렇게 모임이 저녁 8시 반 정도에 마무리되면 언제나 뒤풀이가 있다. 몸펴기 모임이 일종의 친목 모임처럼 강한 유대감을 형성할 수 있었던 이유는 분명 모임 후 가지는 뒤풀이 덕분일 것이다. 함께 몸의 리듬을 맞추고 몸을 움직이며 통증을 공유하고, 땀을 식힌 후 이야기로 마무리하는 이 일련의 과정은 노동조합 집행부가 투쟁 이외의 현장에서 조합원, 비조합원 상담사들과 만날 수 있는 소중한 계기를 만들어주었다.

실제로 몸펴기 모임에 처음 참가하면 여기저기서 비명이 들린다. 그중 기본운동인 하체풀기와 상체펴기는 처음 참가한 모든 이들이 가장 두려워하는 자세다. 하체풀기는 무릎 뒤에 작은 봉을 댄 채 꿇고 앉은 자세를 5분간 유지하는 동작이며, 상체펴기는 가슴 뒤편에 큰 봉을 대고 양반다리를 하고 누워 15분간 유지하는 자세다. 평소 고정된 자세로 앉아 있는 상담사들의 굳어버린 상하체 근육은 두개의 봉에 의해 참기 어려운 고통을 느끼게 된다.

의료인 앞이었다면 수치심을 느낄 비명도 동료 앞에서는 달랐

7-2 몸펴기생활운동의 전체 운동(기본운동, 맞춤운동, 생활운동)을 소개하는 안내문.

다. 서로 웃음 섞인 비명을 주고받으며 평소 처해 있던 환경이 자신의 몸을 어떠한 상태로 만들었는지, 그것을 회복시키는 데 어떤 통증이 동반되는지, 그리고 동료와 함께 그 고통을 공유하고 치유하는 것이 얼마나 유쾌한지를 복합적으로 느끼는 시간이다. 나 역시 함께 운동에 참여하며 이를 경험할 수 있었다. 이 과정에서 몸펴기의 핵심 원리를 요약한 표어인 "허세, 가펴, 고들(허리를 세우고, 가슴을 펴고, 고개를 들어라)"이 신체적 몸만 펴는 것이 아니라 마음까지 펴는 것으로 확장될 수 있음을 목격했다. 아픔을 숨김없이 드러내고 함께 호흡하는 과정에서 감정노동으로 인한 심리적인 피로를 해소할 수 있는 순간이 생겼다. '몸 펴러 와서 마음도 편다'고 하던 참가자들 사이의 표현은 결국 운동으로 인한 물리적 통증을 통해 노동으로 발생한 감춰진 통증을 드러내는 실천들 속에서 형성된 것이라 생각한다.


## 콜센터와 몸펴기의 만남

나는 어떻게 해서 이 운동이 미래콜센터 노동조합에 처음 소개되었는지가 궁금했다. 요가 등 좀더 대중화된 운동이 있었을 텐데 몸펴기생활운동이라는 난생 처음 들어보는 운동을 어떻게 선택하게 되었는지 말이다. 시작은 예상대로 지부장 설희씨에 의해서였다. 우선 그녀는 공무원노동조합을 중심으로 몸펴기가 알려져 있다는 소식을 들었다. 그래서 당시 몇몇 노동조합에서 몸펴기를 가르쳐주고 있었던 김사범에게 문자로 연락을 취했고, 그뒤 일사천리로 소모임이 개설되었다.

설희씨는 몸펴기가 쉽게 따라 할 수 있고, 특히 생활운동 동작들은 특별한 도구 없이 일상에서 쉽게 실천할 수 있다는 점이 장점이라 생각했다. 그래서 훗날 그녀는 몸펴기의 무대를 노조 사무실이 아닌 집회 현장으로까지 확장했다. 당시 여러가지 사안, 특히 직접고용 정규직 전환 투쟁 등으로 잦은 집회를 열고 있던 터라 집회 중간에 활용할 프로그램이 필요했고 몸펴기가 여기에 적합할 것이라 판단했다.

2013. 09. 17. 오전 10:11

안녕하세요? 다름이 아니라 콜센터 지부 내에 몸펴기 소모임을 만들고 싶은데 어떻게 준비해야할지 몰라서요..;;; 도움을 받고 싶습니다..

2013. 09. 21. 오전 5:09

듣던중 반가운소리 입니다 뜻이있으면 길이 있는법 전화 한번 주세요
011-

7-3  미래콜센터 몸펴기 소모임 개설을 요청한 실제 문자 내용. 지부장 설희씨가 김사범에게 보낸 문자다.

　그러나 지부장에게 몸펴기는 말 그대로 간편하고 실용적인 생활운동이었지 그 자체가 노동운동의 일환이 될 수 있다고 깊이 생각하지는 못했다. 따라서 그녀는 몸펴기를 기본적으로 노동운동의 보조 수단으로 생각했다. 이것은 물론 실제 몸펴기 모임에 적극 참여할 여유가 매우 부족했던 지부장이라는 위치 때문에 그러했을지 모른다. 내 경험상 몸펴기의 진정한 가치는 직접 몸으로 실천할 때 제대로 느낄 수 있다. 이로 인해 실제 모임에 적극적으로 참여했던 조합원, 비조합원 상담사들과 그렇지 못했던 노조 집행부 사이에서 몸펴기 소모임 운영을 두고 갈등이 발생하곤 했다. 실제로 몸펴기 모임이 지닌 여러 긍정적 요소에도 불구하고 노동

조합의 대의를 위해서 몸펴기는 자주 일정에서 뒤로 밀려나기 일쑤였다. 특히 노조의 투쟁 일정을 중요시하는 몇몇 집행부와 조합원의 입장에서 보면 몸펴기가 그저 한가로운 여가활동으로 여겨졌을 법도 하다. 회사와의 민감한 사안이 난항을 겪고 있을 때는 "우리가 지금 몸이나 펴고 있을 때냐!" 같은 노골적인 비난을 하기도 했다. 노동조합에서도 개인 상담사의 건강은 우선순위에서 쉽게 밀려났다. 그 밑바탕에는 몸펴기는 언제 어디서나 혼자서도 쉽게 할 수 있다는 생각과 단순해 보이는 몸펴기가 얼마나 큰 효과가 있을지에 대한 의문이 깔려 있었다. 고백건대 나 역시도 몸펴기를 실천하기 전에는 이러한 선입견이 컸다.

그렇다고 지부장마저 몸펴기가 지닌 운동 자체로서의 가치를 완전히 낮게 평가한 것은 아니었다. 오히려 반대로 그녀는 상담사들의 신체적 고통의 심각성을 가장 가까이서 관찰하고 직접 경험했기 때문에 누구보다 이를 정확하게 알고 있었다. 상담사들이 정신적 스트레스로 자주 힘들어했지만, 그녀를 비롯해서 많은 상담사는 실제 몸도 아팠다. 두통, 전신 피로, 수면장애, 청각장애, 위통증, 근골격계 통증, 체중 증가, 생리불순 등의 신체적 고통에 상시적으로 노출되어 있었다. 콜센터 밖에서 이야기하듯 오로지 감정노동만이 상담사들의 노동을 대변할 수 없었다. 그럼에도 상담사 대부분은 이를 당연한 듯 받아들이며 견뎌왔다. 이런 상황에서 몸펴기의 운동 효과는 결코 무시할 것이 아니었다.

그렇다면 몸펴기에 실제로 참여한 상담사들은 이 운동을 어떻게 평가할까? 앞서 '몸도 펴고 마음도 편다'는 이야기를 들려준 이도 있었고, "일주일에 한번이지만 자신만의 시간을 갖고, 자신의 몸에 집중하고 몸과 대화하는 시간을 가지는 것이 좋다"라고 구체적 장점을 나에게 소개한 상담사도 있었다. 나는 몸펴기에 함께 참여하면서 많은 상담사가 몸펴기의 장점으로 공통적으로 세 가지를 꼽는다는 걸 알게 되었다. 얼핏 들으면 흔하게 하는 이야기처럼 들리거나 당연한 이야기로 들릴지 모른다. 하지만 나에게 학문과 연구의 최종 목표가 있다면 바로 이 세가지로 정리할 수 있지 않을까 싶을 정도다. 첫째, 내가 내 몸의 주인이 된다. 둘째, 내 몸을 내 스스로 건강하게 만들 수 있다는 자신감과 믿음이 생긴다. 셋째, 돈을 들이지 않고 일상에서 건강을 쉽게 유지할 수 있다. 간단하고 쉬운 이야기 같지만, 정말로 쉽지 않다는 것을 수많은 상담사가 몸소 경험하며 지내왔다.

곰곰이 살펴보면 이러한 장점들은 콜센터에서의 노동 경험은 물론이고 일반 병원에서의 치료 경험과 완벽히 대비되는 모습들이다. 노동 및 의료 현장에서 상담사들은 지금껏 자신이 몸의 주인이라 느끼지 못했고, 자신의 힘만으로 건강을 유지할 수 있다고 확신할 수 없었으며, 또한 그런 것을 금전적 투자 없이 일상에서 쉽게 시도해서 얻을 수 있다고 생각하지 못했다.

콜센터 상담사들에 대한 기존의 여러 연구에서 확인되었던 것처럼, 당사자들이 주어진 환경에서 스스로 통제 가능했던 치유의 수단들이란 건강과는 반대 방향에 있던 흡연, 음주, 단 음식 먹기,

폭식 같은 것들이 많았다. 몸펴기 참가자와 일반 상담사 모두 자신의 몸에 통제력을 행사하며 이런저런 실천을 한다는 점에서는 비슷하다. 하지만 건강한 몸을 획득한다는 차원에서는 정반대의 모습일 수 있다. 나는 특히 '내 몸의 주인이 된다'라는 지점에 주목했다. 몸펴기를 실천한다고 해도 실제 상담사라는 지위는 변하지 않으며, 팀장의 명령도 바뀌지 않았다. 그렇다면 이들이 말한 내 몸의 주인 됨은 어떠한 의미일까? 이제부터 세 상담사의 구체적 사례를 통해 이를 살펴보려 한다.

## 몸펴기를 통해 내 몸의 주인 되기

우선 미래콜센터 상담사 중 처음으로 몸펴기 사범 시험에 통과한 예담씨의 사례를 살펴보자. 30대 후반의 상담사 예담씨는 2013년 11월 28일 첫 몸펴기 운동 모임이 시작될 때부터 참여했고 2014년 4월부터 모임의 2기 회장이 되었다. 그녀는 특유의 유연성으로 처음부터 가장 이상적인 운동 자세를 보이면서 두각을 나타냈다. 그녀는 자신의 몸이 좋아지면서 다른 사람에게 도움을 줄 수도 있게 되고 또 실력도 인정받게 되자 더욱 적극적으로 모임에 참여하게 되었다.

예담씨는 몸펴기에 참여하면서 생긴 가장 큰 변화를 묻는 질문에 대인관계 개선을 꼽았다. 타인에게 도움을 줄 수 있는 운동을 배우면서 자기효능감이 상승하고 일상생활에서 적극적인 면이 나타나기 시작했다. 이전에는 다른 상담사와의 교류를 꺼린 채 홀로 지냈지만 몸펴기 모임에 참여하면서 조금씩 주변에 마음을 열게 되었다. 그녀는 원래 만성불면증을 앓고 있었고 그로 인해 음주에 의존하며 만성피로와 체중 감소 등으로 힘든 상황이었다. 그런데 몸펴기를 하면서 이전에는 한번도 스스로 주목하지 않았던 자신의 아픈 몸이 이제는 쓸모 있고 자랑할 만한 몸으로 변하고 있음을 목격했다. 즉 자신을 외부와 단절시켰던 보이지 않던 몸(눈에 띄지 않는 몸)이 이제는 외부와 연결해주는 중요한 보이는 몸(눈에 띄는 몸)이 된 것이었다.

이렇게 운동을 하며 타인의 주목을 받게 되자 예담씨는 평소에도 자신의 몸에 주의를 기울이며 몸의 자세를 '허세, 가펴, 고들' 상태로 유지하려고 신경 쓰기 시작했다. 이렇게 그녀의 몸은 올바른 자세와 함께 조금씩 당당해졌다. 겉보기만 그런 것이 아니라 대인관계와 노동조합 활동에 임하는 자세 역시 당당해졌다. 그리고 병원에 입원까지 하며 치료를 받던 그녀의 허리디스크 질환은 운동을 시작하면서 크게 호전되었다. 예담씨는 이러한 실질적인 효과까지 몸으로 경험하면서 더욱 적극적으로 몸펴기 지지자가 되었고, 결국 2015년 5월 말 소모임에서 가장 먼저 사범 자격증을 획득했다. 이렇게 이전과 달리 자신의 몸의 주인이 되었다.

여기서 그녀에게 주인 됨이란 건강과 대인관계의 회복을 통해 얻은 당당한 몸의 소유자가 되었다는 뜻이다. 이전에도 자신의 몸의 소유자였던 것은 변함없지만 과거에는 위축된 몸의 소유자였다면 이제는 스스로한테, 타인한테 부끄럽지 않은 당당한 몸의 소유자가 된 것이다. 여전히 콜센터의 부당한 대우와 과중한 업무가 해결되지 않았지만 그 앞에서 예전처럼 위축되지 않았다. 이를 위한 그녀의 실천이란 쉽게 위축되곤 했던 몸을 물리적으로 펴는 행동이었다. 과거에는 상담사로서의 위축된 몸을 실천했다면, 이제는 당당한 몸을 실천하게 되었다.

다음으로 일반 조합원 상담사인 다예씨의 사례를 보자. 다예씨는 30대 초반으로 자신이 원하던 공부를 하기 위해 퇴근 시간이 일정한 미래콜센터에 취직했다. 하지만 퇴근 시간만을 고려한 선택이 옳지 않았음을 깨닫는 데 그리 오랜 시간이 걸리지 않았다. 막상 상담사로 일을 시작하고 보니 노동 강도가 너무 강해서 공부를 전혀 할 수가 없었다. 계획했던 공부를 끝내지 못해 다른 곳으로의 이직을 선뜻 결정하지도 못하고 있었다. 그녀는 콜센터 업무가 마치 "전화기로 미싱하는 것"처럼 섬유공장 여공이 일하듯 전화기를 들고 끊고 들고 끊고를 반복하는 것이라 느꼈다.

학생운동이나 노동운동에 전혀 무관심했던 다예씨는 미래콜센터 내 노동조합이 결성된 후에도 1년이 지나도록 조합원으로 가입조차 하지 않았다. 그러나 원청회사 직원들의 모욕적인 태도를 오랫동안 겪으면서 그녀 역시 적지 않은 불만이 쌓였고, 뒤늦게 노동조합에 가입했다. 그리고 2013년 12월 어느날 조합 사무실을 방문했다가 우연히 김사범을 만났다. 김사범이 미래콜센터에서 몸펴기 소모임을 하던 초창기였다. 당시 사람이 너무 없어 자리만이라도 잠깐 채워달라는 조합 간부들의 부탁에 잠시 앉아서 참여했던 것이 인연이 되었다. 다예씨의 경우 특별히 몸이 불편해서 운동을 시작한 경우가 아니었다. 예담씨와 달리 신체적·심리적으로 병원에 의지해야 할 만큼 문제가 있었던 것도 아니었으며, 대인관계가 부족하지도 않았고, 노동조합에 열성적이지도 않았다. 그녀의 표현대로 자신은 처음에 "그냥 운동만 했다."

이런 그녀가 조금씩 몸펴기에 적극적으로 참여하고 나중에는 총무를 맡기까지 한 것은 김사범 덕분이었다. 그녀는 매주 함께 운동하고 이야기를 나누면서 김사범의 삶 자체로부터 많은 것을 배웠다. 우선 미래콜센터의 몸펴기 강습을 위해 1년 동안이나 매주 목요일 강원도 원주에서 서울까지 먼 길을 마다 않고 찾아와 성실히 가르침을 준 김사범의 열정에 감명을 받았다. 특히 그녀는 김사범이 일반인을 대상으로는 한달에 10만원의 강습료를 받지만 상담사에게는 "노동자는 건강해야 한다"라며 전혀 강습료를 받지 않는다는 말을 기억했다.

그렇게 김사범의 몸펴기를 통한 노동운동 철학을 배우면서 다예씨는 "김사범은 몸만 펴는 분이 아니었다"라고 자주 웃으며 이야기했다. 김사범은 항상 몸으로 어떻게 노동운동을 하는지 직접 모범을 보여주었다. 그녀가 김사범에게 종종 연락을 하면 김사범은 대개 '어디 집회에 있다'며 그쪽으로 오라고 했다. 그녀는 몸펴기에 참여한 지 3개월이 지나자 항상 신경 쓰였던 허리 통증이 사라졌고, 이것을 김사범에게 빚을 진 것으로 생각했다. 그녀는 그 빚을 김사범이 오라고 하는 집회에 참여함으로써 갚아나갔고, 그 과정에서 여러 이야기를 들으며 결국 노동운동에 가까워졌다.

실제 몸펴기를 배우고 주변 사람들에게 간단한 운동법을 알려주면서 대인관계가 개선되고 허리 통증이 완화되고 체력도 상승하는 등 몸이 좋아지고 일상에서 자신감이 커지기도 했지만, 그녀에게 있어 가장 큰 변화는 과거 전혀 무관심했던 노동조합의 일에 대해 이제는 '당당한 노동조합원'의 모습을 배웠다는 사실이었다. 그렇게 다예씨는 이듬해 노동조합의 한 축을 담당하는 지회장이 되기에 이르렀다. 그녀는 몸펴기를 통해 김사범을 만나면서 "몸도 생각도 변하게 되었다."

마지막으로 40대 후반의 상담사 준희씨의 경우를 이야기해보겠다. 준희씨는 앞의 두 사람과 다른 콜센터에서 근무했다. 그녀는 자신이 속해 있던 콜센터 노동조합에 가입해 활동하다 미래콜센터 노동조합의 다예씨를 만나게 되었다. 이후 다예씨가 본격적으로 몸펴기 모임에 참여하면서 이를 홍보하자 준희씨 역시 자신이 속한 노동조합에서도 몸펴기를 배울 수 있기를 희망했다. 이후 김사범은 자신과 과거 노동조합 활동을 함께했던 동료 중 몸펴기 사범이 된 이를 준희씨의 콜센터에 소개해주었고 2014년 12월부터 본격적으로 운동을 시작하게 되었다.

일반 조합원이었던 준희씨는 왜 그토록 열성적으로 몸펴기를 배우고자 했을까? 그녀는 10년 넘게 상담사로 일하면서 만성적인 어깨 결림과 손 저림으로 신경외과와 정형외과를 오가며 치료를 받아왔다. 신경 내시경 검사 등 거의 모든 방법을 동원했지만 증상이 호전되지 않았다. 결국 자신도 모르게 걷는 자세와 앉은 자세도 움츠러들었고, 끝내 마음까지 위축되었다고 한다. 병원에서 정신과 진료까지 권유받았지만 두려움에 진료를 받지는 않았다. 그런 준희씨에게 몸펴기는 지푸라기도 잡는 심정으로 시도해본 운동이었다.

2014년 12월 몸펴기 모임이 시작되자 첫 1개월 동안 그녀는 "미친 듯이" 운동을 했다. 무리한 운동으로 아프고 힘들어도 이전부터 만성적인 통증을 앓고 있던 터라 그저 무덤덤하게 받아들였다. "죽기 살기로" 운동한 지 6개월 정도 지났을 때 건강검진을 해보니 피검사 결과 몸 상태가 이전보다 개선되었고 이런 결과는 그녀에게 추가적인 동력이 되었다. 그렇게 1년이 지나고 나니 몸이 좋아지는 것을 실감하게 되었고, 어느 순간 위축된 마음도 좋아졌다. 그녀는 이렇게 몸도 마음도 펴진 것이 절대로 "혼자 해서 좋아진 게 아니다"라고 여러번 강조했다. 준희씨는 만일 자신이 집에서 혼자 운동을 했다면 이는 절대 얻지 못했을 결과라고 믿었다. 조합원들과 같이 운동하며 웃고 이야기하고 소통하면서 점차 건강을 회복하게 되었다는 것이다.

지금까지 다룬 세 상담사 예담, 다예, 준희씨의 사례에는 모두 공통점이 있다. 운동 이전보다 체력이 좋아지고 통증의 정도는 다르지만 과거 앓고 있던 만성통증에서 벗어났다. 또한 몸펴기 모임을 통해 동료들과 소통의 시간을 보내면서 대인관계가 회복되고 확대되었다. 마지막으로 모두 노동조합에서 크고 작은 역할을 맡게 되었다. 그러나 한편으로는 각각 차이점도 존재했다. 예담씨는 몸펴기를 통해서 얻은 가장 큰 성과로 동료와 관계가 개선되었음을 꼽았다. 다예씨에게는 노동조합에 활발히 참여하게 된 것이 가장 큰 변화였다. 그리고 준희씨의 경우는 신체적 건강의 회복이었다.

셋은 몸펴기를 만나기 전까지 짧게는 4년, 길게는 10년간 상담사로서 근무하며 같은 역할 속 조금씩 다른 몸들을 실천하고 있었다. 대인관계에서 위축된 몸, 사회 참여에 무감각했던 몸, 그리고 어깨부터 굳어져 위축된 몸을 실천해왔다. 이들이 활동하는 주요 무대는 콜센터라는 생계 현장이지만, 그곳에서 체현한 몸의 실천성은 콜센터 밖 무대에서도 지속되었다. 그 무대에는 병원도 속했다. 이렇듯 치유 혹은 변화의 여지가 없어 보이던 실천들의 연속이 몸펴기라는 특정한 신체 운동을 통해 새로운 방향으로서의 실천을 경험하게 된 것이다. 이러한 실천들의 또다른 특이점은 바로 '함께' 한다는 점이다. 같이 리듬을 맞추고 통증을 공유하고 웃음을 교환하는 과정을 거치면서 모두 자기 몸의 주인으로 거듭났다. 셋 모두와 함께 웃으며 음악에 맞춰 몸펴기를 했던 내가 바로 그 증인 중 한명이다.

## 노동운동과 몸펴기의 만남

노동운동과 몸펴기의 만남을 성사시킨 사람은 바로 미래콜센터 지부장 설희씨에게 연락을 받고 몸펴기를 가르쳐준 김사범이었다. 그는 2013년 11월 말부터 2014년 말까지 약 1년여에 걸쳐 매주 미래콜센터를 방문해 몸펴기를 지도했다. 50대 후반인 그는 과거 노동조합 활동을 하던 2007년에 약 한달간 단식투쟁을 했는데, 이때 단식을 끝내고 복식을 진행하던 중 처음으로 몸펴기를 소개받았다고 한다. 건강이 많이 악화했던 당시 몸펴기가 복식 후 건강을 유지하는 데 도움이 될 것이라는 조언을 들었고, 이후 관련 도서를 구매해 읽어보기도 했다. 그 직후 김사범은 몸펴기의 노동운동으로서의 가치에 대해 생각하게 되었다고 말한다. 그가 투고했던 글의 일부를 실어본다.[1]

"내가 몸펴기생활운동을 접한 것은 (…) 26일간의 단식투쟁 직후였다. (…) 몸펴기 운동은 자세만 바르게 하면 모든 질병으로부터 벗어날 수 있다는 간단한 원리에서 시작한 운동이다. 누구의 도움도 없이 스스로 하는 운동법이고, 비용을 들이거나 시간을 별도로 내지 않아도 일상생활에서 지속할 수 있다는 점에서 현장 조합원과 평생 함께할 수 있는 사업이라고 직감했다. 활성화만 되면 열악한 환경 때문에 악화된 건강을 되찾고 영리 목적의 의료 독점자본에 희생되고 있는 민중의 건강 증진을 위해 큰 역할을 할 수 있을 것으로 기대했다. 무엇보다 궁극적인 병의 원인을 밝혀 스스로 해결할 수 있는 풍토를 조성하면 일부 계층이 독점하고 있는 의학 지식을 보편화할 수 있을 것이라는 확신을 가지게 됐다."

김사범은 우선 통증처럼 몸이 지닌 공통의 언어를 통해서 노조와 시민과의 장벽을 넘어설 수 있다는 가능성에 주목했다. 특히 그는 몸펴기의 간단한 원리, 즉 '자세를 바르게 하면 많은 질병에서 벗어날 수 있다'는 사실에 매료되었다. 김사범은 몸펴기의 핵심적인 장점으로 이 운동은 간단하고, 혼자서도 할 수 있으며, 일상에서 지속할 수 있다는 점을 꼽았는데, 이는 사실 현대의학이 가지고 있는 주요 문제점들, 즉 의료 시스템이 복잡하고, 전문가에 의존해야 하며, 시간과 공간 등 접근성이 제한된다는 현실과 정확히 대척점에 있다. 그는 이러한 확신하에 여러 노동조합에 몸펴기를 소개하고 보급하려 했고, 그러던 중 미래콜센터 지부장과 연락이 닿게 된 것이다.

한편 그의 글에는 노동자를 착취하는 두가지 요인인 '열악한 환경'과 '영리 목적의 의료 독점자본'이 언급된다. 그는 영리만 추구하는 기업 때문에 노동자가 열악한 노동 환경에서 건강을 잃고, 그렇게 잃게 된 건강이 또다시 의료 자본의 영리 추구 수단이 된다는 모순된 현실을 비판한다. 바로 이런 악순환 고리에 몸펴기라는 새로운 대안을 제시하고자 한 것이다. 그 해법으로 '몸 펴는 자세를 일상생활에서 찾아야 건강해진다'라는 건강 담론을 강조한

7-4  김사범이 개발해 배포한 몸펴기를 이용한 1인시위 요령 유인물.

다. 언제 어디서든 항상 펴는 몸을 의식적으로 실천하는 것이 건강의 기반이라는 것이다. 이는 건강이란 의사들의 표준 의학 지식과 각종 의료 장비가 보여주는 이미지와 정상 수치 안에 존재하는 것이 아니라 자세에 대한 개인의 실시간 감각에 근거한다고 이해한 데 따른 것이다.

　김사범은 건강한 몸자세의 실천 장소를 운동 공간에만 국한하지 않았다. 그는 노동조합의 운동에 몸펴기 운동을 접목하는 구체적인 방안도 마련했는데, 바로 「1인시위 요령」이라는 유인물을 직접 만든 것이다(〔사진 7-4〕 참조). 몸펴기 중 기본운동에 속하는 온몸펴기 동작을 1인 피켓시위에 접목했으며, 실제로 이 방법은 미래콜센터의 원청기관 앞 1인 피켓시위에 활용되었다. 김사범은 양팔을 쭉 뻗어 머리 위로 올리는 동작이 개인에게 신체적 운동 효과가 큰 것은 물론이고 선전적 효과도 크다고 말한다. 이에 대해 유인물에 "이 동작은 공격적이고 비장한 결의가 보이는 자세를 취함으로써 선전 효과가 탁월하고 건강도 챙기는 일석이조 효과를 거둘 수 있어 이미 투쟁 사업장에서 널리 시행되고 있다. 보기만 해도 누구나 쉽게 따라 할 수 있는 이 동작을 시늉만이라도 내보면 효과를 직접 느낄 수 있을 것이다"라고 설명한다. 그는 이러한 통찰을 어떤 자료를 보거나 문의를 한 후 얻어낸 것이 아니다. 오랜 노동운동의 경험을 통해서 대중의 시선이 쏠리는 몸의 언어를 직감적으로 파악하고 있었다.

그의 설명 중 "이 동작을 시늉만이라도 내보면"이라는 표현은 많은 것을 함의한다. 의식을 바꾸거나 혹은 의지를 가지라는 등 정신적 노력을 요구하지 않고 단지 몸의 자세라는 물질적 토대만 우선적으로 바꾸라고 요구하는 것이다. 손을 위로 쭉 뻗는 자세는 어느 장소에서든 쉽게 따라 할 수 있는 동작이다. 그러나 똑같은 손 들기 행동이라도 바쁜 콜센터 업무 중 화장실 이용 허락을 받기 위해 손을 드는 것과 부당한 처우에 항의하기 위해 거리시위를 하며 손을 드는 것은 전혀 다른 의미의 실천이다. 김사범은 이렇게 서로 다른 손 들기 실천을 통합하고자 했으며, 단지 '시늉'이라 표현했지만 실질적인 몸동작의 실천을 핵심으로 보았다. 한명의 상담사는 콜센터에서, 거리에서, 그리고 몸펴기 운동 장소에서 각기 다른 실천들을 하나의 몸으로 행하지만 결국 여러 몸으로 존재한다. 김사범은 하나의 몸이 여러 몸²의 진짜 주인이 될 수 있는 실천법을 소개한 것이다.

김사범의 이 같은 노력은 미래콜센터에 그치지 않았다. 2015년 1월에는 또다른 콜센터 노동조합의 몸펴기 동호회 설립을 도왔으며, 같은 해 9월부터는 민주노총에 안내사범 양성과정을 개설했다. 이렇게 배출된 사범을 통해 2016년 3월 교육공무원노조에도 동호회를 설립하게 만들었다. 그는 이외에도 여러 노동조합 몸펴기 동호회에서 사범으로 활동하며 교육에 매진했다. 내가 2019년 2월에 참석한 노동조합 사범연수회 자리에서 그는 "모든 게 중력과의 싸움"이라고 강조했다. 일차원적으로 보자면 물리적 중력에 버티면서 몸이 일직선이 되게 팔을 위로 쭉 뻗으라는 표현이었지만 실은 그보다 많은 의미를 담고 있었다. 그것은 기본적으로 '물리적 자세'인 몸자세를 무너트리는 실제 중력을 뜻하기도 하지만, '사회적 자세'를 억압하는 또다른 중력에 대한 거부가 포함되어 있었다. 같은 날 이 발언을 듣고 난 후 연수회 자리에서 교육공무원노조에 몸펴기 동호회를 설립한 한 지부장의 반응은 이를 잘 보여준다.

"나는 초등학교 도서관 사서 비정규직으로 일을 시작했다. 그때부터 나는 학교에서 '쪼들린 삶'을 살았다. 이후에 노동조합 지부장을 맡으면서 정말 200% 조합원 조직화를 위해서 몸펴기를 시작했다. 그런데 조합원들과 하하 호호 서로 몸 걱정을 해주는 분위기가 너무 좋았다.

몸과 마음을 쪼들리지 말고 쫙쫙 펴자는 마음에서 동호회의 이름도 '활시위'로 정했다."

그녀는 학교에서 비정규직으로 일하며 몸과 마음이 쪼들리는 삶을 살았다고 했다. 여기서 그녀는 물리적 자세의 위축과 함께 따라온 심리적인 위축도 설명하는데, 그녀가 몸으로 느낀 현장의 중력이란 이렇게 물리적인 수준을 넘어선다. 그렇기에 '활시위'라는 동호회 이름 역시 몸 펴는 자세를 함께 실천함으로써 서로의 쪼그라진 마음까지 펴자는 의미를 담고 있다.

## 상담사의 몸과 몸펴기 몸의 차이

현장연구 기간 미래콜센터 노동조합에서 몸펴기를 함께 배우게 된 것은 내가 인류학자가 되어가는 학문적인 과정에서는 물론 개인적 인생 차원에서도 중요한 변곡점이 되었다. 현장연구가 마무리되고 민족지 쓰기를 끝낸 이후에도 몸펴기에 대한 실천과 그것의 학문적 의의에 대한 탐구는 끝나지 않았다. 몸에 대한 여러 철학적·사회과학적 논의들을 계속해 탐구하고, 무용 이론을 통해 몸의 '움직임'에 대한 논의들도 새로이 접했다. 이 같은 노력은 몸펴기를 통해 건강을 되찾고 자신의 몸의 주인이 되었다는 상담사들의 증언을 더 많은 상담사의 것으로 만들고 싶어서였다. 그리고 김사범과 여러 상담사의 실천들이 나에게 가르쳐준 몸의 지혜에 대한 감사의 표현이기도 하다.

몸펴기는 그 이름에서부터 몸을 펴는 물리적 행동의 중요성을 강조한다. 이 같은 명료한 핵심 원리는 일상에서 끊임없이 자신의 몸의 균형에 대한 성찰과 실천을 요구한다. 몸의 기능을 회복 및 강화하려는 여타 운동들과 달리 몸펴기는 일종의 수행처럼 철학적인 성찰의 면을 지니고 있다. 특히 앞서 논의했던 김사범의 노동 운동으로서의 몸펴기 사례를 통해 알 수 있듯, 몸은 단순히 감각 및 운동기관을 넘어서서 당당한 존재의 원천으로 받아들여졌다.

몸펴기를 통해 기대할 수 있는 경험적 몸철학은 실제 미래콜센터 상담사들의 일상적 몸이 어떠했는지와 비교할 때 더욱 명확해진다. 콜센터 상담사의 경우 고객의 요구와 팀장 혹은 회사의 명령에 순응하며 인내하는 몸이 더욱 일반적일지 모른다. 헤드셋을 쓰고 모니터 앞에 앉은 이들의 허리는 굽고, 가슴은 안으로 움푹 말려들어가고, 고개는 숙인 상태에 가깝다. 김사범이 표현했듯 중력과의 싸움에서 이기지 못한 몸 전체가 아래로 향한다. 이러한 자세는 정확히 몸펴기가 지향하는 몸의 운동 자세(허리를 세우고, 가슴을 펴고, 고개를 들어라)와 반대 방향이다(〔표 7-1〕 참조). 왜 상담사의 노동이 건강을 해치는지 몸펴기로 생각하면 명료해 보인다.

인류학자 브렌다 파넬Brenda Farnell은 동적인 몸에 대한 여러 논의를 진행해왔으며 특히 몸의 움직임이 지닌 기호학적 가치에 주

| 상담사의 몸 | 몸펴기의 몸 |
|---|---|
| 허리는 굽고<br>가슴은 말리고<br>고개는 숙인다 | 허리는 세우고<br>가슴은 펴고<br>고개는 든다 |
| 통제되는 흐름<br>(Bound flow) | 자유로운 흐름<br>(Free flow) |
| 순응하는 몸<br>→<br>수동적 실천에 따른 통증 | 능동적 실천에 의한 통증<br>→<br>당당한 몸 |

표 7-1 상담사의 몸과 몸펴기의 몸의 차이.

목했다.[3] 그녀는 이러한 몸동작에 담긴 문화적 의미들을 가리키
는 보편적·특수적 기호체계, 일명 '행동기호체계'에 마땅한 관심
을 쏟지 않았음을 비판했다. 몸펴기의 원리를 파넬이 주장한 행동
기호체계의 관점에서 본다면, 콜센터는 상담사에게 허리를 굽히
고 가슴을 말고 고개를 숙이는 자세, 다시 말해 '기호적'으로 수용
적이고 순응적인 몸의 수행을 요구한다. 상담사는 그 같은 동작을
반복 실천하면서 규율들을 몸으로 습득하게 되는데, 이러한 실천
들은 몸의 위축과 함께 어깨, 목, 허리, 손목 등에 통증을 초래한다.
즉 위축된 몸이 건강하지 않은 몸으로 이어지는 것이다. 몸펴기는
이와 반대의 방향으로 '시늉만'이라도 몸을 물리적으로 펴기를 유
도한다. 그렇게 반복된 실천 속에서 건강을 회복하고 이것은 이전
과 다른 행동기호체계를 형성한다. 즉 건강한 몸이 곧 당당한 몸
으로 읽히는 것이다. 김사범은 이러한 가능성을 1인시위에 적극

적으로 활용했다.

주디스 버틀러는 사회적 규범이 몸의 반복된 수행을 통해 존재하고 구성된다고 강조한 반면,[4] 김사범은 반대로 일상적 몸의 수행과 정반대의 동작을 실천함으로써 고정된 몸 규범을 탈피할 수 있다고 보았다. 둘 다 몸의 물질성의 중요성을 인식했지만 기대하는 결과는 정반대였다. 버틀러가 젠더 역할이라는 기성 구조를 형성 및 유지하는 몸의 수행성에 주목했다면, 김사범은 노동자에게 순응과 성실을 요구하는 구조를 해체 및 극복하는 데 몸을 펴는 실천성이 중요함을 보여주었다. 어찌 보면 두 인물의 접근 방식 자체에서부터 이러한 차이가 예견된 것은 아닌가 싶기도 하다. 버틀러가 첨예한 학문적 분석과 성찰의 결과로 몸의 수행성에 접근했다면, 실제로 버틀러를 전혀 모르는 김사범은 철저히 현장에서의 경험과 몸 실천을 반복한 끝에 성찰을 얻었다.

그러나 여전히 의문이 남는다. 노동의 일상에서 몸자세는 조금씩일지언정 수시로 변하며, 몸이 늘 고정된 자세로 존재할 수는 없다. 상담사라고 할지라도 때에 따라서는 기지개를 켜거나 스트레칭을 하는 등 몸을 펴기도 한다. 반대로 몸펴기에서도 항상 몸을 움직이는 것이 아니라 특정 자세를 고정해서 통증을 유발하고 이를 견디도록 가르치기도 한다. 그렇다면 노동의 일상과 몸펴기에서 같은 동작이 갖는 의미에는 어떠한 차이가 있을까? 기존의 학문 영역에서는 주의 깊게 다루지 않았지만 춤 인류학anthropology of dance과 인간 움직임에 대한 인류학anthropology of human movement 분야에서는 이를 해석할 수 있는 중요한 이론을 소개한다.

이것은 일종의 무용 이론으로 움직이는(춤추는) 몸의 기록, 일명 기보법을 창시한 독일 출신의 안무가이자 무용 이론가인 루돌프 폰라반Rudolf von Laban[5]의 에포트 effort 이론이다. 폰라반은 움직임을 채우는 역동성의 본질을 찾으려 했으며, 이를 'Antrieb'라는 독일어로 표현했고 영어로는 'effort'라고 번역되었다. 이 단어는 내적 충동이라는 뜻으로 무언가를 끌어내려는 동기 혹은 의도를 뜻한다.[6] 폰라반은 에포트를 흐름, 무게, 시간, 공간이라는 네가지 인자로 구체화하고, 각각의 인자를 두개의 상반된 요소(자유로운/통제되는 흐름, 강한/가벼운 무게, 빨라지는/느려지는 시간, 직접적인/간접적인 공간)로 구분 지었다.

내가 몸펴기와 관련해 주목하는 것은 바로 흐름이다. 몸의 움직임을 일으키는 내적인 인자 중 흐름은 두가지 요소로 구분되는데, 첫째 자유로운 흐름free flow은 '통제되지 않는' '느슨한' '쉽게 흘러가는' 느낌의 동작을 말하며, 둘째 통제되는 흐름bound flow은 '조심스러운' '꽉 조인' 듯한 동작으로 '언제든지 움직임을 멈출 수 있도록 억제되는 움직임'을 대변한다. 통제되는 흐름의 대표적 예로 면접관 앞에서 긴장한 상태의 사람, 머리에 무거운 물동이를 얹은 사람을 들 수 있고, 자유로운 흐름의 예로는 분수 앞에서 뛰어노는 아이를 들 수 있다.[7]

폰라반의 이론을 바탕으로 몸펴기의 몸과 상담사의 몸을 비춰보면 일정한 흐름의 차이를 느낄 수 있다. 두개의 몸이 똑같은 동작을 하더라도 그 동작을 일으키는 내적인 흐름은 '멈춤을 준비해야 하는' 상담사의 몸과 '느슨하게 흘러가도 되는' 몸펴기의 몸으로 구분할 수 있다. 상담사의 몸도 스스로 자신이 몸의 주인임을 주장할 수 있고 언제든 원하는 동작을 실행할 수 있겠지만, 그 동작은 마치 무거운 물동이를 머리 위에 얹은 듯 언제든 멈출 준비가 되어 있어야만 하는 움직임이다. 반면 몸펴기의 몸은 일상에서 형성된 통제된 흐름의 끈을 느슨하게 풀어주는 움직임이다. 결국 내 몸의 진짜 주인 되기는 '자유로운 흐름'의 에포트를 소유한 몸펴기의 몸 상태에 가깝다고 볼 수 있다.

지금까지의 논의를 정리하면 [표 7-1]처럼 상담사의 몸과 몸펴기의 몸은 여러 면에서 대비된다. 물론 모든 상담사가 표 안의 설명처럼 획일적이지 않음을 누구보다도 잘 알고 있으며, 그럴 수도 없고 그렇다고 주장하고 싶지도 않다. 하지만 나는 수많은 상담사가 실제로 아픈 몸으로 현실을 살아내고 있음을 목격했으며 특히 코로나19 사태 이후 그 아픔이 더욱 극명해졌기 때문에 상담사의 몸을 몸펴기와 대비되는 몸으로 설명할 수밖에 없다.

미래콜센터 상담사들의 몸펴기에 대한 현장연구를 통해 능동적으로 몸에 통증(자극)을 주어 펴는 동작을 반복함으로써 기존의 순응적 행동들이 초래한 통증들을 극복하고 당당한 몸을 획득한다는 것을 확인할 수 있었다. 즉 통제되던 몸동작의 흐름이 느슨하고 자유로워진 것이다. 이런 결과들을 바탕으로 나는 다음과 같은 몸의 지혜를 떠올려보았다. 상담사의 몸을 당당한 몸으로 전환하기 위해서는 일상에서 내 몸이 느끼는 통증을 있는 그대로 느끼는 것에서부터 출발할 수 있다. 몸펴기가 주는 능동적 통증의 가치가 바로 여기에 있으며, 건강하고 당당한 몸이란 통증의 인내 혹은 해소가 아니라 통증의 발견과 실천에 있는 것이다. 그렇게 상담사들은 통증을 숨기며 위축되었던 몸에서 탈피하여 통증을 적극적으로 발견하고 드러냄으로써 콜센터 안팎에서 여러 몸들의 진짜 주인이 되고 있었다.

## 표정 없이도 행복해 보이는 얼굴

나의 몸펴기 경력은 2015년 2월 미래콜센터 노동조합 소모임부터 시작되었으니 벌써 꽤 오랜 시간이 흘렀다. 2015년 8월 전국 몸펴기사범연수회에서 명예사범 자격증을 취득하고 영국에서 약 2년간 직접 사범으로 활동도 했다. 그리고 2017년 10월 사범 시험에 응시하여 공인사범증을 취득했다. 비명을 지르며 상담사들과 몸펴기를 실천했던 첫날 저녁이 생각난다. 고질적인 오른쪽 어깨 통증으로 고생하던 나를 고쳐주겠다고 다가왔던 김사범의 모습도 생생하다. 어떻게 의사가 자기 몸 하나를 간수 못하느냐는 핀잔도 들었다. 그렇게 시작된 몸펴기는 지금도 나의 몸을 지켜주고 있다. 어깨 통증은 사라진 지 오래다.

2018년 말 기준으로 전국 14개 단위의 노동조합 몸펴기 동호회가 조직되었으며, 2018년 말까지 총 49명의 사범이 배출되었다. 몸펴기가 이렇게 자리 잡을 수 있었던 데에는 물론 중심이 되는 노동조합 소속 사범들의 노력이 있었겠지만, 시간도 돈도 여력도 충분하지 않은 노동자들이 너무나 쉽고 편리하게 접근할 수 있다는 장점 덕분일 것이다. 이것을 함께 실천하며 목격한 나는 간혹 의사가 혹은 인류학자가 의학적 근거도 없는데 연구보다 운동만 하는 것 아니냐고 구박을 받곤 하지만, 정말 많은 상담사와 노동자가 '몸과 마음을 쪼들리지 말고 쫙쫙 펴는' 진짜 '활시위'가 되었으면 하는 바람이 생겼다.

〔그림 7-5〕는 몸펴기의 모든 이론과 실천을 담고 있는 몸펴기 생활운동의 공식 마크다. 여기에 그려진 로고 속 두 사람이 눈에 띤다. 픽토그램으로 나타낸 두 사람은 두 손을 위로 쭉 펴고 다리를 들어 올린 모습으로 형상화되어 있다. 얼굴에 표정이 없다는 사실이 왠지 상담사가 '얼굴과 가슴이 없는 사람들'이라는 표현을 떠올리게도 하지만, 표정이 없음에도 왜 이렇게 행복하게 보이

7-5  몸펴기생활운동의 공식 마크.

는 것일까? 마크에서는 편안하고 자유롭고 행복한 모습이 느껴진다. 그런데 얼굴도, 표정도, 미소 띤 음성도 실재하는 상담사의 모습에서는 왜 이런 느낌을 받을 수 없었을까? 마크의 몸에서는 통제된 흐름이 아닌 자유로운 흐름이 느껴진다. 이렇게 간단한 로고를 통해서도 구현할 수 있는 행복한 몸의 실천을 우리는 어떻게 잃어버리고 있는 것일까? 자유로운 몸을 가질 수 있다는 몸의 실천 가능성 자체를 알지 못하도록 통제당하고 세뇌당한 것은 아닐까 의구심마저 든다. 이제 나 역시 이렇게 말하고 싶다.

"일단 몸부터 펴고 이야기합시다!"

# 8장
# 사이버타리아의 시대, 콜키퍼의 탄생

"*Very Interesting, Indeed!*"

"관욱, 이번 챕터는 너무 흥미로운데!"

지도교수들 중 칭찬에 인색했던 한명이 이례적으로 극찬을 했다. 줄곧 한국의 콜센터를 중심으로 박사 논문을 집필하던 중 영국과 인도의 콜센터 현황을 비교해서 처음으로 보인 날 지도교수 셋 모두 무척 흥미로워했다. 영국 현지에서도 콜센터 산업에 대한 이슈가 적지 않았던 터라 영국의 상황이 자세히 등장하니 반색하는 표정이었다. 내가 다닌 영국 더럼 대학교는 탄광촌으로 유명한 잉글랜드 북동부 지역에 위치해 있었고, 1940, 50년대 제2차 세계대전 전후 광산업이 절정에 이른 뒤 쇠퇴하면서 전반적인 경제기반이 위축된 지역에 속했다. 콜센터 산업은 이렇게 쇠퇴한 지역경제의 빈자리를 채워준 대표적 분야였고, 지역의 저렴한 임대료와 인건비를 바탕으로 크게 성장했다. 지도교수 셋 모두 더럼에 거주 해왔으니 지역의 관심거리였던 콜센터를 다룬 글에 흥미를 느낄 만도 했을 것이다. 2011년 영국 노동자 계급의 실태를 재조명한 책으로 잘 알려진 오언 존스Owen Jones의 저서 『차브』Chavs에서도 더럼 지역의 콜센터 산업은 중요한 예로 등장할 정도로 유명했다. 만일 1980년대 더럼 지역 탄광촌을 배경으로 한 영화 「빌리 엘리어트」(2000)가 2010년대를 배경으로 새롭게 리메이크된다면, 빌리의 형은 아버지가 다녔던 탄광이 아니라 다음 글처럼 콜센터 직원으로 일했을지 모른다.

28세인 칼 리시먼은 더럼 카운티에서 8년째 콜센터 직원으로 일하고 있다. (…) 그는 고된 12시간 교대근무조로, 3일 일하고 3일 쉰다. (…) 빡빡하게 세워진 목표를 달성해야만 했다. 근무 시간의 4%를 떼어 그 시간 안에 화장실을 가거나 목 축이는 일 등을 해결했다. "매월 말 점수가 매겨집니다. 할당된 시간을 초과하면 점수가 깎이고, 그러면 결국 보너스나 임금 상승에 영향을 받죠." 칼의 경우는 화장실을 자주 갈 필요가 없었지만, "다른 사람들, 임신한 여직원들의 경우에는 그 시간을 지키는 것이 정말 고역"이었다. (…) 그의 고용주들은 고객이 욕설을 하거나 인신공격을 하더라도 결코 먼저 끊어서는 안 된다는 것을 철칙으로 삼고 있다. (…) "때때로 양계장의 닭처럼 느껴지거든요."[1]

나는 지도교수로부터 적나라한 영국 콜센터 이야기를 들을 수 있었다. 한 콜센터 관리자가 상담사들이 화장실을 자주 못 가게 하려고 '성인용 기저귀'를 채우겠다는 협박까지 했었다는 믿을 수 없는 사례도 전해 들었다. 더 큰 문제는 당시 영국 콜센터 상담사가 이렇게 노동 환경이 열악한 직업이었지만, 그마저도 임금이 더욱 저렴한 영어권 나라들, 특히 인도로 옮겨가고 있었다는 사실이다. 더럼 지역에서 이 사안은 큰 문제로 부상했고, 이에 대한 인도 현지 콜센터와의 비교 연구가 관심을 받기도 했다.

지도교수들은 영국의 콜센터가 인도로 '유출'되고 있다는 사실을 익히 알고 있었다. 그렇지만 몇가지 기본적인 사실들, 예를 들면 시차 때문에 밤 근무를 지속해야 하고, 영어 능력이 뛰어난 고학력의 젊은 층이 업무에 종사한다는 정도만 알고 있을 뿐 현지에서 인도 상담사들이 겪고 있는 구체적 어려움에 대해서는 아는 바가 없었다. 그래서인지 짧지만 내가 정리한 내용을 보고 적지 않은 충격을 받은 듯했다. 그들은 인도 상담사들이 현지 고객들을 만족시키기 위해 영어 발음은 물론 이름과 거주 지역까지 현지인인 척 연기해야만 하고, 상대적으로 높은 월급에 외국계 기업이라는 경력 인정에도 불구하고 밤 근무에 높은 노동 강도로 인해 흡연과 음주, 잦은 파티, 그리고 마약성 약물에 의지하는 일들이 많다는 사실을 미처 알지 못했다. 지도교수들은 영국과 많은 면에서 대조를 보인 인도의 현실을 마주하고는 질문과 탄식을 반복했다.

지도교수들은 그동안 나를 통해 한국의 상황에 대해서는 여러 이야기를 접해왔다. 그리고 영국과 인도의 사례를 비교한 자료를 보고 난 후 한국만의 특이점이 더욱 뚜렷이 보인다며 만족스러워했다. 재료가 풍부해지니 서로의 대화가 더욱 다채로워졌다. 특히 여성 상담사들의 명확히 구별되는 흡연의 위치에 대해 모두들 흥미를 보였다(나를 포함해 지도교수 셋 모두 흡연 관련 연구를 진행하고 있어서 더욱 그러했을 테다). 상대적으로 여성의 흡연이 자유로운 영국의 현실에 비춰볼 때, 한국과 인도에서는 흡연 행위를 업무의 연장선상에서 직간접적으로 활용하고 있다는 점과 그것이 콜센터 밖 사회적 통념과 배치된다는 사실에 관심이 집중되었다.

이렇게 한편의 논문 초고를 읽으며 함께 대화를 나누던 날로부터 벌써 5년이라는 시간이 흘렀다. 그때의 열띤 대화에 대한 기억이 지금 이 글을 쓰게 된 가장 큰 계기가 되었다. 만일 지금 이 시점에서 그들과 함께 한국, 영국, 인도의 콜센터에 대해 논의를 재개한다면 그 주제는 과연 무엇이 되었을까? 아마도 코로나19 팬데믹과 관련된 각종 이슈이지 않을까 싶다. 어디에서든 '락다운' 및 비대면 거리두기 등의 상황에서 콜센터의 역할은 더욱 커졌을 것이며, 그 중요성에 비해 집단감염의 위험이 높은 노동 환경으로 인해 관심의 대상이 되었을 것이다. 그렇다면 나는 어떤 주제로 세 지도교수에게 질문을 던지고 조언을 구했을까? 아마도 코로나19 사태를 겪어오면서 나를 가장 괴롭혔던 근본적인 질문 하나를 던졌을 것이다. 영국에서든 인도에서든 한국에서든 콜센터 상담사는 과연 어떤 노동자인가? 단순한 일회용 하청 노동자인가, 아니면 사회를 유지하기 위한 필수 노동자인가? 이 질문에 대한 내나름의 답변에 대해 깐깐했던 지도교수로부터 5년 전과 똑같은 반응을 듣고 싶은 마음이다.

"Very interesting!"

## 콜센터 상담사, 하청 노동자인가 필수 노동자인가

이제부터 내가 던진 질문에 대해 본격적으로 답을 찾아보고자 한다. 2020년 2월 코로나19 사태가 전세계에 확산하기 시작하면서 방역을 위한 이동 제한 및 격리라는 새로운 '비대면'의 삶이 열렸다. 이와 함께 콜센터는 초상집이 되어버렸다. 쏟아지는 문의 전화와 익숙하지 않은 정보들, 그리고 마스크 착용과 집단감염의 공포까지 모든 것이 예전과 달라졌다. 그럼에도 대부분의 콜센터가 하청을 받는 전문업체이기 때문에 상담사들이 초상집에서 벗어날 수 있는 길은 매우 제한적이었다. 그 어떤 것에도 하청 노동자가 쉽게 책임을 물을 수 없었고, 책임의 대상도 모호했다. 나는 제발 휴식 시간을 매시간 10분씩 주어서 마스크를 벗고 쉴 수 있게해달라는 요청이 하청은 원청에게, 원청은 하청에게 폭탄을 돌리듯 떠넘겨지고 있음을 목격했다.

다행스럽게도 하청 노동자에 속한 대다수의 상담사에게 반가운 소식이 들리기 시작했다. 바로 필수 노동자에 대한 논의였다. 재난 상황 속 '필수 노동자'에 대한 논의가 등장하기 시작하면서 (미국에서는 필수 노동자를 위한 법안 'Hero Act' 제정이 추진되기도 했다) 한국도 2020년 12월 14일 고용노동부의 필수 노동자 보호 및 지원 대책이 발표되었다. 이어서 2021년 3월 8일 '재난대응을 위한 필수 업무 종사자 보호 및 지원에 관한 법률안'이 발의되었다. 2020년 12월에 배포된 고용노동부의 자료에 따르면 '필수 업무'는 "재난이 발생한 경우에도, 국민의 생명과 신체의 보호, 사회의 기능을 유지하기 위해 지속될 필요가 있는 업무로 정의"된다.[2] 그리고 여기에 콜센터 업무도 포함되었다.

정부의 발표 내용을 살펴보면 콜센터에서 집단감염이 반복적으로 발생하고 휴게 시간 미보장 등 방역 및 산업안전 등에 있어 사각지대에 놓여 있다는 것을 제대로 파악하고 있었다. 나는 이제야 콜센터 상담사의 지위가 폭탄 돌리기를 하듯 떠넘겨지던 하청 노동자에서 국가에 의해 보호되는 필수 노동자로 전환될 수 있겠다는 희망을 갖게 되었다. 그렇지만 희망이 현실화되는 데 얼마나 오랜 시간이 걸릴지, 혹은 그것이 희망고문에 그치거나 사회의 책임에 대한 면죄부에 그칠지 의문을 갖게 만드는 데는 그리 오랜 시간이 걸리지 않았다.

2020년 12월 14일 고용노동부의 지원 대책에는 콜센터 상담사들에 대한 긴급대책이 포함되었다. 여기에는 '종사자 보호를 위

8-1  2021년 3월 11일 민주노총 필수 노동자 현장실태 증언 기자간담회 사진.3

한 콜센터 방역지침 개정' '휴게 시간, 휴가 보장 등 산업안전·근로감독 실시'가 제시되어 있었지만, 그것이 과거와 달리 상담사들이 체감할 수 있는 안전하고 지속적인 변화를 가져왔는지는 미지수다. 실례로 긴급대책 발표 직전인 2020년 11월 천안 콜센터 집단감염 발생 직후 여러 지방자치단체에서 '사회적 거리두기 개편에 따른 1단계 행정조치 고시'를 바탕으로 '마스크 착용 의무화 행정조치'를 '고위험 사업장'(유통물류센터·콜센터)에 전달했다. 그런데 문제는 단속에 의해 마스크 미착용이 적발될 시 부과되는 과태료였다. 위반 당사자에게는 10만원 이하의 과태료 부과 및 관리 조치가, 운영자에게는 300만원 이하의 과태료가 부과된다.

 이러한 조치들은 콜센터 상담사 간 감염의 위험을 감소시키는 효과를 기대한 것일 수 있으나 현장의 상담사들이 업체의 실적 압박을 받거나 고객의 항의(발음 불분명) 등으로 마스크를 철저히 착용한 채 상담하는 것이 현실적으로 어려운 상황임을 고려하지 않은 처사였다. 마스크 미착용에 대한 과태료를 공지하기 전에 콜센터 업체가 제대로 된 정기 휴식 시간을 보장하고 업무량 조정을 선행했어야 한다. 상담사들이 필수 업무를 원활히 수행할 수 있도록 불편한 사항을 건의하거나 회사가 의무를 다하지 않는 부분을 전달할 수 있는 의견수렴 창구가 공적으로 마련되어 있어야만 한다.

현실이 이런 상황이라면 누구나 다음과 같은 의문을 던질 것이다. 필수 노동자로 콜센터 상담사를 지정한 것이 국가 재난 상황에서 국민을 보호하기 위해서인데, 이때 상담사는 과연 그 국민에 포함된 것인가? 이들이 보호받을 국민에 포함되지 못하고 국민을 보호하기 위해 쓰러지지 않고 일해야만 하는 노동자로만 여겨진다면 과연 상담사를 무엇이라 불러야 할 것인가? 머릿속에 떠오르는 단어들이 있지만 차마 말할 수 없다.

콜센터 상담사에 대해 오랜 기간 현장연구를 진행해왔지만, 한국 사회에서 과연 이들의 위치는 어디에 있는 것인지 답하기 어렵다. 그들은 하청 노동자인가? 아니면 필수 노동자인가? 정부가 콜센터 업무를 재난 상황 속 필수 노동으로 인정하기는 했지만, 아직까지 필수 업무를 낮은 임금으로 수행하고 있는 하청 노동자가 가장 근접한 설명일 것이다. 물론 고객 상담을 전담하는 대기업, 공공기관 정규직 상담사들도 분명 있고, 하청업체에 소속된 계약직 상담사 중에도 자신의 직장에 만족스러워하는 이도 당연히 존재한다. 그러나 단순히 모든 일이 그렇듯 좋아하는 사람, 불만인 사람이 없을 수가 없다는 식으로 두루뭉술하게 넘어갈 문제가 아니다.

콜센터 업무는 분명 필수 업무로 분류할 만큼 이제 없어서는 안되는 '대표적' 직업이 되었다. 그리고 '대표적인' 여성 중심 직종이면서 '대표적인' 간접고용 방식의 직군이기도 하다. 따라서 나는 다음과 같은 질문을 던져야 한다고 생각한다. 코로나19 사태를 겪으면서 콜센터 상담사의 역할이 사회적 안정을 위해 필수적이라 여기면서도, 왜 이들 필수 노동자들이 저임금의 불안정한 노동 조건과 열악한 노동 환경에 여전히 당연하듯 방치되어 있어야만 하는가? 그리고 왜 그 대상자가 주로 '여성'이 되어왔는가? 더 나아가 조금 더 근본적인 질문도 던져본다. 그렇다면 왜 콜센터 상담사라는 직업이 탄생하게 되었을까? 그리고 그 탄생의 의미는 무엇일까? 또한 그 같은 현상은 한국에만 국한된 문제일까?[4]

이제부터 나는 상담사가 필수 노동자임에도 왜 주로 하청 노동자의 위치에 머물러 있어야 하는지에 대해 한국 밖의 이야기를 통해 조금은 이론적인 설명을 시도하려 한다.[5] 특히 콜센터 산업의 태동부터 최근 코로나19 사태 때까지 활발하게 콜센터 산업에 대한 연구가 진행되어왔으며 중요한 콜센터 논쟁(전자식 파놉티콘 여부 등)이 있었던 영국의 사례, 세계 콜센터 산업의 메카로 손꼽히는 인도의 사례를 중심으로 설명해보겠다.

# 콜센터 상담사, '엉터리 직종'의 출현

소위 정보화 시대에 접어들면서 각종 정보통신기술이 발전하고 이에 따른 인프라가 확산하면서 국제 노동시장에 '텔레워크' '홈뱅킹' '홈쇼핑' 등이 소개된 것은 1990년대부터였다. 동시에 텔레마케팅, 콜센터 산업이 소개되며 급격히 성장한 시기도 1990년대 이후였으며, 북미, 서유럽, 호주, 인도를 중심으로 여성 노동자에게 가장 많은 일자리를 제공하는 산업으로 부상했다. 실리아 스탠워스Celia Stanworth는 정보화 시대로 일자리가 창출되기는 했지만, 이것이 여성과 남성의 노동시장 내 분화를 더욱 강화할 것이라 예측했다. 여성은 남성과 달리 텔레워크와 같이 낮은 숙련도를 요구하는 저임금 노동시장으로 유입될 것으로 본 것이다.[6] 실제로 콜센터는 전반적으로 기존 산업이 낙후된 지역에 설립되는 추세였고, 그것은 장기간의 실업 상태가 지속된 곳에서 저렴한 노동력을 확보하기 위함이었다.

이전까지 여성 노동과 관련된 인류학적 연구들은 1980년대 초반 선진국의 자본과 후진국의 값싼 노동력이 활발히 교환되기 시작하면서 노동의 국제적 분화와 관련된 것들이 주를 이루었다. 더 나아가 저임금 노동력이 주로 여성 노동자로부터 제공되었기에 여성주의 관점에서 접근한 시도들도 있었다. 이처럼 주된 연구들이 젠더, 계급, 가부장제를 중심으로 후진국 저임금 노동력에 대해 이루어졌다면, 최근에는 선진국에서 나타나고 있는 노동 가치의 상실과 노동력 착취가 동반된 직업들에 대한 논의가 활발히 이루어지고 있다. 특히 여기서 소개하고픈 학자는 영국의 경제인류학자 데이비드 그레이버David Graeber다.

그는 기술이 발전함에 따라 노동자의 삶과 노동 환경이 향상되는 측면이 있지만, 동시에 24시간 피자배달부, 강아지 목욕사 등 '부수적인 직종들'ancillary jobs이 나타나기 시작했다고 비판하며, 이를 은어를 섞어 '엉터리 직종'bullshit jobs이라 빗대어 표현했다.[7] 그는 이 엉터리 직종들을 다섯가지로 분류했는데,[8] 그중 하나가 텔레마케터다. 그레이버의 분석이 주는 통찰력은 오늘날의 수많은 직종이 애초에 노동 가치를 획득할 수 있는 직종이 아닐 수 있다는 지적에 있다. 예를 들어 그는 텔레마케터의 경우도 텔레마케터를 고용해서 판매를 부추길 생각이 없었다면 존재하지 않았을 직종이라고 주장한다.

그레이버는 소위 엉터리 직종에 고용된 노동자들을 평가절하하는 것이 아니라 온전한 일자리를 제공하지 않는 기업들을 비판하고 있다. 나는 그레이버의 주장에 동의하면서도 이러한 논의가 주로 영국의 상황을 바탕으로 한다는 점에서 한계가 있다고 본다. 그레이버가 예로 제시한 텔레마케터의 경우만 보아도 한국은 현재 단순 판촉을 넘어서 고객 상담 등과 같은 포괄적 서비스를 제공하고 있으며, 공공기관의 영역까지 확장되어왔다. 따라서 콜센터 상담사에 대한 논의를 단순히 엉터리 직종으로만 국한해서는 안 될 것이다(물론 노동 조건 및 환경, 그리고 고객들의 반응을 기준으로 볼 때 '엉터리' 수준보다 낫다고 보기는 무리가 있다). 이제 좀더 구체적으로 영국, 인도, 한국의 콜센터 상담사들이 어떠한 노동 조건 및 노동 환경에 처해 있는지 살펴봄으로써 이것이 지니는 의미를 자세히 비교·분석해보고자 한다.

## 전자식 파놉티콘의 출현: 영국의 콜센터 산업

영국에서 콜센터는 1985년 4월 북런던 지역의 대표적 종합보험 회사인 다이렉트 라인Direct Line이 최초로 63명의 상담사를 고용하면서 시작되었고, 1980년대 후반부터 자동차보험, 소매금융업무를 중심으로 콜센터가 설립되었다. 이후 자동차 판매, 건강관리 서비스, 이메일 주문 등과 같은 분야에서 급격히 성장했고, 여러 콜센터 전문업체들이 생겨나면서 경쟁이 가속화되었다. 곧이어 관련 협회도 창설되고 업계 잡지까지 발간되었다.

이와 같은 영국 내 콜센터 산업의 발달은 지역 간 화이트칼라와 블루칼라 직업을 나누며 노동 분화 현상을 가속화하는 형태로 진행되었고, '공간을 축소'하는 정보통신기술의 발달로 영국 내 외곽 지역에 주로 설립되었다. 이 지역들은 전통적으로 제조업 단지들이 자리 잡고 있던 곳으로서 제조업의 위축 이후 장기간 높은 실업률과 낮은 노동임금이 특징인 곳들이었다. 이렇게 형성된 콜센터 산업에서 약 70%의 인력은 임금이 저렴한 지역 내 여성 노동자로 구성되었다. 이곳의 노동 환경은 낮은 업무 만족도와 더 나은 조건으로의 승진 기회 박탈 등으로 인해 "여성 직업의 게토"이자 "직업보다는 임시방편"으로 묘사되었다.[9]

2020년 영국 내 코로나19 사태가 확산하면서 콜센터 상담사의 감염 위험에 대한 우려의 목소리가 있었다. 약 25년 동안 영국의 콜센터 산업을 연구해온 필 테일러Phill Taylor는 코로나19 사태 속 스코틀랜드 지역 상담사들의 노동 환경 및 감염 위험에 대해 '긴급 호소문'을 발송하는 등 빠르게 조사를 진행했다. 그는 한국에서 2020년 3월에 발생한 콜센터 내 집단감염의 연구 결과에 주목하며 영국 상담사들이 처한 열악한 노동 환경과 콜센터 방역대책에 우려를 표명했다. 테일러는 영국에서 콜센터 산업이 발생하던 초창기부터 이 산업이 지닌 특징에 주목했으며, 특히 콜센터의 '전자식 파놉티콘'electric panopticon 설명에 대한 학계의 분석에 반박하며 동료 피터 베인Peter Bain과 함께 문제를 제기했다.[10] 그의 학술적 논박은 영국의 콜센터 산업의 주요 특징을 잘 보여주고 있다.

테일러가 동료 베인과 함께 주목했던 논문은 바로 수 페르니Sue Fernie와 데이비드 메트칼프David Metcalf가 발표한 '새로운 노동 착취 산업인 콜센터의 임금체계'[11]에 대한 분석이었다. 이 논문은 영국에서 1900년대 전후 아동 노동력을 착취해 '사탄'으로 비판받았던 대규모 방직공장[12]에 비유될 정도로 밀집된 공간에서 철저히 노동을 통제하는 콜센터의 운영 방식을 다루었다. 이들은 자동 콜

분배 시스템에 의해 '멈추지 않는 전화 컨베이어 벨트'를 가동하며 쉴 새 없이 상담사들에게 콜을 배분하고 있으며, 그 과정을 관리자의 컴퓨터를 통해 모니터링하고 채점하고 있음을 보여주었다. 관련된 예로 2001년 영국『가디언』The Guardian에「콜센터 상담사에 기저귀로 협박」Nappy threat to call centre staff이라는 기사가 실렸다. 기사에 따르면 영국에서 한 매니저가 실제 일회용 기저귀를 센터에 가져와서 화장실에 가장 많이 가는 상담사는 누구든 기저귀를 채울 것이라고 협박했다고 한다. 영국 상담사들은 화장실을 가기 위해 허락을 받아야 했고, 직접 손을 들고 수기로 방문 기록을 남겨야 하는 등 철저히 통제받고 있었다.[13] 페르니와 메트칼프는 콜센터가 '완벽한 통제'가 가능한 소프트웨어를 확보해서 개별 상담사들의 콜 실적에 맞춰 임금을 차등 지급하는 시스템을 실현하고 있음을 15초 이내 응답한 콜 수나 통화시간 같은 구체적 평가 기준까지 보여주며 설명했다. 이러한 조사 결과를 토대로 영국의 콜센터를 일망감시체계를 특징으로 하는 벤담의 파놉티콘의 전형적인 예라고 보았다.

테일러와 베인은 당시 이러한 논의를 콜센터의 '전자식 파놉티콘'이라 부르면서 자신들의 콜센터 조사 결과와 비교했다. 이들은 콜 상담에 대한 압박이 심했던 한 업체의 직원 350명을 조사한 후 상담사들이 페르니와 메트칼프의 논의처럼 어떠한 저항과 전략 없이 철저히 통제되고 있지는 않다는 사실을 보여주려 했다. 이들은 페르니와 메트칼프가 '너무나 매력적인' 파놉티콘 개념을 현실에 쉽게 대입하려 시도한 것은 아닌지 지적했다. 테일러와 베인은 콜센터는 단순히 감옥체계가 조금 완화된 형태가 아니며, 노동 통제는 엄격히 자본주의의 논리하에 작동한다고 주장했다. 작업장에서의 통제는 단순히 순종적인 신체 그 자체가 목적이 아니라 바로 이익 추구라는 목적을 향해 있다고 지적한 것이다.

테일러와 베인의 주장을 구체적으로 살펴보면 이렇다. 첫째, 실제 관리 현장은 이론과 달라 완벽한 통제라는 것은 불가능하다. 둘째, 파놉티콘은 관찰 대상이 자신이 관찰 중인 것을 완전히 몰라야 하지만 콜센터에서 장기간 근무한 노동자의 경우 감시가 이루어지는 타이밍을 파악하고 있어 이를 역이용하기도 한다. 마지막으로 가장 중요한 부분으로, 상담사들이 노동조합을 통해서 집단적 저항을 실천하고 있다.

테일러와 베인, 그리고 페르니와 메트칼프의 학술적 논쟁은 급성장하는 영국 내 콜센터 산업에 대한 논의를 상담사에 대한 '철저한 통제' 대 '저항의 가능성'을 쟁점화했다는 점에서 의의가 있다. 특히 테일러와 베인은 자신들의 논박에서 콜센터의 파놉티콘이라는 것도 외부 노동시장의 상태에 따라 영향을 받을 수 있다고 지적했다. 그들의 지적처럼 영국의 불안정한 고용 상태는 더 악화되었고, 최소한의 노동 시간이 보장되지 못하고 고용주가 원하는 시간만큼만 일하도록 임시 계약을 맺는 '제로 아워 계약직'이 확산하는 상황에 다다르자 '엉터리 직종'으로 치부되는 콜센터 상담사 일자리라도 집단적으로 저항하기보다는 순응해야만 하는 처지가 되었다. 따라서 비록 완벽할 수 없는 파놉티콘이지만, 외부 노동시장의 여건에 따라 그곳에 자발적으로 고용되어야만 하는 상황이 되어버린 셈이다.

영국의 다양한 '엉터리 직종'에 대한 인터뷰 내용을 에세이로 묶어 낸 조안나 빅스Joanna Biggs의 책에는 이러한 현실이 적나라하게 드러나 있다.[14] 비정규직 상담사인 32세 T는 쉴 새 없이 바쁜 업무 시간 내에도 커피 핑계를 대는 등 휴게 시간을 요령껏 확보하면서 전혀 가치 있어 보이지 않는 상담 일을 마지못해 기계적으로 반복하는 일상을 보내고 있었다. 빅스는 11년간 이어온 콜센터 업무가 T에게 남긴 것은 결국 우울증 약과 술뿐이었다고 지적한다.

영국의 일자리 현실은 '모래시계 경제'라고 표현된다. 고용시장에서 안정된 중간단계의 일자리들이 점차 사라지고 소수의 고임금 일자리와 다수의 저임금 일자리만 확산하는 현상이 마치 모래시계 모양 같다고 지적한 것이다. 이 같은 불완전한 고용 상태로 인해 이직률도 높아 노동조합이 형성되는 데 실질적 한계가 있다는 연구 결과도 있다.[15] 제조업이 쇠퇴한 후 여성 노동자의 일자리가 부족한 북동부 잉글랜드 지역에서는 현지조사 결과, 오히려 이곳 중년 여성들의 경우 특별한 경력이 없는 자신들에게 콜센터가 그나마 쉽게 돈을 벌 수 있는 일자리로 여겨졌으며, 집단적 저항은 형성되지 않고 있었다. 런던의 한 콜센터에서 실제 일을 하며 현지조사를 한 제이미 우드콕은 상담사들이 자기 감정으로부터의 소외, 노동으로부터의 소외 등을 경험하기도 하지만 가장 중요한 것은 바로 그와 같은 엉터리 노동을 거절할 수 없는 현실에 놓여 있다는 사실이라고 지적한다.[16] 상황이 이러하니 콜센터의 전자식 파놉티콘이 완벽할 수도 없지만, 이제는 구태여 완벽해져야 할 필요조차 없어진 것처럼 보인다. 감옥 같은 곳이라도 그 같은 일자리가 없어지는 것을 안타까워해야 하는 게 영국의 현실이지 않은가.


## 사이버 쿨리의 발달: 인도의 콜센터

이전부터 영국의 노동자들은 콜센터 산업이 더 저렴한 노동력을 확보하기 위해 인도로 아웃소싱되면서 급격하게 상담사 일자리가 감소하는 것을 우려하고 있었다. 심지어 이를 두고 '식민주의 역사에 대한 보복'이라 해석하는 영국 내 민족주의적 수사도 등장했다. 이처럼 영국의 노동자들이 인도가 콜센터 산업을 차지해감으로써 과거 영국의 식민주의 역사에 대한 복수를 하고 있다고 말하지만, 정작 인도의 거대한 콜센터 산업은 '사이버 쿨리'로 여겨지고 있다. '쿨리'란 영국의 식민지 시절 인도의 가난한 일용직 노동자들을 일컫는 표현으로, 인도는 콜센터 산업을 통해 또다시 "전세계의 전자 가정부"로 전락했다고 보고 있다.[17] 실제로 2000년 초반에 이미 인도는 전세계 46% 정도의 아웃소싱 산업을 차지하고 있었다. 인도의 상담사들이 사이버 쿨리로 불렸던 이유는 기본적으로 이들의 불안정한 노동 조건과 취약한 노동 환경 때문이었다. 더 나아가 인도의 콜센터 상담사들은 영어를 마치 모국어처럼 사용해야만 하는 상황이었다. 여러 인류학 연구들은 그들을 '식민지 혀'라고 묘사했으며,[18] '언어 제국주의, 언어 헤게모니 혹은 언어 코스모폴리터니즘'이라 비판적으로 분석했다.[19]

오랫동안 영국의 콜센터 산업을 연구해왔던 테일러와 베인은 인도의 콜센터 상담사들이 모국어 발음인 인도식 영어에서 '순수한' 서구식 표준 영어 발음을 하도록 훈련받고 있음을 지적했다. 인도 상담사들은 발음, 목소리, 문법, 실질적 대화 스킬 등을 훈련받는 것을 넘어 영어식 현지 이름을 사용하고 거주하는 지역마저 미국의 도시로 위장하도록 지시받고 있었다. 미국의 사회학자 셰흐자드 나딤은 인도 콜센터 현지조사를 통해 이것을 새로운 인물의 가면을 쓰는 현상을 빗대어 '똑같이 닮은 사람'이라는 뜻의 '데드 링어'dead ringer[20]라 표현했다. 실제로 인도의 상담사들은 낮에는 인도인, 밤에는 미국인의 삶을 살고 있었다.

인도 상담사들의 이런 노력에도 불구하고 많은 상담사가 적절한 대응조차 못한 채 소비자들에게 인종차별을 당하고 있었다. 과거 식민지 시절에는 피부색처럼 시각에 의해 인종주의를 겪었다면, 이제는 정보통신기술의 발전과 함께 인종주의가 발음과 같은 청각으로 전환된 것이다. 이와 더불어 콜센터 안에서도 관리자에게 강압적인 모욕을 받거나 따돌림을 당하는 일들이 보고되었다. 예를 들면 관리자들은 자주 공적·사적 자리에서 폭언과 모욕을 일삼았고, 이로 인해 상담사들은 상시적으로 불안과 긴장감 속에서 근무하고 있었다. 특히 외국인 관리자 혹은 외국에서 훈련을 받은 관리자들의 경우 인도인의 본성에 대한 강한 선입견을 가진 채 인종차별을 일상화했다. 그들은 인도 상담사들이 '순종적인 성격'을 지니고 있기 때문에 적절히 강압적인 명령을 사용하는 것을 주요 관리 전략으로 받아들이며 매니저는 때때로 상담사를 압박해야 한다고 믿었다.

테일러와 베인이 영국 사례를 통해 언급했듯, 인도 상담사들도 근무 중 녹음이 될 때만 열심히 상담하는 등 자기 나름의 크고 작은 적응 전략을 사용하는 것은 물론, 2005년에는 노동조합이 설립되기도 했다. 그렇지만 한국이나 영국에서와 달리 인도의 경우 상담사로 일하는 것 자체가 상대적으로 높은 물질적 보상은 물론 외국계 기업에서 영어를 구사는 고학력 직종이라는 전문직 정체성을 얻을 수 있다는 장점이 존재하기 때문에 집단적 저항에 높은 참여율을 기대하기는 제한적인 현실이다.

인도의 콜센터가 영국과 뚜렷하게 구별되는 지점은 여성 상담사들의 나이 및 학력의 차이이다. 인도의 경우 대다수 상담사가 남녀 구별 없이 "도시 중산층 출신으로 교육 수준이 높고 재미를 추구하는 젊은이들"이다.[21] 또한 인도의 콜센터에서 소프트 스킬, 즉 경청, 이해, 공감, 고객 서비스, 설득의 기술에 대한 수요가 점차 증가하면서 상담사 중 여성의 비율이 증가했다. 2006년 기준으로 80%가 20세에서 25세 사이 미혼의 젊은 여성으로 구성되었고, 대다수의 여성 상담사가 낮에는 대학생으로, 밤에는 상담사로 근무하기 때문에 인도의 콜센터는 '냉방시설이 갖춰진 대학교'라는 별명을 얻기도 했다.

이것의 연장선상에서 인도의 여성 상담사들에게 영국식 '전자식 파놉티콘' 논의는 전혀 다르게 받아들여지고 있었다. 인도 콜센터에서 2002년부터 약 10개월간 영국 문화 및 발음 강사로 고용되어 참여관찰을 시행한 티나 바시<sup>Tina Basi</sup>는 테일러와 베인을 중심으로 진행되었던 인도 콜센터에 대한 기존 연구들이 지닌 한계를 지적하며, 특히 파놉티콘 논의에 대해 인도의 역사, 문화 및 사회적 차이를 고려하지 못했다고 비판한다. 그녀는 인도의 여성 상담사들이 받는 높은 수준의 감시가 오히려 족벌주의로 인한 부당한 처사를 제한하고, 노동자들이 노력한 만큼 보상을 받는다는 확신을 갖게 해주었다고 보았다. 또한 바시는 연구 대상자 대부분이 체계적인 교통편, 24시간 보호, 안전한 시설을 콜센터라는 직종을 선택한 주된 이유로 꼽았다고 밝혔다. 인도의 델리와 같은 도심 지역은 여성에 대한 폭력 범죄가 다수 발생하는 곳이기 때문에 파놉티콘과 같은 통제가 불필요한 것이 아니라 오히려 일상적인 것으로 받아들여지고 있었다. 심지어 인도의 콜센터 업체들은 현지 상담사들의 부모들이 콜센터가 서구의 가치를 소개해 자식들이 인도의 가치관과 멀어지고 타락할까봐 걱정하기 때문에 오히려 자신들이 매우 엄격하게 감시하고 통제하고 있다는 걸 확인시켜준다고 한다.[22]

이렇게 콜센터의 엄격한 통제 및 관리체계가 긍정적으로 받아들여지는 측면이 존재했지만, 여전히 탈규범적인 서구 문화에 젊은 상담사들이 노출되어 있음을 지적하는 논의들이 있었다. 미디어에서는 콜센터를 '성적으로 문란한 범죄의 온상'으로 묘사했고, 사회적으로도 '도덕적 부패와 부적절한 성생활의 컨테이너'로 받아들여지고 있었다. 그런데 이러한 현실은 야간 근무의 신체적·정신적 어려움으로 상담사의 이직률이 1년에 25~40%로 매우 높은 상황에서 업체 관리자 측이 다양하고 자극적인 재밋거리들을 제공한 사실과도 무관하지 않다. 실제 업체들은 상대적으로 높은 월급과 보너스 이외에도 비금전적 인센티브를 주려 노력했다. 여기에는 업무 종료 후 파티를 자주 열어주거나 담배, 술자리 등을 제공하는 게 포함된다. 나딤은 파티 문화가 이제 인도의 콜센터 산업 분야에서는 필수적인 동기부여의 도구로 받아들여지고 있으며, 이로 인해 "상담사들이 노동조합 현장보다 술에 더 관심이 많아서 노동조합이 설립되지 않는다"라고 지적했다.[23] 앞에서는 취직을 하게 만들기 위해 철저한 통제와 관리가 이루어진다고 홍보하지만, 뒤에서는 이직을 막기 위해 각종 유흥거리를 제공하고 있는 셈이다.

그렇지만 나딤은 콜센터가 인도의 젊은 여성 상담사들에게 자유로운 흡연 행위를 적극 허용하는 것을 단순히 재밋거리의 제공 정도로 해석하지 않았다. 그는 이러한 변화가 디지털 혁명이 초래한 부작용이며, 발전이라기보다 영국 식민지 시절 겪었던 노동력 착취의 역사가 반복되는 것으로 보았다. 그가 안타깝게 생각한 건 상담사들이 소비문화에 탐닉하면서 이러한 착취의 현실을 망각하게 된다는 점이었다.

정치적으로 무능력하게 만들어버리는 혹독한 노동 조건들(특히 야간 근무, 긴 노동 시간, 업무 속도의 압박감 등)은 노동조합에 의해 해결되는 것이 아니라 개개인들이 각성 상태를 유지하는 자극제들을 복용하며 견뎌내고 있다. 상담사들이 끊이지 않고 마시는, 우유가 섞인 그 달콤한 차는 잉글랜드 지역 산업혁명 시절의 역사적 선례를 지니고 있다. (…) **인도의 테크놀로지 단지들에서 올라오는 그 얇은 담배 연기는 디지털 혁명의 어두운 측면을 상징하는 것이다.** 마치 공장 굴뚝으로부터 뿜어져 나오는 검은 연기들이 악명 높았던 산업혁명의 시기를 대변하듯이 말이다. (…) 아이러니한 것은 이 뒤죽박죽 섞인 콜센터 문화에서 '24시간 돌아가는 국제사회'의 정크푸드와 각성제들은 필요악으로 여겨지기보다는 소비자-시민사회의 절정기에 누릴 수 있는 환상적인 선택으로 각광받고 있다는 사실이다.[24]

실제로 인도 콜센터 상담사들은 다양한 안과 질환, 두통, 소화불량, 인후통, 목소리가 쉬고 잦은 기침을 하는 등 각종 신체적 이상들부터 번아웃 스트레스 증후군, 시차로 인한 지속적인 고강도 야간 근무 결과로 생긴 불면증 등 각종 수면장애, 그리고 감염에의 노출 등 여러 심신의 어려움을 겪고 있었다. 무엇보다도 상담사들의 높은 흡연율은 매우 중요한 문제로 대두되고 있었고,[25] 더 나아가 여러 마약성 진통제와 약물이 남용되는 실정이었다. 야간 근무를 하는 상담사의 3분의 1가량이 마약성 진통제를 복용하며, 간자ganja라 불리는 인도식 대마초의 경우 콜센터에서 널리 사용되는 것으로 알려졌다.[26]

앞선 나딤의 현지조사 결과를 본다면, 콜센터는 인도 문화가 소실되고 서구 문화가 주입되는 오염의 공간처럼 묘사된다. 그런데 바시는 이와는 조금 다른 측면에서 여성 상담사의 입장을 설명하고자 했다. 그녀는 우선 인도 여성 상담사들이 콜센터를 보수적인 인도 사회의 가부장적 억압 문화에서 벗어날 수 있는 공간으로 여기기도 한다는 점을 지적한다. 인도의 여성 상담사에게 서구식 콜센터는 재미있고, 마치 서구 대학처럼 여성이 남자 동료와 담배를 피울 수도, 잡담을 나눌 수도 있는 곳이며, 이러한 행동들이 콜센터 밖에서처럼 대중에게 심판받지도 않는다. 또한 인도 여성들은 콜센터에 들어오면서 오히려 사회적 파놉티콘으로부터 자유로워지기 때문에 콜센터 내부의 감시에는 크게 개의치 않는 경우도 존재한다.

인도 콜센터에 대한 현지조사 및 여러 사회과학적·보건학적 연구들은 영국의 콜센터 논의와 여러 측면에서 이질적인 모습을 보여준다. 전자식 파놉티콘이 실제로 작동하며 심지어 인종주의적 폭언을 경험하기도 하지만, 여성 상담사의 경우 콜센터 밖 보수적인 가부장 중심의 파놉티콘을 피할 수 있는 데다가 물질적·비물질적 보상을 받을 수 있다는 사실에 양가적인 감정이 교차하고 있었다. 이러한 논의는 미국의 인류학자 칼라 프리먼<sup>Carla Freeman</sup>이 카리브해의 섬나라 바베이도스 지역에서 미국계 정보처리회사에 고용된 현지 흑인 여성들에 대한 민족지 연구 결과와 유사한 면이 있다.[27]

프리먼은 바베이도스 지역 여성들이 서구식 사무직 여성의 헤어스타일, 의복(주름치마), 신발(하이힐)을 똑같이 따라 한 채 출퇴근하는 것을 가리켜 '핑크 칼라'<sup>pink collar</sup> 노동자라 표현했다. 프리먼은 현지 여성들이 비록 높지 않은 월급에 미국계 아웃소싱 기업에 취업해 있지만 현지 공장에서 일하는 여성 노동자들과 스스로를 구별 짓기 위해 특정적인 옷차림에 신경을 썼다는 점을 지적했다. 현지 여성들은 임금이 더 많은 사탕수수 밭일보다 깨끗하고 시원한 사무실의 컴퓨터 책상에서 일하기를 선호했다. 프리먼은 이런 현상을 여성 노동자들이 젠더의 특성을 확립함으로써 자신의 계급 정체성을 변화시키고자 했던 것으로 해석했다. 바시 역시 인도의 콜센터 여성 상담사들이 출퇴근 시 콜센터 주변 시민들의 시선을 의식해서 의복에 신경을 쓰는 등 '핑크 칼라'적 행동을 하는 것을 목격했다. 이렇게 인도의 콜센터에서는 다양한 문화, 젠더, 계급의 문제가 교차되고 경합하고 있다.

## 영국, 인도에 비춰 본 한국 콜센터의 특수성

한국의 콜센터는 영국이나 인도의 콜센터와 어떠한 차이가 있을까? 우선 한국은 기본적으로 영국, 인도처럼 영어를 사용하는 국가가 아니기 때문에 콜센터 산업의 아웃소싱은 국내에서만 주로 이루어지고 있다. 물론 국내에 국한된 아웃소싱이라 할지라도 한국 역시 국내의 외국계 기업을 포함한 여러 기업들이 콜센터 산업의 복잡한 먹이그물을 이루고 있다. 한국의 콜센터 산업은 1997년 금융위기 이후 국가 차원에서 IT 중심의 산업을 육성한 것과 궤를 같이한다. 과거 공단 부지에 콜센터 등의 산업을 적극 유치한 것은 물론, 노동유연화와 파견근로제가 확산하기 시작하면서 비용 절감 및 효율성 증진을 위해 아웃소싱과 파견, 비정규직이 확장되며 고객센터, 상담실 등의 외주화도 동반되었다. 물론 1990년대 말 핸드폰의 대중화, 그리고 2000년대 초 전화를 이용한 보험 판매가 확산한 점도 영향을 끼친 것으로 여겨진다.

콜센터 상담사의 규모는 현재 정확히 확인하지는 못하지만, 콜센터 업체 중심으로 발간된 『2016 컨택센터 산업총람』 등을 참고하면 2016년 기준 공식적으로 40만명, 비공식적으로 200만명까지 추산되는 상황이며,[28] 2010년부터 2020년까지 매출 규모가 두배 증가하고 산업 규모는 약 4조원대가 될 정도로 확장되었다.[29] 한국은 이미 대규모 상담사 풀을 지니고 있는 대형 콜센터 전문업체들[30]이 다수의 민간기업과 공기업의 콜센터 업무를 하청받아 담당하고 있다. 한 예로 금융 및 보험 영역에서 가장 큰 하청 업무를 담당하는 '메타넷엠플랫폼' 회사의 경우 총 여덟곳의 원청기업과 하청 관계를 맺고 있다.[31] 또한 원청기업인 금융기관들도 여러 콜센터 업체와 복수의 하청을 맺고 있는 실정이다.[32] 더 나아가 대형 콜센터 전문업체들은 하청을 받아서 소규모 콜센터 업체에게 다시 하청을 내리는 식으로 연장되기도 한다. 이렇게 다양한 하청과 원청기업 간의 문어발식 계약이 맺어진 상황에서 콜센터 전문업체는 거대한 매출을 올리고 수많은 인원을 고용하고 있다.[33]

한국 콜센터 산업의 기본적인 구조는 국경을 넘나드는 하청 및 서비스 제공의 유무만 차이가 있을 뿐 기본적으로 앞서 다룬 영국과 인도의 콜센터 구조와 다르지 않다. 그렇다면 한국 콜센터 산업만의 특수한 점은 무엇일까? 먼저 가장 눈에 띄는 차이점은 한국의 경우 콜센터를 둘러싼 주된 이슈가 고객의 갑질이나 폭언 등 강도 높은 감정노동 논의에 초점이 맞춰져왔다는 점이며, 실제로 콜센터 상담사와 관련되어 제정된 제도들[34]만 보더라도 이를 쉽게 파악할 수 있다. 반면 영국의 논문들은 전자식 파놉티콘, 집단적 저항 등을 중점적으로 다루고 있으며, 인도는 언어 제국주의, 인종주의적 차별, 야간 근무 등과 관련된 논의들이 중심을 이룬다. 영국과 인도의 사례에서도 당연히 한국처럼 고객의 폭언과 혐오 발언이 존재했으며, 그로 인한 심리적 고통도 존재했다. 그럼에도 이 같은 차이가 발생하는 것은 고용된 여성 상담사의 비율과 특성, 그리고 임금 수준 등이 복합된 결과로 이해할 수 있다.

일단 상담사의 임금 수준을 본다면, 국가 간 직접적 비교는 어렵지만 국가 내 타 직종과 비교해보면 한국과 영국의 경우는 임금 수준이 낮은 반면, 인도는 상대적으로 높은 임금을 받고 있다. 또한 한국과 인도는 주로 도시 지역에서 상담사를 선발하는데, 한국은 학력을 특별히 고용 기준으로 잡지 않는 반면, 인도의 경우 고학력의 젊은 층을 선호한다. 여기서 가장 중요한 차이점은 다른 나라들과 비교할 때 한국의 경우 상대적으로 많은 인원을 여성으로 고용하고 있다는 점이다.[35] 인도와 영국의 경우도 여성의 비율이 높은 편이지만, 인도의 콜센터는 주로 고학력의 영어를 잘하는 경력직, 소프트 스킬을 자연스레 구사하는 상담사를 선호하기 때문이고, 영국의 콜센터는 저렴한 인건비가 주된 이유였다. 물론 이러한 조건에 잘 부합하는 것이 여성이긴 했지만, 반드시 여성이어야만 하고 남성에게 금기인 직종은 아니다. 영국과 인도의 연구 결과들을 보면 남성 상담사가 자연스럽게 등장한다. 그런데 한국의 경우 콜센터 상담사 업무가 '본능적으로' 여성, 그것도 저임금에 경력이 부족한 여성들에게 적합한 일이며, 남성의 경우 "너 인생 막장까지 왔구나" 같은 평가를 들을 정도[36]로 통념상 금기시되는 일로 받아들여지고 있었다. 이러한 측면이 남성 노동자의 자유로운 콜센터 진입을 가로막는 일종의 문화적 장벽일 수 있다. 콜센터에서 전문기술 상담 및 관리직 채용의 차원에서 남성 상담사의 고용을 요구하는 상황임에도 지원의 한계가 존재하는 게 현실이다.

| | 영국 | 인도 | 한국 |
|---|---|---|---|
| 주된 이슈 | 전자식 파놉티콘 집단적 저항 | 언어 제국주의 인종주의 차별 야간 근무 | 감정노동 갑질 고객 |
| 임금 수준 | 낮음 | 상대적으로 높음 | 낮음 |
| 고용 특징 | 지방 | 도시 고학력 젊은 연령 | 도시 지역, 학력 무관 |
| 여성 비율 | 70%(2002년 기준) | 80%(2006년 기준) | 98%(2009년 기준) |

표 8-1 영국, 인도, 한국의 콜센터 비교.

한국 콜센터에서 여성 상담사의 비율이 압도적으로 높다는 현실은 앞서 콜센터에 대한 주된 이슈가 타국과 달리 감정노동과 갑질 고객에 집중된 것과 연결되는 지점이 있다. 한국에서 콜센터에 취직하기 위해서는 특별한 학력과 경력이 필요 없으며 '고객 서비스 마인드'를 갖추기만 하면 된다((표 8-2) 참조). 실제 상담사들의 이야기를 들어보면 "그냥 다 불러다놓고 오리엔테이션 같은 거 하고 바로 취직"한다고 여겨질 정도라고 한다. 30대 초반의 경력 7년 차 여성 실장은 여성 상담사의 경우 어느정도 단정하고, 어느정도 발음하는 데 문제가 없고, 어느정도 타이핑 칠 줄 알면 입사가 쉽게 된다고 이야기했다. 그녀는 콜센터를 여성들이 어디에도 취직이 안 될 때 찾게 되는 '마지막 관문'이라고 표현했다. 그렇기 때문에 상담사로 오래 근무하는 여성은 적지 않은 경우 "고졸 학력에 경력도 별게 없고, 정말 나는 내세울 게 너무 없다"라며 자괴감을 표현하곤 한다.

표 8-2 인터넷 구직 사이트에 올라온 인바운드 콜센터 상담사 입사 조건.

이처럼 콜센터 상담사라는 직업의 위치는 한국 사회에서 경력·학력이 부족한 여성들이 취직하는 곳으로 부정적 이미지가 강하다. 내가 다수의 현장연구에서 마주한 상담사들은 콜센터를 '생계'를 위해 어쩔 수 없이 선택한 직업으로 생각했고 언제나 이직을 원하고 있었지만 그렇다고 쉽게 떠날 수도 없는 처지가 많았다. 결국 이 같은 위치 감각은 자신들의 사회경제적 지위를 쉽게 '을'로 받아들이게 만들며, 상담사가 저학력에 저임금, 그리고 대개 여성이라는 현실을 공유하는 대다수의 한국 소비자들은 스스로를 '갑'의 자리에 위치 지우기 쉽다. 실제로 상담사들은 "나는 대학교수다. 스카이. 너는 학력이 낮아서 여기서 일하지?"와 같은 발언을 듣기도 한다. 소비자들이 갑질 고객이 되기 위한 발화점이 낮은 셈이고, 상담사를 그렇게 대해도 되는 위치의 여성 노동자라고 받아들이기 쉬운 현실이다.[37] 한국에서 많은 여성 상담사들은 '감정 쓰레기통'으로서 감정이 온전히 탈진되면 새로운 것으로 교체해버리는 값싼 '일회용 배터리'로 받아들여진다. 이러한 현실이 한국 사회에서 콜센터에 대한 핵심 논의가 감정노동과 갑질 고객으로 집중되는 경향이 발생하는 데 주된 영향을 끼쳤을 가능성이 크다.

콜센터에 대한 다수의 한국 연구가 감정노동과 갑질 고객을 다루었지만, 그외에도 영국에서 크게 관심을 가졌던 전자식 파놉티콘과 집단적 저항에 대한 민족지 연구도 있다. 해당 연구에는 한국도 자동 콜 분배 시스템, 실시간 상담 내역 녹음 및 청취, 자리 이탈과 이석에 대한 전자 모니터링, 실적별 월급 차등 지급 등 영국과 유사한 전자식 파놉티콘이 작동하고 있음을 보여준다. 그렇지만 한국은 전자식 파놉티콘에 의한 통제 외에도 팀장이나 실장 등에 의한 보다 직접적인 관리, 지시, 폭언 등이 동시에 이루어지고 있으며, 고객과 상사 이외에도 실적 평가 등으로 인한 동료 간 마찰이나 따돌림으로 어려움을 겪는 상담사들도 있었다. 이러한 내용들은 이전의 영국과 인도의 연구에서 제대로 드러나지 않았거나 주목받지 못했던 것으로 전자식 파놉티콘 외의 새로운 갈등과 제약의 요소로 작동되는 한국 콜센터의 현실을 잘 보여준다.

그런데 한국의 콜센터에는 다른 나라와 다른 특별한 '통제'의 매개체가 하나 더 존재한다. 그것은 바로 콜센터 내 흡연에 대한 문제다. 인도의 콜센터들은 높은 노동 강도로 인한 높은 이직률을 막기 위한 보상으로 술, 파티와 함께 흡연 기회를 제공하고 있다. 인도는 성인 여성 흡연율이 1.9%에 머무를 정도로 흡연은 전통적인 인도 여성상에 어울리지 않는다. 이런 현실에서 자유로운 서구의 대학 캠퍼스 분위기를 제공하고자 하는 콜센터 업체 내에서는 흡연이 답답한 가부장 문화에서 벗어나는 상징과도 같다. 반면 한국은 기본적으로 여성의 흡연율이 인도보다 높기도 하지만, 실제 콜센터 내 여성 상담사의 흡연율은 35%에 다다를 정도다. 이는 상당히 높은 수치로 실제 현지조사 결과 콜센터 업체에서 담배를 워킹 드러그로 활용해 상담사들의 업무 효율을 증진시키고자 접근이 용이한 흡연실을 제공해주고 있었다. 인도에서는 담배가 이직을 막기 위한 수단이었고, 한국에서는 이윤을 극대화시키기 위한 수단인 것이다.

문제는 콜센터가 여성 상담사들 사이에서 '흡연 천국'으로 불리고 있을지라도, 흡연 자체에 대한 한국 사회의 낙인적 시선, 즉 담배를 피우는 여성은 '흠 있는 여자'로 받아들여지는 것은 변하지 않는다는 현실이었다. 여성의 흡연은 여전히 한국의 전통적 여성상과 배치되는 것으로 '어머니'가 될 여성으로서 부도덕한 행위로 받아들여지며, 콜센터 남성 관리자들이 흡연하는 여성 상담사에게 "너 애 안 낳을 거야?" 하는 원색적 비난을 건네기도 했다. 결국 콜센터는 이윤 추구와 노동력 극대화를 위한 목적을 바탕으로 여성의 흡연에 대한 사회적 낙인과 잠재적 죄책감에 노출된 여성들을 형성하는 훌륭한 배지로 작용하고 있었다(자세한 내용은 이 책의 2장 참조).

한편 영국 콜센터 여성 상담사의 흡연에 대해서는 여타 논문에서 특징적으로 언급된 것을 확인하기 어렵다. 영국 성인 여성 흡연율은 이미 19.1%(2016년 기준. 같은 해 남성 흡연율은 24.7%였

| | 여성의 흡연 | | 전통적 여성상과의 관계 | 경제적 지위 변화 |
|---|---|---|---|---|
| | 성인 여성 흡연율(2016년)[38] | 콜센터 내 흡연 | | |
| 인도 | 1.9% | 업체에서 재밌거리로 적극적으로 제공 | 전통적 여성상 탈피 | 지위 상승의 도구 |
| 한국 | 6.2% | 업무 능력 증진을 위해 직간접적으로 허용 | 전통적 여성상과 충돌. 낙인 강화 | 지위 변화와 관련 없음 |
| 영국 | 19.1% | 여성 흡연에 특별한 차별적 시선 없음. 흡연율 남성과 유사 | 관련성 없음 | 계급 표지자 (class signifier) |

표 8-3 세 나라 콜센터의 여성 흡연에 대한 논의 비교.

다)에 다다를 정도로 높은 상태이기 때문에 콜센터와 상관없이 여성의 흡연이 금기시되지 않는다. 다만 영국에서는 흡연이 낮은 사회경제적 계급을 표상하는 하나의 지표로 여겨지기 때문에 영국 여성 상담사의 흡연 행위가 계급을 드러내는 것으로 여겨질 수는 있다. 같은 맥락에서 인도의 여성 상담사에게 콜센터 안 자유로운 흡연 문화는 전통적 여성상을 벗어나는 것은 물론 콜센터에서 경력을 쌓아 다른 외국계 회사로 옮기는 발판이 될 수 있다. 반면에 한국의 여성 상담사는 흡연자의 경우 업무 실적 증진을 위해 흡연을 활용하지만 그로 인한 타인의 부정적 시선을 스스로 감내해야 하며, 아무리 흡연 등에 의지해서 상담 경력을 쌓는다고 해도 더 좋은 경력직으로의 전환은 기대하기 어렵다.

마지막으로 목소리에 대한 문화적 선호도가 여성 상담사의 전통적 여성상 및 경제적 지위와 어떻게 연결되는지에 대해 세 나라의 경우를 비교해보려 한다. 인도의 경우 앞서 다루었듯이 점차 소프트 스킬의 필요성이 대두되면서 젊은 여성 상담사를 고용하려 했으며, 특히 서구식 영어 발음의 구현이 중요한 장점으로 여겨졌다. 즉 전통적인 인도식 영어를 벗어나 서구적인 영어 발음을 구사하는 여성적인 목소리를 소유하면 더욱 좋은 조건의 외국계 직장으로 옮겨갈 수 있다. 반면 한국의 경우 여성적 목소리는 결국 모국어로서의 여성성(순종, 공감, 친절 등)을 강조하는 것으로 상담사에게 전통적 여성상의 습득을 강화하게 만들 수 있다.[39] 이러한 변화가 더 좋은 직장으로의 이직을 위한 충분조건이 되는 것은 아니지만, 센터 내 다른 상담사들과의 경쟁에서 더 좋은 실적을 얻을 수는 있을 것이다. 월급은 수행 성과별로 차등 지급되지만 결국 하청업체 비정규직일 경우 불안정한 고용 상태는 쉽게 변하지 않는다. 한편 영국의 경우는 인도와 한국의 사례와 달리 여성스러운 목소리 톤에 대한 논의는 찾아보기 어렵고 상담사의 친절한 멘트 소개가 있는 정도다. 영국에서 목소리로 인한 전통적 여성상의 강화 등의 논의는 존재하지 않지만 여성 노동력이 결국 콜센터 내에서 게토화되고 있는 것은 부정할 수 없는 현실이다.

한국, 영국, 인도의 콜센터 산업과 여성 상담사에 대한 논의를 살펴보면 이렇듯 각기 비슷한 점과 다른 점이 분명하게 드러난다. 특히 영국이나 인도와는 달리 한국의 상담사들에게만 나타나는 특수한 특징이 있는데, 한국의 여성 상담사들은 저임금의 낮은 지위를 유지하며 전통적 여성상을 끊임없이 재생산한다는 것이다.

| | 목소리(청각) | 전통적 여성상 | 경제적 지위 변화 |
|---|---|---|---|
| 인도 | 서구식, 여성적 목소리 (소프트 스킬) | 전통적 인도 여성상 극복 | 지위 상승 기대 |
| 한국 | 전통적 여성적 목소리 | 전통적 여성상 강화 | 지위 고착화 현상 (비정규, 하청) |
| 영국 | 목소리 논의 없음 (친절한 멘트, 콜 수가 중요) | 여성상 강화 여부와 관련성 적음 (남성 직원 비율이 상대적으로 높음) | 지위 고착화 현상 (여성 노동력의 콜센터 내 게토화, 비정규, 제로 아워 계약) |

표 8-4 세 나라 콜센터의 목소리 관련 논의 비교.

한국의 콜센터는 저렴한 여성 인력을 요구하고 또 많은 인원을 수용할 일자리를 끊임없이 제공하고 있으며, 이는 영국이나 인도와크게 차이가 없다. 그러나 한국의 경우 절대적으로 낮은 상담사의사회경제적 지위가 여성 상담사들이 스스로를 위축된 '을'로서받아들이게 만들며, 반대로 소비자는 '갑'으로 자리매김하게 만들고 있다. 또한 직간접적으로 권장되는 흡연(그럼에도 여성의 흡연에 부정적인 전통적 시선은 약화되기보다 강화된다)과 철저히모니터링되는 친절한 '여성' 목소리는 전통적인 여성상을 강화하는 방향으로 작동한다. 결국 한국의 콜센터 산업은 제대로 된 경력으로 인정받지 못해 여성들의 경제적 지위 변화의 가능성을 제한하는 것은 물론, 전통적 여성상을 재생산해내는 배지로 작동하고 있는 것이다. 그것을 위해 역설적이게도 전통적 여성상을 거스르는 흡연을 허용한다는 사실은 한국에서만 관찰되는 정말로 모순된 현실이다.

한국의 콜센터 산업은 여성의 경제적 지위는 여전히 낮게 제한하면서 전통적 여성상은 재생산한다! 영국, 인도, 한국의 콜센터 산업을 조사한 끝에 내가 얻은 결론이다. 처음 현지조사를 시작할 때 디지털단지에서 만난, '50년 전에는 공순이 인생, 50년 후에는 비정규 인생'이라고 외치던 옛 구로공단 여공의 항변이 겹친다. 먼 길을 돌아와보니 결국 그녀의 외침이 맞았다. 산업의 디지털화가 한국에 정착하고 콜센터 산업이 확산하면서 여성들이 생계를 위해 가사노동자의 역할에서 벗어나 취직을 했지만, 그 안에서의 노동도 결과적으로 집에서 아내로, 딸로 위치 지어졌던 낮은 지위와 크게 다르지 않아 보였다. 물론 과거와 현재의 여성 간 절대적 차이를 비교하는 것이 아니라 남성과 여성의 상대적 차이의 변화를 말하는 것이다.

여성들은 시대가 변해 집을 벗어나도 결국 또 집 안을 벗어나지 못했다. 남편과 아버지가 고객과 상사로 바뀌었을 뿐이며, 가정 내 전통적 여성상에 대한 규범이 업체 안 규율과 통제로 전환되었을 뿐이다. 말하자면 현대판 '디지털 현모양처'인 셈이다. 일과 시간 동안 집을 돌보던 '하우스'키퍼house-keeper가 상담 콜을 돌보는 '콜'키퍼call-keeper로 잠시 전환된 것뿐이다. 혹자는 세상이 얼마나 변했는데 그런 소리를 하느냐고 반문할지도 모른다. 나 역시 그 변화의 규모에 기대 당연히 과거 여공이 일하던 시대와 오늘날 여성 상담사의 사회경제적 지위가 분명 다르다고 생각했었다(그리고 그렇게 믿고 싶었던 마음도 없지 않았다. 그렇지 않다면 너무 비참하지 않은가!). 하지만 2012년부터 지금까지 콜센터 산업에 종사하는 여성 상담사들을 추적하면서 내가 마주한 현실은 '여성의 지위가 도대체 무엇이 개선되었다는 말인가'를 끊임없이 읊조리게 만들었다. 이제는 이를 인정할 수밖에 없다고 스스로에게 말한다. 상담사들은 하우스키퍼와 다를 바 없는 '콜'키퍼라고.

## 콜센터, 사이버타리아의 주요 무대

그렇다면 여성의 지위가 과거 하우스키퍼에서 오늘날 콜키퍼로 변했을 뿐이라는 사실은 오로지 한국의 콜센터 산업에만 해당하는 것일까? 나는 이에 대해 여성 노동자의 지위 변화에 대한 세계적인 흐름을 조망했던 영국의 여성주의 노동 연구자인 어슐러 휴즈Ursula Huws의 이야기를 소개하고자 한다. 휴즈는 1970년대 후반부터 2010년 후반에 이르기까지 지속적으로 경제 및 기술의 변화와 함께 새로이 등장하는 여성 노동시장을 추적해왔다. 특히 그녀는 정보기술의 발달에 따른 국제 노동시장의 변화, 소위 다국적 디지털 경제 시대로의 전환에 따른 여성 노동자의 삶의 변화를 조망하며 이를 '사이버타리아'cybertariat 시대의 도래로 설명한다.[40] 그녀는 사이버타리아의 대표적 예로서 미국과 영국의 다국적 회사에 고용된 인도의 '콜센터 상담사'를 꼽는다. 현지의 미국, 영국

고객에게 영어로 상담 서비스를 제공하는 인도의 콜센터는 정보기술의 발달로 인해 새로이 개발된 노동시장이라 할 수 있다. 휴즈는 이러한 새로운 형태의 사무직, 혹은 '전자 노동자'e-worker와 '정보 노동자'information worker의 출현 의미에 대해 다음과 같이 지적하고 있다.

> 새로운 상품 제조나 새로운 서비스 제공을 위해 창출된 새 일자리를 **여성들**이 채우는 것이다. 한편으로 자본주의는 언제나 가장 싼 노동력을 찾고, 다른 한편 노동이 과거에는 가정 내 '여성의 일'로 여겨지던 것과 날로 밀접하게 연관된다는 사실을 생각하면, 이런 현상은 놀랄 것이 못 된다. 놀라운 것은, 이런 방식이 충격적이리만치 **뿌리 깊은 것**이라는 점과 이 방식이 **거의 보편적으로 적용된다**는 데에 있다.[41]

휴즈는 이처럼 여성 노동자의 고용 경로를 통시적 관점에서 바라본다. 특히 두가지 지점에서 그녀의 앞선 지적이 의미가 있다. 첫째, 새로운 서비스 노동상품의 개발로 일자리가 창출될 때 그곳에 저렴한 노동력인 '여성'이 채워져왔다는 지적이다. 가사노동을 대신할 가전제품들이 개발될 때부터 정보통신기술이 발달한 지금에 이르기까지 이러한 방식은 충격적이리만치 보편적으로 반복되어왔다. 앞서 그레이버가 쓸모없는 엉터리 직종으로 텔레마케터를 소개했지만, 휴즈는 그 이전부터 오랫동안 여성 노동자의 고용 경로가 쓸모 있는 고임금 직종으로 연결되지 않았다는 점을 지적한다.

둘째, 그녀가 사이버타리아의 대표적 예로 언급하는 콜센터 상담사도 결국 어떤 상품을 제조, 판매하는 자리에 고용된 것임을 주목하게 해준다. 한국에서 상담사는 주로 아무런 전문성 없이 여성성의 특징으로 여겨지는 감정을 상품화한 감정노동자로 받아들여지는 경향이 있다. 그러나 가전제품 공장에서 제품을 제조하는 것처럼 콜센터 상담사도 새로이 개발된 '디지털화된 정보'라는 상품의 생산에 참여한다. 이들은 전자통신기술의 발달로 원거리에서 저렴한 임금으로 소비자·고객에게 정보를 제공·처리하는 작업을 수행한다. 이렇게 제공된 정보가 기업이 판매하는 상품이다. 실제 상담사의 업무는 쉴 틈 없이 수많은 정보를 확인·처리·기록·제공하는 일이다. 따라서 콜센터 상담사를 감정노동자로만 명명하는 것은 이들이 제공하는 노동상품의 가치를 오히려 폄하하는 것일 수도 있다. 코로나19 시기에 다양한 민간기업과 공기업에서 상담사들이 수행한 정보 제공 역할의 중요성을 고려한다면 감정노동자보다는 전자 혹은 정보 노동자로 불리는 게 적합할 것이다.

휴즈는 디지털화된 정보의 처리자로서 여성 노동자의 노동 경로를 추적하며 아웃소싱 현상에 주목한다. 예컨대 영국 회사가 인도에 콜센터를 설립하는 것처럼, 다국적 기업들이 전통적으로 원거리에 위치한 저렴한 노동력을 고용하는 것을 넘어서서 이제는 그와 같은 정보처리를 하청을 받아 시행하는 거대한 다국적 콜센터 산업이 형성되었다고 휴즈는 지적한다. 즉 하청, 아웃소싱만을 전문으로 하는 업체들이 생겨나기 시작한 것이다. 이 모든 것이 정보통신기술의 발달과 디지털 정보의 상품성이 대두되었기 때문이며, 이러한 변화에 여성은 저렴한 노동력으로 국경을 넘어 포획되고 있다. 휴즈는 이러한 추세에서 한국 역시 하청의 대상 지역인 동시에 비용이 저렴한 곳에 하청을 주는 업무 제공자 구실을 한다고 지적한다. 한국도 "세계적 규모의 복잡한 정보처리 업무 거래망의 한 접속점으로 자본이 자리 잡는 지역"이 되었다고 보는 것이다.[42] 실제 2020년 3월 코로나19 집단감염이 발생한 구로 콜센터의 사례만 보더라도 그곳은 외국계 손해보험회사가 고용한 콜센터 전문업체의 한 지점에 속했다.

최근 휴즈는 플랫폼 노동에 주목하면서 '고용주 없는 고용인' 혹은 고용주를 대신한 애플리케이션을 눈여겨본다. 이제 사장이, 고용주가 디지털 화면 속 플랫폼 뒤로 숨어버렸다. 고객의 댓글과 평가가 고용주의 감시·평가의 역할까지 대신하며, 서비스 제공자와 소비자가 플랫폼 위에서 일대일로 대응·마찰하는 셈이다. 그 속에서 간헐적인 임시 계약을 통해서만 일거리를 획득하게 된다. 휴즈는 이렇게 진화된 경제체제 안에서 전통적 고용 모델이 희박해져버렸다고 지적한다.[43] 정보의 디지털화와 기술의 발전, 통신 기계의 보급 등이 이제는 진화된 노동자 계급, 즉 사이버타리아를 출현시킨 것이다. 여기서 휴즈가 노동의 디지털화 현상을 통해 지적하는 공통된 지점은 바로 어디에서도 고용주가 직접 무대에 서지 않는다는 점이다. 콜센터 산업의 특징은 고객과의 비대면을 넘어 고용주와의 비대면이다.

휴즈의 논의를 종합해보면 콜센터 상담사란 국제 노동시장의 흐름 속에서 조망해볼 때 태생적으로 어떤 필수적 역할을 수행하기 위해 형성된 직업이 아니라, 디지털 정보가 상품화되면서 이윤 추구를 위해 파생된 분야로 보아야 한다. 콜센터 상담사는 사이버타리아 출현의 대표적 사례인 셈이다. 따라서 코로나19 사태로 인해 갑작스레 상담사가 필수 노동자로 지정되었다 하더라도 저임금의 열악한 노동 조건에 처해 있는 사이버타리아로서의 현실 자체가 근본적으로 변하는 것은 아니다. 오히려 휴즈의 표현대로 콜센터와 같은 디지털화된 산업 분야라는 새로운 노동시장에서 여성 노동자, 즉 여성 상담사의 낮은 지위란 충격적이리만치 뿌리깊은 것이라는 주장에 무게가 실리는 현실이다. 영국, 인도,[44] 한국의 콜센터 산업에 대한 논의들이 그 증거라 할 수 있다.


## 콜키퍼 상담사: 필수 노동자가 아닌 오래된 사이버타리아

이제 이 장의 서두에서 제기했던 문제로 돌아가보자. 나는 코로나19 사태를 겪으면서 콜센터 상담사의 역할이 사회적 안정을 위해 필수적이라 여기면서도, 왜 이들 필수 노동자들이 저임금의 불안정한 노동 조건과 열악한 노동 환경에 여전히 당연하듯 머물러 있어야만 하는지, 그리고 왜 그 대상자가 주로 여성이 되어왔는지 의문을 제기했다. 이에 대한 해답을 찾기 위해서 지금까지 영국, 인도, 한국의 콜센터 사례를 통해 여성 상담사들이 어떠한 노동 조건 및 환경에서 통제되고 있는지를 비교·검토해보았다.

우선 영국의 사례에서 살펴보았듯 콜센터 산업의 태생은 제조업의 하락과 궤를 같이하고 있었다. 새로운 산업은 이전 산업의 추락에 대한 대안으로 출현해 급속히 성장했고, 영국의 몰락한 지방 제조업 지역을 중심으로 저렴한 여성 노동력이 디지털 정보처리 산업으로 자연스럽게 흡수되었다. 콜센터 산업은 여성 노동력의 낮은 임금에도 만족하지 않고 디지털 기술을 적극 활용해 전자식 파놉티콘하에 자동화된 콜 분배를 통해 효율성을 극대화하려 했다. 나아가 이런 상황에 서구식 영어를 구사하는 또다른 저렴한 여성 노동자를 찾아 인도로 아웃소싱을 시작했다.

한편 제조업에서 서비스업으로의 경제체제의 대전환은 단지 영국에만 국한된 현상이 아니었고, 약 10년 정도의 시차를 두고 한국에서도 본격적으로 진행되었다. 역시 대표적 산업단지들의 몰락과 함께 정보통신기술로의 전환이 이루어지면서 많은 일자리, 즉 디지털 정보를 다루는 여성 노동시장이 국내에도 자리 잡기 시작했다. 영국, 인도, 한국에서 발생한 이와 같은 일련의 흐름은 잉여의 여성 노동력이 디지털 정보를 다루는 곳으로 쏠리게 만들었고, 나라마다 저마다 다른 여건에서 사이버타리아로서의 콜센터 여성 상담사가 확립되기 시작했다.

사이버타리아는 단순히 정보통신기술의 발달로만 형성된 것이 아니었다. 각국이 지닌 역사적·경제적·문화적 요소들이 콜센터의 노동 통제와 함께 맞물린 결과였다. 여성 흡연을 극단적으로 배척하는 인도에서도 흡연은 여성 상담사를 유혹하는 수단이 되었으며, 반대로 흡연을 크게 문제시 않는 영국에서도, 중간 수준에서 배척하고 허용하는 한국에서도 상담사라는 사이버타리아의 자리는 결국 대부분 여성의 몫으로 자리 잡았다. 즉 각국 콜센터들마다 역사적·경제적·문화적 배경의 차이가 존재했지만, 이 차이들은 결국 최대 이윤 추구를 위한 자원이자 사이버타리아의 공고화를 위한 다양한 자원으로 활용되었다. 한국의 경우 여성 상담사에게 이상적인 여성적 목소리와 서비스를 요구하면서 동시에 전통적 여성상에 위반되는 흡연을 활용하는 독특한 모순을 보여주면서까지 말이다. 이렇게 각국에서 콜센터는 여성 노동자의 게토로 자리 잡고 있었다.

이러한 과정을 이해할 때 비로소 국가적 재난 사태로 인해 여성 상담사들이 처리하는 정보의 가치가 중요해졌다 하더라도 그들을 대하는 사회의 시선은 단순히 그들이 어떤 일을 하는지에 의해서만 결정되지 않을 수 있음을 깨닫게 해준다. 그들의 사이버타리아로서의 위치는 역사적·경제적·문화적 요소들이 상호작용하여 조형된 결과물이다. 뿌리 깊은 문화와 젠더의 질료가 뒤섞인 상황에서 노동의 가치가 올라갔다 한들 사회적 대우가 일순간 달라지기를 기대하기란 어려울 것이다.

오랜 콜센터 근무를 통해 아무리 전문적으로 정보를 처리하고 전달할 수 있게 되어도 여성 상담사들의 사회경제적 지위가 변하는 것을 쉽게 목격하기 어렵다. 그럼에도 여전히 목소리를 통해 순종적 여성상을 구현하도록 지속적으로 강요받는 게 일반적인 현실이다. 즉 이상적인 여성의 목소리를 먼저 설정한 후 여성 상담사에게 그것을 모방하라고 지시하고 관찰한다. 그렇게 강요된 여성성을 목소리로 체현하면서 업무 실적을 채워나가면 결국 여성적인 것이 상담에 효과적이라는 기존의 선입견을 다시금 강화하게 된다. 이렇게 형성된 되먹임 회로 속에서 여성 상담사의 사회경제적 지위가 상승할 수 있다면 좋겠지만, 현실은 반대로 열심히 일하면 할수록 콜센터가 '여성 노동자의 게토'로 변해가는 실정이다. 그들이 다루는 디지털 정보 제공·처리 업무가 저렴한 가치를 지녔기 때문에 저렴한 노동자로 취급받는 것인지, 혹은 여성이 바로 그 일을 처리하고 있기 때문에 그러한 것인지 구분이 되지 않는 상황이다. 결국 콜센터 여성 상담사의 위치는 코로나19 사태의 혼란 속에서도, 역사적·경제적·문화적 차이들을 자원으로 삼아 휴즈의 예견처럼 필수 노동자가 아닌 사이버타리아에 머물러 있다. 충격적이리만큼 뿌리 깊게 말이다.

# 에필로그
# 콜키퍼 선언

## 다 푼 문제집, 감정노동

나는 지고 싶지 않은 마음에서 글을 시작했다. 누군가를 억압하는 문화라는 것이 실체로서 존재한다면 인류학자로서 그것에 정말 지고 싶지 않다고 고백했다. 사실 나는 인류학자임에도 사회의 어두운 면에 문화라는 용어를 적용하는 것이 불만이었다. 문화라는 사실 자체를 부정한다기보다는 이것이 진짜 원인을 가리고 해결 불가능성을 은연중 강조하려는 상투적 전략이 아닐까 싶어서였다. 모든 문제를 문화로 환원하는 것은 간편하겠지만 그만큼 안이한 판단이라 생각했다. 그렇지만 한국 사회에서 콜센터 여성 상담사에 대한 연구를 진행해오면서 나는 무엇이라 칭해야 할지 모르는 '흐름'을 느꼈다. 그것이 역사의 흐름이든, 경제적 여건이든,

정치적 기조이든, 혹은 문화적 기류이든 어떤 것이든 간에 개개인의 힘과 노력으로 극복하기 어려운 벽과 같은 흐름이었다.

콜센터 상담사의 노동 형태를 대변하는 감정노동이라는 용어 또한 그 같은 흐름의 일부라는 생각이 들었다. 이 개념에 힘입어 상담사들이 겪는 어려움이 주목받기도 했지만 그 속에 모든 것을 담아내기는 역부족이었다. 그런데 어느 순간 상담사들이 제대로 항변하기도 전에 감정노동이라는 용어와 설명 안에 그네들의 삶이 다 이해된 듯, 마치 다 푼 문제집처럼 한편에 내던져진 채 방치된 듯 느껴졌다. 코로나19 사태가 들춰낸 상담사의 현실이 무엇 하나 제대로 해결되지 않은 것 같아 보였다. 그래서 문화라는 단어를 붙여야 할지는 모르겠지만, 나는 적어도 감정노동이라는 용어가 형성해놓은 흐름에서 벗어나야 한다고 느꼈다. 어슐러 휴즈가 '사이버타리아' 개념을 통해 대안을 이야기했듯, 나 또한 새로운 언어로 여성 상담사의 삶을 대변해보고 싶었다. 그들은 감정노동자가 아니라 하우스키퍼와도 같은 '콜키퍼'라고 말이다!


## 콜키퍼가 가리키는 네가지 의미


콜키퍼! 낯선 용어를 만든 이유는 단순히 가정주부, 즉 하우스키퍼와 비교하기 위해서가 아니다. 이 용어는 상담사의 네가지 현실을 제대로 각인시키기 위해 만든 일종의 표지판이다. 우선 콜키퍼가 가리키는 첫번째 현실이란 여성 상담사들의 지위가 집을 돌보던 하우스키퍼(정확히 그 정도 수준일 리 있겠느냐마는)보다 결코 우월한 위치에 올라서지 못했다는 점이다. 이를 달리 표현하면 '디지털 현모양처'라 부를 수도 있을 것이다. 이렇게 판단한 데에는 여러 콜센터 현장에서 여성 상담사의 지위가 도대체 50년 전 공단의 여공들과 비교해 얼마나 바뀌었는지 의문이 들었기 때문이다. 상담사들의 낮은 지위가 그들이 하는 업무가 저렴한 가치를 지녔기 때문인지, 혹은 그 일을 여성이 하고 있기 때문인지 명확히 구별되지 않는 게 현실이다. 나는 경력 단절 여성들이 콜센터에 취업하는 것이 '반찬 값'을 벌기 위함이라 운운하는 것이 몇몇 관리자들의 개인적 편견에 그치지 않는다는 것을 수많은 현장에서 목격했다. 휴즈의 표현처럼 여성은 정말 오랫동안 충격적이리만큼 뿌리 깊게 저렴한 노동자로 취급받아왔다.

콜키퍼가 가리키는 두번째 현실은 상담사들이 지닌 실질적인 '키퍼'로서의 가치를 강조하기 위함이다. 즉 소비자를 '지켜주는 역할'에 대한 인정 말이다. 일반적으로 상담 업무는 공감과 미소를 지닌 목소리의 소유자라면 누구나 할 수 있는 일로 저평가되지만, 상담사들은 정말로 중요한 디지털 정보, 전자 정보를 전달하고 있다. 코로나19 사태와 같은 재난 시기에 상담사들이 제공하는 정보들은 정말로 필수적인 것들이다. 휴즈의 표현처럼 이제 감정 노동자가 아닌 정보 노동자 혹은 전자 노동자로 받아들이고 상담사들이 제공하는 것이 여성의 본능이 아니라 가치 있는 정보임을 인정해야만 한다.

다음으로 콜키퍼는 상담사들이 전화 상담을 통해 지키고 있는 진짜 대상이 존재한다는 사실을 가리킨다. 시민 혹은 고객은 콜센터를 통한 빠른 문제 해결을 기대할 수 있지만, 도달할 수 있는 곳은 딱 거기까지다. 콜센터는 그 문제의 진짜 담당자, 관리자, 제작자, 사장을 만날 수 없게 차단하는 하나의 벽이다. 사람들은 그들의 요구 혹은 불만을 오로지 대리인인 상담사에게만 쏟아붓고 있다. 콜센터 산업의 특징은 상담사와 고객과의 비대면을 넘어 바로 고객과 고용주와의 비대면이라는 점에 있다.

마지막으로 콜키퍼가 가리키는 것은 바로 콜센터라는 경로, 즉 플랫폼이다. 지키는 사람이 있다는 것은 결국 특별한 경로만을 허용한다는 뜻이다. 시민과 고객이 자신의 요구를 전달하기 위한 경로는 여덟자리 전화번호를 통해서만 접근이 허용된다. 콜센터 상담사에게 아무리 불만을 토로하더라도 그 경로를 이탈해 목적을 달성하기란 거의 불가능하다. 이 플랫폼 안에서 상담사와 소비자가 회사와 제품을 대신해 충돌할 뿐이다. 콜센터는 좁디좁은 감정의 통로이지만 이곳을 경유할 수밖에 없다. 이 전자 통로를 사용할 수 없는 사람은 대리점과 관공소 등을 직접 발로 뛰어야 하지만, 그곳에서도 결국 디지털 정보를 통해서만 접근할 수 있는 또 다른 디지털 플랫폼들에 의지해야만 한다.

## 감정노동이 아니라 정동노동

나는 콜키퍼라는 표지판을 통해 감정노동이라는 오래된 표지판[1]을 대체하고 그 이면에 숨겨진 현실을 가리키고 싶었다. 이 책은 그 같은 현실의 구체적 증거들이라 할 수 있다. 혹자는 다음과 같이 비판할지도 모른다. 결국 그 현장에 취직하기로 선택한 것도, 또 떠나지 않고 남기로 결정한 것도 상담사 개인이라고 말이다. 물론 당연히 그것은 온전히 그들의 몫일 수 있다. 그렇기에 고객의 폭언과 열악한 근무 환경이 힘들면 그냥 떠나면 되는 것 아니냐는 항변이 완전히 틀린 말은 아닐지도 모른다. 하지만 고객과 관리자의 모욕을 벗어나기 위해 콜센터를 떠나 사회로 나온다고 그 같은 모욕이 사라질까? 참을성과 적응력이 부족한 것 아니냐고, 그래서 어디 다른 곳에는 취직할 수 있겠느냐고, 오히려 더 큰 모욕이 기다리고 있는 것은 아닐까? 정말 다른 일을 할 수 있었다면 '마지막 관문'으로 비유되는 콜센터 문까지 두드리지는 않았을 것이다. 이런 측면에서 나는 상담사들이 모욕 앞에서 순응하고 인내할 수밖에 없었던 현실에 더더욱 주목해야 한다고 본다. 나는 그 같은 현실에 위축된 상담사들의 몸을 재조명하기 위해 감정노동이 아닌 '정동노동'이라는 용어를 강조하고자 한다.

감정노동이란 특정한 감정을 만들어 상품처럼 판매하는 일을 가리킨다. 하지만 여러 상담사들은 감정의 조절뿐만 아니라 각종 모욕적인 고용 환경에도 순응하며 길들여진 모습들을 보이곤 했다. 내가 정동노동이라는 표현으로 가리키고자 하는 현실은 모욕적인 상황뿐만 아니라 그 같은 대우가 어쩔 수 없는 현실이라고 받아들이는 바로 그 태도다. 즉 불쾌함과 모욕감이라는 순간의 감정이 아니라 그 같은 상황에 노출되면서 얻게 된 낙담, 실망, 절망, 그리고 숙명주의 등으로 인해 위축된 몸 말이다. 몸펴기가 극복하고자 했던 '불판 위 마른오징어'와 같은 몸이 그것이다. 여기에 나는 정동노동이라는 새로운 표지판을 달고자 한다.

　여기서 정동은 단순한 감정이 아니라 정확히는 '만남에 의해서 발생하는 느끼고, 행동하고, 지각하는 몸의 능력'을 의미한다.[2] 5장에서 나는 상담사들이 정동적 지배에 의해 '얼굴과 가슴 없는 사람들'로 순응하고 있음을 보여주었다. 중세 시대 폭군과 사제들이 백성들을 슬픔(두려움, 공포, 절망 등)에 묶어놓고 지배했던 것처럼 상담사들은 콜센터 업체가 만들어놓은 매뉴얼 속 감정 규칙에 제대로 저항해보지 못하고 적응해야만 했다. 또한 3장에서 나는 그 같은 현실에 내몰린 것이 주로 여성이라는 사실을 정동적 불평등이라고 지적했다. 콜센터의 현실이 사회경제적 지위에 따라 불평등을 강요하는 것을 넘어서 여성들에게 고용과 소비의 이름하에 모욕스러운 감정까지 차별적으로 요구하는 것(예를 들면 원래 여성은 가사 돌봄처럼 감정 돌봄을 잘하고 남성보다 쉽지 않느냐는 의견들이 있다)을 소위 (정동적) 불평등 차원에서 바라보아야 한다고 주장했다.

　이렇게 정동노동이라는 생소한 용어로 드러내고자 하는 것은 저항할 수 없는 콜센터 안의 현실과 그에 순응해 하루하루를 버티고 있는 상담사들의 무거운 어깨였다. 의료인류학 전공자인 내가 이로써 밝히려 하는 것은 결국 '무엇이 상담사들을 아프게 만드는가'였다. 의사였다면 흡연과 술, 폭식과 급격한 체중 증가, 감정 스트레스와 만성피로, 불면증 등을 꼽았을지 모른다. 그러나 나는 정동노동 개념을 통해 좀더 근본적 문제에 주목하고 싶었다. 그러니까 앞에서 나열한 의학적 원인으로부터 스스로 벗어나지 못하는 이유 말이다.

나는 들뢰즈의 철학적 사유를 통해 건강을 재정의한 영국의 의료사회학자 닉 폭스Nick J. Fox와 팸 앨드레드Pam Alldred의 논의에서 실마리를 얻었다. 내가 미처 생각하지 못했던, 상담사들이 아픈 이유를 지적하고 있었다. 그들은 건강을 '신체가 새로운 관계를 만들고, 저항하고 전환할 수 있는 확장된 능력'이라 정의했다.[3] 폭스와 앨드레드는 억압하는 상황에 저항하고 새로운 관계를 형성할 능력이 소실되는 것이야말로 아픔의 근원이라고 보았다. 이 주장은 정확히 내가 정동노동으로 설명하고자 한 상담사들의 몸을 대변하고 있었다. 뜨거운 불판 위에서 고통스러워하면서도 그곳을 벗어나지 못하고 굳어버린 몸들 말이다. 노동조합 활동과 몸펴기생활운동을 통해 극복하고자 했던 그 몸들이 바로 아픔의 근원이었던 것이다.

## 헤드셋이 자유의 횃불이 될 때까지

콜센터 현실을 묘사한 그림들은 대부분 헤드셋을 쓰고 눈물을 흘리는 여성 상담사의 슬픈 얼굴을 보여준다. 물론 노동조합이 만든 그림에서는 상담사들이 눈물 대신 분노에 찬 표정을 하고 있기도 했다. 하지만 기업의 구직 광고나 홍보물을 제외한다면 그 어디에서도 희망에 찬 얼굴을 보기란 쉽지 않다. 헤드셋을 쓴다는 것이 전투를 위한 투구에 비유될 정도로 희망보다는 고통에 가까울 것이다. 나 또한 그러한 모습들을 오랫동안 목격해오다보니 생각이 항상 콜키퍼와 정동노동이 가리키는 아픈 현실들에 머물러 있었을 뿐 쉽사리 희망을 떠올리진 못했다. 노동조합 모임 뒤풀이에서, 몸펴기생활운동 모임 등에서 짧지만 웃음과 희망을 경험했으나 그 역시 극히 예외적 상황에 속할 뿐이었다. 나의 사유와 행동의 능력도 건강을 잃은 듯했다.

그러나 나는 또다른 콜센터에서 헤드셋이 자유의 횃불처럼 희망의 구체적 상징으로 받아들여지고 있음을 알게 되었다. 인도의 뒤를 이어 새로운 콜센터 강국으로 성장한 필리핀의 경우 콜센터라는 공간이 트랜스젠더 여성male to female을 위한 혁명적 일터가 되기도 한다.[4] LGBT에 대한 고용보호법이 존재하는 필리핀 마닐라의 경우 트랜스젠더 여성들을 위한 사업장이 몇군데 존재한다. 그곳에서 트랜스젠더 상담사들은 자신의 젠더 표현력과 정체성을 마음껏 펼칠 수 있다. 이는 대부분의 다른 직장에서는 거의 불가능하다. 미국 젠더 연구자 이매뉴얼 데이비드Emmanuel David에 따르면 어떤 콜센터에서는 상담사가 네명 중 세명 꼴로 트랜스젠더 여성일 정도라고 한다.[5] 이곳에서 트랜스젠더 여성들은 자신의 정체성을 확립할 실천의 기회는 물론 경제적 기반까지 얻게 된다. 한국의 여성 상담사들이 친절함을 여성의 본능인 것처럼 억지로 꾸며내야 하는 것과 달리 필리핀의 콜센터는 트랜스젠더 여성들이 자신의 새로운 정체성을 연습하고 형성하는 안전하고 경제적인 공간으로 자리매김하고 있었던 것이다.

필리핀 콜센터를 소개한 기사의 그림에는 헤드셋을 자유의 횃불처럼 들고 당당히 전진하는 여성의 모습이 담겨 있었다. 이 모습에서는 한국에서 목격한 여성 상담사들의 아픈 몸을 찾아볼 수 없다. 물론 필리핀의 상담사들 또한 시차와 높은 노동 강도, 주위의 시선 등 말 못할 어려움에 처해 있을 수 있다. 그러나 적어도 이 그림에서는 내가 상상하지 못했던 콜센터의 또다른 측면을 엿볼 수 있었다.

한국에서 콜센터는 어떠한 가능성까지 꿈꿀 수 있을까 생각해본다. 4장의 주인공 하은씨는 자신은 콜센터 상담 일이 너무 좋다고 했다. 자신 이외에는 스스로를 돌봐줄 사람이 없었던 그녀는 상담 업무가 일일 뿐만 아니라 동시에 누군가와의 대화였다. 화를 내고 짜증을 내도 자신의 이야기를 들어줄 대화 상대였다. 하은씨는 나이가 더 들어도 상담 업무는 오랫동안 할 수 있다고 말하며 자신과 같은 중년 이상의 여성들을 위해 콜센터가 더욱 안정화되기를 바랐다. 그녀는 콜센터가 정글이고 상담사는 머리 검은 짐승이라고 말했을지언정 콜센터 자체가 사라지길 바란 건 아니었다. 하은씨는 그녀가 좋아하는 상담 일을 위해 신경안정제를 복용해가면서까지 관리자에게 '지지 않으려' 했다. 이 책에 담긴 나의 모든 글이 그녀가 싸움에서 행복한 승리를 얻을 수 있는, 적어도 알약 몇봉지만큼의 힘이 될 수 있기를 희망한다.

# 주

**프롤로그** 안녕하세요, 콜센터 연구하는 인류학자입니다

**1** 클리퍼드 기어츠는 당대 네명의 인류학자들을 통해 생각해낸 인류학 저자의 특성을 네가지 유형으로 소개한다. 그 넷은 민족지 텍스트 속에서 인류의 공통된 사고의 근원을 찾으려는 클로드 레비스트로스(Claude Lévi-Strauss), 민족지를 통해 문화 현상을 마치 전시관 유리창 밖에서 바라보듯 인류학적 슬라이드를 구축하려는 에드워드 에번스프리처드(Sir Edward Evans-Pritchard), 현장에 직접 가담해 경험하고 목격한 결과를 가감 없이 들춰내는 브로니슬라브 말리노프스키(Bronislaw Malinowski), 우리 아닌 타인을 묘사하면서 익숙한 우리를 신랄하게 비판하는 루스 베니딕트(Ruth Benedict)이다. 클리퍼드 기어츠 『저자로서의 인류학자』, 김병화 옮김, 문학동네 2014, 30면 참조.

**2** "민족지의 진실은 본질적으로 부분적이라는 점이다. 헌신적인 노력의 결과물이지만 완전하지 못하다." 만일 민족지가 현장연구 중 보고 들은 것을 단순히 슬라이드를 상영하듯 재현(representation)하는 데 그치는 것이라면 그것은 '부분적 진실'이라는 비판을 피할 수 없을지 모른다. 그러나 필자는 이러한 관점을 '상투적 부분성'(banal partiality) 논의라 부르고 싶다. 클리퍼드는 민족지가 현장에서 경험한 것을 재현하는 게 아니라 환기(evocation)한다고 보았다. 즉 현장에서 들은 수많

은 목소리를 글을 통해 표현해낸다고 파악한 것이다. 이것을 필자는 '진실된 부분성'(true partiality)이라 부르고자 한다. 인류학자가 모든 것을 볼 수 없기 때문에 부분적인 것이 아니라, 현장연구의 끝은 결국 글쓰기이기 때문에 그 과정에서 배제와 수사적 기법들로 인한 소위 '진실의 픽션'(true fictions)이 되는 것을 피할 수는 없다는 점이 부분적 진실 논의가 주는 메시지다. 이는 쓰기에 대한 철저한 성찰의 강조이며, 저자로서의 인류학자를 강조하기 위함이다. James Clifford and George E. Marcus, *Writing Culture: The Poetics and Politics of Ethnography*, University of California Press 1986, 26~27면 참조.

**3** 팀 잉골드 『팀 잉골드의 인류학 강의』, 김지윤 옮김, 프롬북스 2020, 13, 28면.

**4** 정희진 『나쁜 사람에게 지지 않으려고 쓴다』, 교양인 2020.

**5** 리처드 세넷 『신자유주의와 인간성의 파괴』, 조용 옮김, 문예출판사 2002, 215면.

## 1장 공순이에서 콜순이로

**1** 「'현대판 여공'들이 월 100만원에 밤샘하는 구로공단」, 『프레시안』 2012. 12. 24.

**2** 인터뷰는 2015년 8월 7일에 진행되었다.

**3** 금천구청 『금천 디지털산업단지 여성건강관리사업 위탁운영 사업보고서』, 단국대학교병원 2013.

**4** 정부와 지방자치단체는 '수출산업공업단지개발조성법' 제정일인 1964년 9월 14일을 기준으로 2014년 9월 14일을 50주년으로 생각했지만, 노동계는 실제 기업이 입주해 노동이 시작된 시점인 1965년 5월을 구로공단의 시작으로 보고 있다. 따라서 노동계는 2015년에 구로공단 50주년 및 구로동맹파업(1985년 6월 24일) 30주년 기념행사를 함께 치렀다.

**5** 김사이 「초록눈」, 『반성하다 그만둔 날』, 실천문학사 2008, 11면.

**6** 구로동맹파업은 지금의 디지털 2단지 사거리(일반적으로 '마리오사거리'로 더 많이 알려져 있다)에 위치했던 기업들이 1985년 6월 24일에 진행한 연대파업이다. 이 사거리의 한 귀퉁이를 차지한 대규모 봉제공장 대우어패럴의 노조 간부가 1985년 6월 22일 오전 11시에 갑작스레 경찰에 연행되면서 동맹파업이 발발하는 계기가 되었다. 이때 대우어패럴, 가리봉전자, 선일섬유, 효성물산, 부흥사 등이 파업에 동참했다. 지금은 아파트형 공장의 유입과 대형 아웃렛 매장에 묻혀 당시의 기억을 찾아보기 어렵다.

**7** 김사이 「사랑은 어디에서 우는가」, 앞의 책 16~17면.

**8** 대표적인 사례로 1980년대 한국 여성 노동자를 착취한 미국의 다국적기업 콘트롤 데이타사 등이 있다. 다음을 참조함. 유정숙 외『나, 여성노동자 1』, 그린비 2011; 구로구·금천구『구로공단 19662013』, 2013, 120~21면.

**9** Sidney W. Mintz, *Sweetness and Power: The Place of Sugar in Modern History*, Penguin Books 1985, 186면.

**10** 「[창간기획 — 쉰살, 구로공단과의 대화] 인명진 목사 "크낙새 죽으면 신문 사회면 톱인데 노동자 죽으면 기사 한 줄도 안 나와"」, 『경향신문』 2014. 10. 19.

**11** 유정숙 외, 앞의 책 66면.

**12** 안치용 외『구로공단에서 G밸리로』, 한스컨텐츠 2014, 262~63면.

**13** 구로의원 상담실·평화의원 상담실·인천의원 상담실『당신의 직업이 병을 만든다』, 돌베개 1991, 139~41, 162~64면.

**14** 박영희『김경숙』, 민주화운동기념사업회 2003, 125면.

**15** 당시 여공의 술집 유입을 다른 시각으로 해석하는 경우도 있다. 김원은 1970년대에 여공들이 술집으로 유입된 이유로 첫째 고수익이라는 점, 둘째 공장에서보다 오히려 더 존중받는 상황이라는 점을 꼽았다. 김원은 "사고파는 연애일지라도 그 순간만은 애정 감정에 숨을 수 있는 기회가 있었다"라고 강조한다. 이러한 해석은 당시 여공들의 삶의 열악함을 더욱 극명하게 드러내준다. 술집에서 '몸을 팔아야만' 하는 비참한 삶 속에서 잠시나마 되레 위로를 얻을 만큼 여성 노동자의 삶이란 취약하기만 했다. 김원『여공 1970, 그녀들의 反역사』, 이매진 2006 참조.

**16** 1970년 4월 22일, 박정희 대통령이 '새마을가꾸기운동'을 언급하면서 새마을운동이 태동했다. 이후 1972년 5월에 새마을소득증대추진대회가 개최되고 '새마을운동은 모든 국민이 참여하는 민족의 일대 약진운동'이라 규정되었으며, 이어서 근면, 자조, 협동의 3대 정신을 바탕으로 한 농촌근대화사업이 추진되었다. 이를 바탕으로 1973년 10월 수출진흥확대회의에서 비로소 공장새마을운동에 대한 논의가 시작되었다. 그 결과 1974년 2월에 공장새마을중앙위원회가 설치되고, 곧이어 1975년에 공장새마을 서울연수원이 개원했다. 1977년 3월에는 대한상공회의소에 관련 추진본부가 발족되면서 독자적인 체계를 확립했다.

**17** 연구서의 설명을 옮기면 다음과 같다. "현재 우리나라는 2008년 9월 시작된 미국발 금융위기와 최근 그리스로부터 시작된 유럽의 재정위기로, 세계 경제가 침체 국면에 직면하여 국내 경기 또한 침체에 빠졌으며 기업들이 경영에 난항을 겪고 있다.

(…) **공장새마을운동**을 통해 우리는 70, 80년대 두차례의 석유파동으로 인한 경제위기를 극복한 경험이 있다. 급변하는 국내외적인 환경에 대응하고, 글로벌 경제위기에 따른 저성장 극복, 제조업 강화를 위해서 새마을운동이 재조명받고 있는 이 시점에서 공장새마을운동을 새롭게 추진하는 것을 제안하고자 한다." 권령민 「공장새마을운동의 재조명과 구미시의 시범추진 방안」, 『새마을운동과 지역사회개발 연구』 제8권, 경운대학교 새마을연구소 2012.

**18** 1983년 공장새마을운동 추진 지침에 따르면 공장새마을운동의 기본 이념은 첫째 주인의식 고취로 새로운 생산적 가치관을 확립, 둘째 노사 협조를 통한 공동 운영체 확립, 셋째 한국적 기업 풍토 조성으로 경영 합리화 촉진, 넷째 경제 부국을 위한 산업운동으로서의 행동철학 개발 등이었다. 이를 위한 구체적인 실천 목표로 첫째 노사 협동을 통한 생산성 향상, 품질 개선, 원가 절감 및 경영 성과 극대화, 둘째 한국적 경영 합리화를 통한 기업 체질 강화, 셋째 사원의 복리 증진과 기업의 영속적 발전, 넷째 기업 경영을 통한 국가산업 경제발전의 주역으로서 복지사회 구현 등이 제시되었다.

**19** 이동우 외 『공장새마을운동 ─ 이론과 실제』, 공장새마을운동추진본부 1983, 75면.

**20** 행정안전부 국가기록원 '새마을운동 기록물' 홈페이지에서 발췌. URL: theme. archives.go.kr/next/semaul2016/viewSub.do?dir=sub02&subPage=sub02-3-2

**21** 김원, 앞의 책 329면에서 재인용.

**22** Annette Fuentes and Barbara Ehrenreich, *Women in the Global Factory*, South End Press 1983.

**23** 김원, 앞의 책 331, 335, 342면.

**24** 구로구·금천구 『구로공단 1966 2013』 70면을 보면 "서울통상 지부장직을 강제 사퇴한 배옥병씨는 1980년에 발표된 노동계 정화 조치 때문에 12월 계엄사에 끌려갔다 20일 만에 석방이 되었고, 이후 일주일 동안 부천 새마을연수원에 입소하여 하루 세차례씩 정신교육을 받아야 했다"라고 구체적 사례가 소개되어 있다.

**25** 김원은 희생양 담론과 함께 전통적인 현모양처 담론에 의해 당시 젊은 여공들이 지녔던 일상적 욕망과 이성애 등이 간과되었다고 지적한다. 그는 여공들이 지녔던 일상적 욕망들이 부차적인 현상으로 간과되며, 자유분방한 이성애 역시 침묵되어야 할 익명적 지식이었다고 강조한다. 김원, 앞의 책 559, 581면 참조.

**26** 구체적으로 과거 조립금속(43%), 섬유(29%), 종이·인쇄(16%), 1차 금속(2%), 석유화학(6%), 기타(4%)로 구성되었던 산업구조에서 오늘날 고도기술산업(49%),

벤처산업(17%), 패션디자인 산업(28%), 기타 지식산업(6%)으로 변경되었다.

**27** 「가리봉오거리(구로공단 반세기 기념 특별전)」, 서울역사박물관 2015.

**28** 콜센터가 하청을 받아 일하는 분야는 "제조업, 전기·가스·증기 및 수도 사업, 건설업, 도매 및 소매업, 운수업, 숙박 및 음식점업, 출판·영상·방송통신 및 정보 서비스업, 금융 및 보험업, 부동산업 및 임대업, 사업 시설 관리 및 사업 지원 서비스업, 교육 서비스업, 보건업 및 사회복지 서비스업, 예술·스포츠 및 여가 관련 서비스업, 협회 및 단체·수리 및 기타 개인 서비스업, 중앙 및 지자체, 공공기관"에 이른다. 콜센터는 전산업 분야에 걸쳐 정말 어디에나 존재한다.

**29** 현지조사를 시작한 2014년 9월 나는 디지털단지에 있는 콜센터 업체들에 관한 정보를 얻을 요량으로 서울디지털산업단지 내에 위치한 민주노동 산하 '노동자의 미래' 사무소를 방문했다. 그런데 상임 노무사로부터 뜻밖의 대답을 듣게 되었다. 자신들도 이렇게 큰 단지 내 어느 곳에 콜센터가 있는지 몰라 감정노동 문제의 심각성을 알고 단지 내 콜센터 여성 상담사들을 지원하고 싶은데도 접근을 하지 못하고 있다는 것이었다. 그러면서 사례 하나를 들려주었다. 당시 '노동자의 미래' 사무소는 부당한 업무를 신고 받고 상담을 해주고 있었는데, 한번은 익명의 콜센터 여성 상담사로부터 연락이 왔다. 그녀는 업체의 부당한 업무 지시를 알렸고, 사무소는 그녀를 대신해 노동부에 신고하려 했지만 결국 당사자의 거부로 좌절되었다. 그녀는 익명임에도 업체로부터 받을 혹시 모를 불이익을 두려워했으며, 결국 이직을 하는 것으로 사건이 일단락되었다. 디지털단지 내 노동조합의 결성은커녕 개인이 부당한 처우에 항변하는 것조차 두려운 현실이었다.

**30** 「화려해진 옛 구로공단… 노동자 삶은 되레 후퇴」, 『한겨레』 2012. 1. 8. 원문의 그림을 다시 그렸다.(일러스트: 채황)

## 2장 담배 연기 속 한숨들의 무덤

**1** 김의경 『콜센터』, 광화문글방 2018, 7~8면.

**2** 같은 책 「작가의 말」, 225~26면.

**3** Shehzad Nadeem, *Dead Ringers: How Outsourcing Is Changing the Way Indians Understand Themselves*, Princeton University Press 2011, 48~49면.

**4** 콜센터 여성 상담사의 높은 흡연율은 그동안 여러 경로를 통해 발표되었다. 그 수치를 보면 37%(20대 47.5%, 30대 43.8%, 40대 9.8%, 서울특별시 울산대학교 산학협

력단 2012), 26%(10대 42.6%, 20대 36.7%, 30대 22.5%, 40대 9.0%, 금천구청 2013), 18.9%(한국노동사회연구소 2014)로 한국 성인 여성 평균 흡연율인 6.2%(20대 9.1%, 30대 6.9%, 40대 6.2%, 국민건강영양조사 2013)에 비해 월등히 높다.

5 한국 사회에서 여성의 흡연을 금기시하는 사회적 통념은 여성 흡연자가 여전히 자신의 흡연 사실을 공개하기 꺼려한다는 사실을 통해 간접적으로 확인할 수 있다. 실제로 자가 보고에 따른 흡연율이 5.9%인데 반해 소변정밀검사(코티닌 검사)를 통해 확인된 흡연율은 약 13.9%(2008년 기준)에 달했다. Jung-Choi KH et al., "Hidden Female Smokers in Asia: A Comparison of Self-Reported with Cotinine-Verified Smoking Prevalence Rates in Representative National Data from an Asian Population," *Tobacco Control* 21권 6호(2012) 536~42면.

6 메리 더글러스 『순수와 위험』, 유제분·이훈상 옮김, 현대미학사 1997, 68~69면.

7 미셸 푸코 『감시와 처벌』, 오생근 옮김, 나남출판 2003, 309~23면.

8 이것은 콜센터의 취직 요건과 밀접히 연관되어 있다. 콜센터는 경력 유무와 상관없이 고졸 이상이라면 취업의 기회(주로 파트타임이나 계약직)를 얻을 수 있다. 또한 이직률이 높아 콜센터 상담사를 뽑는 광고도 쉽게 접할 수 있고, 기본급도 120만원 가량 되기에 특별한 경력이 없는 20대 젊은 여성 및 경력이 단절된 30, 40대 주부들이 취직을 많이 하는 편이다. 따라서 콜센터에 취직하는 여성들이 상대적으로 연령이 낮고 학력도 낮기 때문에 결과적으로 흡연율이 높은 여성 집단과 연결된다. 물론 이것을 일반화해서는 안 되겠지만, 이러한 판단은 여러 상담사와의 인터뷰를 통해서도 직접 확인할 수 있었다.

9 실제 인지심리학에서는 흡연과 니코틴 껌이 시각과 청각 신호 탐지 모두를 향상시키며, 또한 니코틴은 장시간 지속되는 경계 업무(vigilance task)에서 수행 능력의 저하를 감소시킨다고 받아들여지고 있다. David Krogh, *Smoking: The Artificial Passion*, W. H. Freeman & Co 1992; 엔서니 에스게이트·데이비드 그룸 『응용인지심리학』, 이영애·이나경 옮김, 시그마프레스 2008 참조.

10 William Jankowiak and Daniel Bradburd, "Using Drug Foods to Capture and Enhance Labor Performance," *Current Anthropology* 37권 4호(1996) 717~20면.

11 여기에서 언급되는 흡연 여성은 주로 20, 30대 여성을 의미한다. 한국콜센터의 연령별 흡연율이 20대 47.5%, 30대 43.8%, 40대 9.8%이기 때문에 이 책에 등장하는 흡연 여성은 주로 가임기 연령대인 20, 30대 여성이다. 실제 내가 인터뷰한 여성 중 40대 여성은 한명뿐이었으며 나머지는 모두 20, 30대였다.

**12** 이를 '구색 갖추기'라고 표현할 수 있는 것은 실제 해당 캠페인이 진행 중일 때 내가 센터 내에서 이동 금연 상담을 진행했기 때문이다. 상금이라는 부수적인 이득을 원했던 참가자도 분명 있었지만, 실제로 금연을 결심하고 나에게 정기적으로 상담받기를 원했던 참가자들에게 회사는 업무에 방해가 된다며 단 5분의 상담 시간조차 쉽게 허락해주지 않았다. 결국 대다수의 참가자가 그저 상금을 바라보며 스스로의 힘으로 담배를 끊어야만 했다.

**13** Lorraine Greaves, *Smoke Screen: Women's Smoking and Social Control*, Fernwood Publishing 1996.

**14** 레슬리 도열 『무엇이 여성을 병들게 하는가』, 김남순 외 옮김, 한울 2010, 301면.

**15** 어빙 고프먼 『스티그마』, 윤선길·정기현 옮김, 한신대학교출판부 2009.

**16** L. H. Yang, A. Kleinman, B. G. Link, J. C. Phelan, S. Lee and B. Good, "Culture and Stigma: Adding Moral Experience to Stigma Theory," *Social Science & Medicine* 64권 7호(2007) 1524~35면.

**17** 사회학자 브루스 링크(Bruce Link)와 조 펠란(Jo Phelan)에 따르면 낙인은 다섯가지 사회적 기능을 갖는다. 첫째 꼬리표 붙이기, 둘째 정형화하기, 셋째 분리, 넷째 지위 상실, 다섯째 차별이다. 이들은 이 같은 낙인의 기능을 생성하는 가장 핵심적인 요소가 사회적·경제적·정치적 권력에 있다고 보았다. 이러한 해석은 "오물이 있는 곳에는 반드시 체계가 존재"한다는 인류학자 더글러스의 관점과 맥을 같이한다. 즉 어떠한 대상이 오염된 것으로 낙인찍힐 경우 그것은 특정한 권력 집단에 의해 만들어진 체계가 존재할 수 있음을 고려할 수 있다. B. G. Link and J. C. Phelan, "Conceptualizing Stigma," *Annual Review of Sociology* 27권(2001) 363~85면; 메리 더글러스, 앞의 책 69면.

## 3장 감정 이상의 노동 현장, 콜센터

**1** 송민지 「콜센터 여성노동자들의 노동경험에 관한 연구」, 중앙대학교 대학원 사회학과 석사학위 논문 2014.

**2** Jamie Woodcock, *Working the Phones: Control and Resistance in Call Centres*, Pluto Press 2016.

**3** 김의경 『콜센터』, 광화문글방 2018, 38~39면.

**4** 「일하는 당신 행복하십니까? 1부 병든 웃음, 감정노동」, KBS 2015. 5. 21; 「스펀지」

KBS 2012. 8. 17.

**5** 미국의 사회학자 앨리 러셀 혹실드(Arlie Russell Hochschild)는 감정노동을 "개인
의 기분을 다스려 얼굴 표정이나 신체 표현을 통해 외부에 드러내 보이는 것"이라
고 설명한다. 그녀를 필두로 그동안 서비스 노동의 부수적 측면으로 여겨졌던 감정
노동이 논의의 중심부로 이동하게 되었다. 앨리 러셀 혹실드 『감정노동』, 이가람 옮
김, 이매진 2009, 21면 참조.

**6** 희정 『노동자, 쓰러지다』, 오월의봄 2014, 317~18면에서 재인용.

**7** 「"더이상 백화점 일 하고 싶지 않다" 한 감정노동자의 극단적 선택」, 『매일경제』
2013. 7. 10.

**8** 희정, 앞의 책 119~42면.

**9** 「KT 직원 또 투신 자살… 전환 배치 후 노동 스트레스」, 『경향신문』 2011. 7. 18.

**10** 「콜센터 여직원은 왜 울릉도 전봇대를 타야 했나?」, 『프레시안』 2011. 12. 22.

**11** 2015년 1월 17일에 개최된 '노동자 건강권 포럼'(1부 감정노동자, 이제 보호의 품
안으로)에서 기업소비자전문가협회(1984년 설립)의 임원으로부터 감정노동에 대
한 콜센터 사업주 측의 의견을 들을 수 있었다.

**12** 금천구청 『금천 디지털산업단지 여성건강관리사업 위탁운영 사업보고서』, 단국대
학교병원 2013.

**13** A. Arkin, "Call Centre Stress," *People Management* 3권 3호(1997) 22~27면.

**14** S. Apostol, "Are Call Centres the Sweatshops of the 20th Century?" *Call Centre
Focus* 2권 5호(1996).

**15** Simon Roncoroni, "Call Centres Could Become Tomorrow's Dark Satanic Mills,"
*Institute of Personnel and Development* 1997년 6월호.

**16** 테일러리즘은 과학적 경영관리 기법을 창안한 프레더릭 테일러(Frederick Taylor)
의 이름에서 딴 용어다. 이 관리 기법은 노동생산성을 극대화하기 위해 주어진 업
무를 최대한 빠르고 효율적으로 수행할 수 있는 시간 및 동작을 연구하고 이를 바
탕으로 모든 작업 공정을 표준화하여 지침을 만든다. 테일러는 노동력 향상을 위해
목표량을 설정하고 차별적 성과급제를 시행하는 것을 강조했다. Peter Bain, Aileen
Watson, Gareth Mulvey, Phil Taylor and Gregor Gall, "Taylorism, Targets and the
Pursuit of Quantity and Quality by Call Centre Management," *New Technology,
Work and Employment* 17권 3호(2002) 170~85면 참조.

**17** Deborah Cameron, *Good to Talk?: Living and Working in a Communication Culture*,

SAGE Publications Ltd, 2000.

**18** Shehzad Nadeem, *Dead Ringers: How Outsourcing Is Changing the Way Indians Understand Themselves*, Princeton University Press 2011, 132~33면.

**19** Sue Fernie and David Metcalf, *(Not) Hanging on the Telephone: Payment Systems in the New Sweatshops*, Centre for Economic Performance, London School of Economics and Political Science 1998.

**20** 한국노동사회연구소에서 발간한 보고서에 공개된 콜센터 상담사들의 경우 다음과 같이 여러 질병에 대해 높은 유병률을 보였다(2014년 기준). 두통 및 안구 통증(90.4%), 전신 피로(87.3%), 불면증 혹은 수면장애(59.4%), 청각 문제(53.9%), 위 통증(51%), 피부 문제(40.8%), 호흡 불편감(18.6%), 심혈관 질병(8.6%). 이외에도 근육골격계 통증(3개월 이내)과 관련해서는 어깨(88.8%), 목(83.6%), 손목 및 전완부(75.7%), 무릎(43%), 발목 및 족부(30.8%) 등의 통증이 있었다. 『서울시 120다산콜센터 고용구조와 노동환경 개선방향 연구 보고서』, 한국노동사회연구소 2014 참조.

**21** Arthur Kleinman, "Pain and Resistance: The Delegitimation and Relegitimaton of Local Worlds," *Pain as Human Experience: An Anthropological Perspective*, University of California Press 1994, 169~97면.

**22** Shehzad Nadeem, 앞의 책 48면.

**23** 공황장애와 스트레스와의 연관성에 대한 기본적 논의는 다음을 참조하기 바란다. Shari L. Wade, Scott M. Monroe and Larry K. Michelson, "Chronic Life Stress and Treatment Outcome in Agoraphobia with Panic Attacks, *The American Journal of Psychiatry* 150권 5호(1993) 1491~95면. 공황장애 발생에 있어 스트레스 요인의 상대적 차이에 대해 아프리카계 미국인을 중심으로 다룬 다음의 논문도 참조하기 바란다. Steven Friedman and Cheryl Paradis, "Panic Disorder in African‑Americans: Symptomatology and Isolated Sleep Paralysis," *Culture, Medicine and Psychiatry* 26권 2호(2002) 179~98면.

**24** 베셀 반 데어 콜크 『몸은 기억한다』, 제효영 옮김, 을유문화사 2016.

**25** 정동(情動, affect)이라는 단어는 의학, 인문학, 사회과학 등 분야에 따라 그 의미와 활용도가 다르다. 심리학과 의학 영역에서 사용되는 정의를 따르면 정동은 "희로애락과 같이 일시적으로 급격히 일어나는 감정. 진행 중인 사고 과정이 멎게 되거나 신체 변화가 뒤따르는 강렬한 감정 상태"를 말한다(표준국어대사전 참조).

**26** Kathleen Lynch, "Affective Equality: Who cares?" *Development* 52권 3호(2009)

410~15면.

**27** John Baker, Kathleen Lynch, Sara Cantillon and Judy Walsh, *Equality: From Theory to Action*, Palgrave Macmillan 2004; 캐슬린 린치 외 『정동적 평등』, 강순원 옮김, 한울 2016.

## 4장 어느 상담사의 하루

**1** 해당 내용은 하은씨와의 공식, 비공식 면담 내용을 기반으로 재구성한 것이다. 당연히 허구나 과장은 없으나, 개인정보 등 문제가 될 수 있는 부분에 한해서는 제한적으로 각색한 부분이 있음을 밝힌다.

## 5장 코로나19 팬데믹이 들춰낸 콜센터의 현주소

**1** 관련해서는 다음의 기고를 참조하길 바란다. 「'코로나' 콜센터 상담사가 비난받을 대상인가」, 『프레시안』 2020. 3. 12.

**2** Shin Young Park et al., "Coronavirus Disease Outbreak in Call Center, South Korea," *Emerging Infectious Diseases* 26권 8호(2020) 1666면.

**3** 같은 글. 원문의 그림을 다시 그렸다.(일러스트: 채황)

**4** 구로 콜센터에서 손해보험회사로부터 하청을 받아 운영하던 M 전문업체는 수많은 민간기업 및 공기업의 업무를 대행해주는 굴지의 기업이다. 약 1만여명의 상담사를 고용하고 있으며 매출이 연 3,000억원에 달한다고 한다. 최재혁「제2금융권 콜센터 노동자 중 75%는 하청 노동자」, 전국사무금융서비스노동조합 2020. 5.

**5** 금천구청 『금천 디지털산업단지 여성건강관리사업 위탁운영 사업보고서』, 단국대학교병원 2013, 79면 참조. 원문의 그림을 다시 그렸다.(일러스트: 채황)

**6** 「김지윤의 이브닝쇼」, TBS 2020. 3. 11.

**7** 「'집단감염' 구로 콜센터 다시 가보니… 유리창에 붙은 '마음의 벽'」, 『동아일보』 2020. 5. 22.

**8** 대한콜센터의 원청회사는 상담사 90% 정도를 하청업체를 통해 고용하고, 약 10%는 원청이 무기계약직으로 직접고용하고 있었다. 똑같이 무기계약직 상담사이지만 소속에 따라 대우가 전혀 달랐다고 한다. 원청 소속 상담사는 사내 어린이집을 이용할 수 있고 월급과 보너스에 있어서도 월등히 나은 대접을 받고 있었다. 같은 일

을 하더라도 직접고용과 간접고용의 차이를 너무나 명확하게 보여주는 사례라 할 수 있다.

**9** Margaret Wetherell, *Affect and Emotion: A New Social Science Understanding*, SAGE Publications Ltd 2012, 106~107면.

**10** 질 들뢰즈 외 『비물질노동과 다중』, 서창현 외 옮김, 갈무리 2005, 33면.

**11** 이와 관련하여 국내에서도 정동 개념을 활용해 정치적 논쟁점들을 해석하려 한 시도들이 있다. 대표적으로 권명아의 두 저서 『무한히 정치적인 외로움』(갈무리 2012)과 『여자떼 공포, 젠더 어펙트』(갈무리 2019)를 들 수 있다.

## 6장 상담사들의 노동운동 도전기

**1** 『콜센터 텔레마케터 여성비정규직 인권상황 실태조사』 자료집, 국가인권위원회 2009, 11면.

**2** 여기서 추가로 이 흡연의례에 대해 이야기하자면, 과거 1980년 후반 마산수출자유지구의 여성 노동자에 대한 인류학 연구를 진행했던 김승경은 현장연구 당시 자신의 흡연 사실을 여공들에게 숨겼다고 한다. 이때만 하더라도 여공들은 여성의 흡연을 부적절하게 생각했다. 그런데 나의 경우는 정반대였다. 내가 만났던 여성 상담사들, 특히 미래콜센터 노동조합 여성 상담사들 중에는 흡연자가 많았다. 그래서 나는 오히려 콜센터 조합원을 만날 때 내가 비흡연자라는 사실을 숨기고 함께 흡연을 했다. 시대가 달라져 여공을 연구했던 김승경과 콜센터 여성 상담사를 연구한 나는 흡연을 대하는 자세가 정반대였다. Kim, Seung-Kyung, *Class Struggle or Family Struggle?: The Lives of Women Factory Workers in South Korea*, Cambridge University Press 1997.

**3** 주디스 버틀러 『젠더 트러블』, 조현준 옮김, 문학동네 2008.

**4** Iris Marion Young, "Throwing Like a Girl: A Phenomenology of Feminine Body Comportment Motility and Spatiality," *Human studies* 3권 2호(1980) 137~56면.

**5** Thomas J. Csordas, "Embodiment as a Paradigm for Anthropology," *Ethos* 18권 1호 (1990) 5~47면.

**6** 여기에서 내가 사용한 '보이지 않는 끈'과 '몸틀'이라는 표현은 '몸의 현상학'을 주창한 프랑스 철학자 모리스 메를로퐁티(Maurice Merleau-Ponty)의 논의를 따른 것이다. 내가 메를로퐁티의 몸 현상학에 주목한 이유는 그가 강조한 몸의 '운

동 지향성'(motor intentionality) 때문이다. 메를로퐁티는 지향성 개념을 현상학의 중심적인 발견으로 소개하며 이것이 "모든 의식은 무엇에 대한 의식이다"라는 독일의 현상학적 철학자 에드문트 후설(Edmund Husserl)의 주장에서 비롯된 것으로 보았다. 후설이 의식의 지향성을 강조했다면, 메를로퐁티는 신체의 지향성을 새로이 주창했다. 그는 몸 자체를 "살아 있는 의미들의 총체"로 보았으며, 몸이 마치 세상과 **보이지 않는 끈**(invisible thread)으로 연결되어 지향성을 지닌다고 여겼다. 특히 그는 몸을 "어떠한 과제를 향한 자세"로 표현하며, 이렇게 세계에로(in-and-toward world) 지향하는 몸의 표현 방식을 **몸틀**(body schema)이라 불렀다. 여기서 몸틀 개념을 이해하기 위해서는 메를로퐁티가 '객관적 몸'과 다르다고 강조한 '현상적 몸'(phenomenal body)에 대한 이해가 필요하다. 그는 몸의 공간성을 위치의 공간성이 아닌 상황의 공간성이라 보았다. 즉 몸은 단순히 공간에 위치하는 것이 아니라 어떠한 상황을 향해 위치 지어지며, 그러한 의미에서 객관적 몸이 아닌 현상적 몸이라 불렀다. 이와 관련해 그는 비유적으로 몸의 공간을 마치 영화 장면이 잘 보이게 하는 데 필요한 영화관의 어둠과 같다고 주장했다. 몸은 항상 지향하고 있는 과제와 관계 맺는 몸의 부분에만 초점을 맞추고 나머지는 암막처럼 처리된다고 본 것이다. 예를 들어 [그림 6-3]에 나온 상담사의 삽화 속 모습은 불만스러운 고객 앞에서 쩔쩔매는 몸의 실천에 초점이 맞춰져 있다. 목소리, 숨소리는 물론 얼굴의 표정, 손동작까지 일련의 행동은 그 상황에 맞게 각각의 위치들을 찾아간다. 나머지 신체 부위와 행동들은 어두운 배경일 뿐이다. Maurice Merleau-Ponty, *Phenomenology of Perception*, tr. Donald A. Landes, Routledge 2011; 모리스 메를로퐁티 『지각의 현상학』, 류의근 옮김, 문학과지성사 2002.

**7** 상담사들은 매달 업무 테스트를 위해 테스트 일주일 전부터 업무 종료 후 남아서 1시간씩 교육을 받아야 했다. 테스트는 25분 동안 총 스무개의 문제를 풀어야 하는데, 스무개가 넘는 과목에서 한 과목당 한 문제가 나오며, 테스트 결과는 개개인의 급여에 반영되었다. 테스트 결과로 세개 업체를 비교 평가하기 때문에 제일 성적이 좋지 않은 업체의 경우 성적 하위자들을 모아 업무 시간 외에 재시험을 보거나 추가 교육을 시킨 후 틀린 문제를 여러번 적어 제출하게 했다. 소위 '나머지 공부' 같은 것으로 상담사들은 어린 학생 취급받는 듯해 자괴감이 들었다고 이야기했다.

**8** 김종우 「감정노동은 어떻게 감정노동이 되었는가」, 『한국사회학회 2012년 전기 사회학대회 논문집』, 한국사회학회 2012, 981~97면.

**9** 원 스트라이크 아웃제란 상담사가 욕설 및 성희롱 등을 하는 악성 콜을 그 즉시 끊

을 수 있는 제도를 말한다. 이전에는 이 같은 악성 콜에 대해서 삼진 아웃 제도, 즉 세번까지 유예를 두고서 끊을 수 있도록 했다. 문제는 세번까지 지나오는 과정에서 상담사가 적절하게 조치했는지 여부가 평가된다는 점이다. 이로 인해 대부분의 상담사가 그 같은 평가 과정 중 업체로부터 부당한 대우를 받는 것이 두려워 악성 콜을 끊지 않고 그대로 감내하는 사례가 많았다.

**10** 모리스 메를로퐁티, 앞의 책 680면.

**11** 여기서 계약직 노동자가 정규직으로 전환되어야 한다는 부분에서 오해가 있을 수 있다. 이때의 정규직이라는 표현은 실제로는 무기계약직, 즉 '기간의 정함이 없는 근로계약을 체결'한 노동자를 말한다. 무기계약직의 경우 기간제 노동자보다 안정적이지만 급여와 수당 등은 정규직과 차이가 나기 때문에 일명 '중규직'이라고 불린다. 정규직의 경우 채용 방식이 일반적으로 공개채용시험을 통해서 이루어지고 승진을 할 수 있다. 반면 무기계약직의 경우 주로 추천이나 면접을 통해 채용이 이루어지며 승진이 없다는 차이점이 있다. 그동안 노동계에서는 계약직으로 2년 이상 근속해 무기계약직으로 전환된 경우에도 정규직과 차별 없이 급여와 수당을 지급하기를 요구해왔다. 2020년 1월 13일 대법원은 대전 MBC 계약직 사원에 대한 판결에서 무기계약직 사원을 정규직과 임금 차별해서는 안 된다는 판결을 내리기도 했다. 자세한 기사 내용은 다음을 참고하길 바란다. 「대법원 "무기계약직과 정규직, 특별한 사정 없이 차별 안 돼"」, 『중앙일보』 2020. 1. 14.

**12** 보통 노동조합은 규모에 따라 지부-지회-분회로 구분된다. 즉 분회는 지회에, 지회는 지부에 속한다. 미래콜센터 노동조합의 경우 미래콜센터 지부 밑에 세개의 하청업체 지회가 소속되어 있다. 미래콜센터 지부의 지부장은 설희씨이며 여기 소속된 세명의 지회장이 있고, 그중 한명이 우경씨다.

**13** 조혁진 외 『성별화된 노동시장과 여성중심직종 노동자의 이해대변』, 한국노동연구원 2020, 182면.

## 7장 일단 몸부터 펴고 이야기합시다

**1** 「현장을 살리는 몸펴기생활운동」, 『매일노동뉴스』 2015. 12. 22.

**2** 여기서 '여러 몸'이라는 표현은 네덜란드 인류학자 아네마리 몰(Annemarie Mol)의 여러 몸(the body multiple) 논의를 염두에 둔 표현이다. 몰은 네덜란드의 하지동맥경화증 환자들에 대한 민족지 연구를 통해 서구의학의 존재론적 정치학

의 한계를 벗어난 새로운 몸 존재론을 제시하며, 자신의 이 같은 민족지 연구를 일종의 경험철학이라 부른다. 그녀가 경험철학이라 명명한 것은 실제(reality)에 대한 존재론적 탐구에 있어 경험적 관찰의 중요성을 강조하기 위함이다. 여기서 관찰 대상은 바로 몸들의 실천(practice)이다. 몰은 실제라는 것을 고정되고 불변하는 것으로 여기지 않고 실천들에 의해 상연(上演)되어지는 실제(a reality enacted)로 설명한다. 따라서 몰은 자신의 연구를 '실천기술지'(praxiography)로, 스스로를 '실천기술자'(praxiographer)로 명명하며, 몸에 대한 연구의 '실천기술지적 전환'(praxiographic shift)의 필요성을 역설한다. 몰은 시각으로 목격 가능한 외부적 특성이 아닌 몸속 상황을 추적한다. 그것은 다리의 좁아진 혈관을 통과하는 혈액의 흐름 정도(하지동맥죽상경화증 환자 연구)와 온몸을 순환하는 혈액 속 당 수치(당뇨병 환자의 저혈당 연구)이다. 그녀가 다룬 주제들은 모두 질병의 진단 기준을 이루는 척도, 스케일이 실제 환자에게서 고정된 것이 아니라는 특징들을 지닌다. 혈액 속의 당 농도는 다양한 요소들에 의해 실시간으로 변하며 혈액의 흐름 또한 마찬가지이다. 여기에 환자의 행동, 증상, 감정 등이 지속적으로 결정적인 영향을 준다. 또한 가족, 의사 등 타인에게 자신의 상태를 확인받고 수시로 교정할 수 있다. 즉 그녀는 질병을 '질병을 행하다'(doing disease)라 일컬으며, 같은 의미에서 '상연되는 질병'(disease enacted)이라 설명한다. 이렇게 질병을 진단하고 치료하는 하나의 몸은 고정되고 경계가 명확히 정해진 통일된 '단일한 전체'가 아니며, 끊임없이 여러 요인이 영향을 주고받는 반투과성 특징을 지니고 있다고 설명한다. 그래서 우리가 실행하는 몸(body-we-do)은 단일한 몸이 아니라 여러 몸에 가깝다고 본다. Mol 2002; Mol and Law 2004.

**3** 인류학자 브렌다 파넬은 그동안 동적인 몸(moving bodies)에 대한 여러 논의를 진행해왔다. 그녀는 1980년대 이후로 기존의 몸에 대한 논의를 크게 두가지로 분류한다. 문화적 해석의 대상으로서 '몸에 대한 이야기'(talk about the body), 그리고 주관적 경험에 관한 현상학적 영역으로서 '몸의 이야기'(talk of the body)가 그것이다. 파넬은 이 두가지 흐름에서 상대적으로 주목받지 못했던 '몸으로부터의 이야기'(talk from the body), 즉 기호학적으로 충만한 공간에서 역동적으로 체현된 행동을 강조한다. 그녀는 그동안 인류학자들이 현지조사 중 언어를 습득하는 데 들이는 노력만큼 일상에서 관찰되는 생활기술과 같은 시각 및 운동감각 행동들(visual-kinesthetic acts)에 대해서는 외면해왔음을 지적한다. 즉 역동적으로 체현된 행동이 조사할 가치가 있는 문화적 지식을 구성한다고 인식하지 못하고 언어만큼 **행동기호**

체계(action sign system)에 마땅한 관심을 쏟지 않았음을 비판한 것이다. 결과적으로 그녀는 오랫동안 여러 사회문화적 이론에서 몸이 부재해왔다고 말한다. 물론 파넬은 몸에 대한 기존의 논의들이 지닌 가치에 대해서도 주목하지만, 이 같은 학술적 논의들이 기본적으로 마음에서 분리된 정적이고 수동적인 몸을 다루고 있다고 분석하며 이를 '움직이는 몸의 부재'라고 지적한다. 따라서 그녀는 몸의 움직임이 지닌 기호학적 가치에 주목한다. 파넬은 이에 춤 인류학과 인간 움직임에 대한 인류학 영역에서만 다루어졌던 움직임 기록법의 가치를 소개한다. 특히 독일 출신의 루돌프 폰라반의 기보법을 통해 움직이는 몸을 기록하고 그것의 기호적 가치를 분석하는 데 집중한다. 예를 들면 원주민 의례의 춤, 동작 등을 기보법으로 기록하고 그 속에 담긴 보편적·특수적 기호들을 찾아내려 시도했고 이를 통해 몸을 적극적 행위성을 지닌 것으로 받아들였다. Farnell 1994, 1999, 2000, 2012.

**4** 주디스 버틀러는 젠더에 대한 논의에서 몸의 '수행성'(performativity)을 역설한 대표적 학자로 꼽힌다. 버틀러는 두권의 책『젠더 트러블』(*Gender Trouble*, 1990)과 『의미를 체현하는 육체』(*Bodies That Matter*, 1993)를 통해 기존의 몸 담론에서 배제되어 왔던 페미니즘적 시각을 수행성이라는 개념을 통해 접근한다. 특히 이러한 수행성 개념은 성에 대한 권력의 형성과 관련하여 중요한 이론적 근거를 제공해준다. 버틀러는 생물학적 성에 근거한 가부장적 여성성과 이것에 근거한 성규범을 지속시키는 힘이 여성들의 '반복적 행동'에서 기인한다고 본다. 그녀는 이 같은 반복에 의해 여성성이 확립되어온 역사가 감춰진다고 지적하며, 권력이 행동을 이끌어내는 것이 아니라 반복된 행동이 곧 권력임을 강조한다.

**5** 루돌프 폰라반이 국내 인문학 및 사회과학 영역에서 제대로 소개된 적은 없으나 주로 무용 이론과 관련된 학문 분야에서는 꾸준히 소개·연구되어왔다. 폰라반이 가장 잘 소개된 입문서로는 신상미·김재리『몸과 움직임 읽기』(이화여자대학교출판부 2010)가 있으며, 관련된 최근 번역서로는 페기 해크니『몸 움직임 세상 연결하기』(신상미·김재리 옮김, 대경북스 2015), 워렌 램·엘리자베스 왓슨『몸 코드』(신상미·전유오 옮김, 궁미디어 2017) 등이 있다.

**6** 신상미·김재리『몸과 움직임 읽기』, 80면.

**7** 같은 책 88~89면.

**1** 오언 존스 『차브』, 이세영·안병률 옮김, 북인더갭 2014, 217~18면.

**2** 필수 업무의 구체적 범위는 다음과 같다. 첫째 보건·의료, 돌봄 서비스 등 국민의 생명, 신체의 보호와 직결되는 업무, 둘째 사회적 거리두기 등 비대면 사회의 안정적인 유지를 위한 택배·배송, 환경미화, 콜센터 업무 등, 셋째 산업 전반에 큰 영향을 미치는 대중교통 등 여객 운송 등의 업무가 있다.

**3** 「"돌봄·콜센터 등 필수 노동자에 희생 강요… 대책 마련해야"」, 『파이낸셜뉴스』 2021. 3. 11.

**4** 이미 2007년에 한국을 포함한 20개국이 참여한 '콜센터 국제연구 네트워크'(Global Call Center Research Network)가 콜센터 국제 리포트 *The Global Call Center Report: International Perspectives on Management and Employment*(Batt, Holman and Holtgrewe 2007)를 발간했을 정도로 콜센터 산업의 발전 및 확산은 한국에만 국한된 이야기가 아니다.

**5** 8장은 현장연구와 인터뷰를 중심으로 한 이 책의 다른 장보다 다소 딱딱한 설명 위주의 이야기가 될 수 있을 것이다. 그렇지만 나는 한국의 여성 상담사들이 자신들이 몸담고 있는 이 콜센터 산업을 폭넓은 관점에서 바라보는 데 도움이 될 글이 필요하다고 생각했다. 이 장은 이러한 취지에서 시작되었다.

**6** Celia Stanworth, "Telework and the Information Age," *New Technology, Work and Employment* 13권 1호(1998) 51~62면.

**7** 데이비드 그레이버 『불쉿 잡』, 김병화 옮김, 민음사 2021.

**8** 그레이버는 최근 관찰되는 '엉터리 직종'을 다섯가지로 구분했다. 첫째 'flunky'는 허드레꾼을 뜻하는 단어로 출판사의 접수원처럼 꼭 필요하지 않으나 고용주를 잘 보이게 만들려고 생긴 직종이다. 둘째 'goon'은 폭력배를 뜻하는 것으로 군대처럼 다른 사람이 소유하지 않으면 존재할 필요가 없는 직종을 뜻한다. 기업 변호사와 텔레마케터가 예로 제시된다. 셋째 'duct taper'는 배관공사 때 주로 사용하는 강력 접착제인 덕트 테이프를 사용한 표현으로 비가 새는 지붕을 고치지 않고 고인 빗물만 퍼 나르는 직종을 빗대는 말이다. 문제의 본질을 해결하지 않고 부수적인 것만 해결하기 위해 고용된 사람들을 뜻한다. 넷째 'box ticker'는 형식적으로 항목만 체크하는 사람이라는 뜻으로 조사만 시행하느라 시간을 낭비하고 실제 조사의 대상이 되는 문제를 해결하는 데 시간을 할애하지 못하는 직종들을 가리킨다. 다섯째

'task master'는 중간관계자를 뜻하는 말로 감시가 필요 없는데도 감시를 하도록 고용된 사람들을 말한다.

**9** Vivienne Hunt, "Call Centre Work for Women: Career or Stopgap?" *Labour & Industry* 14권 3호(2004) 139~53면.

**10** Peter Bain and Phil Taylor, "Entrapped by the 'Electronic Panopticon'?: Worker Resistance in the Call Centre," *New Technology, Work and Employment* 15권 1호(2002) 2~18면.

**11** Sue Fernie and David Metcalf, *(Not) Hanging on the Telephone: Payment Systems in the New Sweatshops*, Centre for Economic Performance, London School of Economics and Political Science 1998.

**12** 영국 내 가장 큰 노동조합인 유나이트(Unite)의 위원장 후보 제러드 코인(Gerard Coyne)은 2017년 4월 1일 영국 잉글랜드 지역신문과의 인터뷰에서 콜센터를 1900년대 전후 아동 노동력을 활용했던 대규모 방직공장(Victorian mills)에 비유했다. 코인은 콜센터의 제로 아워 계약직, 실적 평가제, 지속적인 업무 압박, 노동인권 부실, 적절한 휴식 시간 없는 장시간 근무 등의 특징들이 방직공장과 다를 바 없다고 지적했다.

**13** "Nappy Threat to Call Centre Staff," *The Guardian* 2001. 2. 21.

**14** Joanna Biggs, *All Day Long: A Portrait of Britain at Work*, Serpent's Tail 2015.

**15** Brophy 2011, 59면.

**16** Jamie Woodcock, *Working the Phones: Control and Resistance in Call Centres*, Pluto Press 2016, 159~60면.

**17** Raj Chengappa and Malini Goyal, "Housekeepers to the World," *India Today* 2002. 11. 18.

**18** Shehzad Nadeem, *Dead Ringers: How Outsourcing Is Changing the Way Indians Understand Themselves*, Princeton University Press 2011, 55면.

**19** 셀마 손택(Selma K. Sonntag)은 언어의 국제화 현상에 대한 세가지 개념을 제시한다. 첫째 '언어 제국주의'는 전세계적으로 영어가 가진 우월한 위치에 대한 지적으로 영어와 다른 언어 사이의 문화적 불평등을 의미한다. 둘째 '언어 헤게모니'는 인도와 같은 특별한 상황을 설명하는 것으로 인도에서 영어가 교육 과정과 시민들의 일상 속에서 토착화되어가고 있음을 지적한 것이다. 그 결과 인도식 영어가 (제국주의적) 강요에 의해서가 아니라 (헤게모니적) 동의를 기반으로 '디폴트 언어'로

서의 지위를 지니게 되었다고 말한다. 마지막으로 '언어 코스모폴리터니즘'은 국제적 교류에서의 언어 경험과 같이 다양한 문화적 경험을 선택하는 개인들의 자유로운 행위성을 강조하는 개념이다. Selma K. Sonntag, "Linguistic Globalization and the Call Center Industry: Imperialism, Hegemony or Cosmopolitanism?" *Language Policy* 8권 1호(2009) 5~25면 참조.

**20** '데드 링어'는 미국에서 너무나 흡사하게 닮은 사람을 가리킬 때 사용하는 비유적 표현이다. 나딤은 자신이 관찰한 인도의 상담사들이 이름부터 표준화된 발음, 직장 내 문화 및 구조, 라이프 스타일과 정체성까지 미국의 소비자와 유사하도록 강요받고 있는 현실을 표현하고자 했다. 나딤이 쓴 인도 콜센터를 다룬 민족지 기반의 책 제목은 '데드 링어'이고, 부제는 '어떻게 아웃소싱이 인도인들이 스스로를 이해하는 방식을 변화시켰는가'이다. Shehzad Nadeem, 앞의 책 9면.

**21** Babu P. Rames, "'Cyber Coolies' in BPO: Insecurities and Vulnerabilities of Non-Standard Work," *Economic and Political Weekly* 39권 5호(2004) 492~97면.

**22** J. K. Tina Basi, *Women, Identity and India's Call Centre Industry*, Routledge 2009.

**23** Shehzad Nadeem, 앞의 책 55~56면.

**24** 같은 책 48~49면. 필자 번역 및 강조.

**25** 조사에 따르면 인도의 일반 성인 남녀의 흡연율이 각각 약 32.7%와 1.4%인데 비해, 콜센터 상담사들의 궐련담배 흡연율은 남성 39%, 여성 5.5%로 높다. G. A. Mishra, P. V. Majmudar, S. D. Gupta, P. S. Rane, N. M. Hardikar and S. S. Shastri, "Call Centre Employees and Tobacco Dependence: Making a Difference," *Indian Journal of Cancer* 47권 1호(2010) 43~52면 참조.

**26** Amandeep Singh Sandhu, "Globalization of Services and the Making of a New Global Labor Force in India's Silicon Valley," Sociology Ph. D. University of California Santa Barbara 2008, 158~72면.

**27** Carla Freeman, *High Tech and High Heels in the Global Economy: Women, Work, and Pink Collar Identities in the Caribbean*, Duke University Press 2000.

**28** 프라임경제 편집부 『2016 컨택센터 산업총람』, 프라임경제 2015.

**29** 「고객 감정 읽고, '그놈 목소리' 차단… 4조 시장으로 커진 콜센터의 진화」, 『한국경제』 2018. 4. 16.

**30** 업체의 규모에 따라 나열하면 메타넷엠플랫폼, 티시스, 한국고용정보, 고려휴먼스, 유베이스, 트랜스코스모스코리아, 제니엘, 프리머스HR, 한국코퍼레이션, 유니에스,

리딩아이, 에이스휴먼파워, 효성ITX 등이 있다.

**31** 여덟곳의 원청기업에는 에이스손해보험, 신한생명, 메트라이프, 오렌지라이프, 처브라이프, IBK연금보험, KB국민카드, 롯데카드가 해당한다.

**32** 예를 들면 KB국민카드의 경우 한국고용정보, 고려휴먼스, 프리머스HR, MG신용정보 등 네곳과 하청을 맺고 있다.

**33** 실제로 앞서 소개한 메타넷엠플랫폼의 경우 보고된 자료에 따르면 2018년 매출액이 3,246억원이며, 2019년 9월 기준 고용한 상담원이 총 6,094명(여성 5,260명[86%], 남성 834명[14%])에 다다른다. 이렇게 대규모의 인원을 고용하여 다수의 하청 업무를 진행하고 있는 곳이지만, 소속된 상담사들의 평균 근속 연수(여성 2.4년, 남성 1.4년)와 평균 급여액(연 환산 시 여성 2,010만원, 남성 1,530만원) 추산치를 보았을 때 불안정한 고용 조건 속 저임금 고강도의 업무에 노출되어 있음을 어렵지 않게 예측할 수 있다. 최재혁「제2금융권 콜센터 노동자 중 75%는 하청 노동자」, 전국사무금융서비스노동조합 2020. 5. 참조.

**34**『콜센터 종사원 직업건강 가이드라인』, 고용노동부 및 한국산업안전보건공단 2013;『공공부문 감정노동 가이드라인』, 고용노동부 및 한국산업안전보건공단 2015;『여성 감정노동자 인권가이드』, 국가인권위원회 2011;「서울특별시 감정노동 종사자의 권리보호 등에 관한 조례」, 서울시의회 2016.

**35** 비슷한 시기의 자료를 비교할 때 영국은 여성 상담사의 비율이 70%(Belt et al. 2002), 인도의 경우 80%(McMillin 2006), 한국은 98%(국가인권위원회 2008)였다. 가장 최근에 확인된 국내 자료에 의하면 사무금융 부문의 콜센터의 여성 상담사 비율이 88.4%로 보고되고 있는데, 여전히 높은 수치라 할 수 있다(사무금융 우분투재단 외 2020).

**36**「"콜센터 상담원이라니 인생 막장까지 왔다는데…"」,『프레시안』2013. 9. 4. 해당 기사 내용 중 남성 상담사가 주변에 "콜 일을 한다"라고 이야기하자 "너 인생 막장까지 왔구나"라는 답변을 들었다고 한다.

**37** 이것은 업체 측도 마찬가지다. 쉽게 뽑을 수 있는 여성 상담사들이 악성 고객, 민원 고객의 폭언 등으로 괴롭힘을 당해도 상담사를 보호하기보다는 마치 그럴 수도 있다는 듯, 그래서 상담사가 근본적 원인을 제공했다는 듯 2차 갑질을 보여주는 업체들이 존재한다.

**38** 15세 이상 성인 여성의 흡연율에 대한 세계보건기구의 자료에 근거했다.

**39** 콜센터에서 현지조사를 시행한 2012년 당시 20대 초반의 한 여성 상담사는 콜센터

취직 이후 거칠었던 자신의 말투가 공손해졌다며 부모님과 주변 사람들이 칭찬해 주는 것을 만족스럽게 생각하며 이야기하곤 했다. 그녀도 센터 내에서 흡연을 하고 있었지만, '천생 여자'로 보이기를 원해서 가급적 센터 밖에서는 흡연 사실을 최대한 감추려 했다. 이 책의 2장 참조.

**40** Ursula Huws, *Labor in the Global Digital Economy: The Cybertariat Comes of Age*, Monthly Review Press 2014.

**41** 어슐러 휴즈 『싸이버타리아트』, 신기섭 옮김, 갈무리 2004, 47면.

**42** 같은 책 21면.

**43** Ursula Huws, Neil H. Spencer and Dag S. Syrdal, "Online, on Call: The Spread of Digitally Organised Just-in-Time Working and Its Implications for Standard Employment Models," *New Technology, Work and Employment* 33권 2호(2018) 113~29면.

**44** 자칫 인도의 경우 고학력의 젊은 여성들이 콜센터에서 근무하며 인도 내에서는 상대적으로 높은 임금을 받고 있다는 사실로 인해 휴즈의 지적에서 예외라고 생각할지도 모른다. 그러나 휴즈가 인도의 콜센터 상담사를 대표적 사이버타리아로 생각했듯이, 인도 여성 상담사에게 지급되는 임금은 영국에서 현지 여성 상담사를 고용하여 지급하는 월급과 비교할 때 낮은 수준이라 할 수 있다. 여기서 발생하는 차익 때문에 결국 영국계 회사들이 인도로 고객센터를 아웃소싱하는 것이다.

## 에필로그 콜키퍼 선언

**1** 2009년 한국에 『감정노동』으로 번역된 미국 사회학자 앨리 러셀 혹실드의 책 *The Managed Heart*는 1983년에 출간되었다.

**2** 이는 네덜란드 철학자 스피노자의 정의에 따른 것이다. 자세한 설명은 다음의 책을 참고하기 바란다. Brian Massumi, *Politics of affect*, Polity 2015, 208면.

**3** Nick J. Fox and Pam Alldred, *Sociology and the New Materialism: Theory, Research, Action*, SAGE Publications Ltd 2016, 137면.

**4** "Why Call Centers Might Be The Most Radical Workplaces In The Philippines," *BuzzFeed News* 2016. 4. 16.

**5** Emmanuel David, "Purple-Collar Labor: Transgender Workers and Queer Value at Global Call Centers in the Philippines," *Gender & Society* 29권 2호(2015) 169~94면.

# 참고문헌

김관욱 「콜센터 여성의 노동과 흡연, 그리고 주체성」, 서울대학교 대학원 인류학과 석사학위 논문 2013.

_____ 「'오염'된 공간과 몸 만들기: 콜센터의 노동통제 및 여성흡연자의 낙인 형성 과정」, 『한국문화인류학』 48권 2호, 2015.

_____ 「'미소 띤 ARS': 메를로퐁티의 몸 현상학으로 본 콜센터 여성 상담사의 감정 '이상의' 노동」, 『한국문화인류학』 51권 1호, 2018a.

_____ 「저항의 무게: 콜센터 여성 상담사의 노동조합 형성에 대한 몸의 현상학」, 『한국문화인류학』 51권 1호, 2018b.

_____ 「'여러 몸'의 진짜 주인되기: 노동운동으로서의 생활운동에 대한 경험철학적 민족지」, 『한국문화인류학』 52권 3호, 2019.

_____ 「"과일 바구니, 식혜, 붉은진드기 그리고 벽": 코로나19 사태 속 콜센터 상담사의 정동과 건강-어셈블리지」, 『한국문화인류학』 53권 3호, 2020.

_____ 「필수노동자인가 사이버타리아(cybertariat)인가: 영국, 인도, 한국 콜센터 여성 상담사에 대한 비교를 중심으로」, 『비교문화연구』 27권 1호, 2021.

김종우 「감정노동은 어떻게 감정노동이 되었는가: 한국의 중앙일간지 보도와 감정노동 담론형성 유형」, 『한국사회학회 2012년 전기 사회학대회 논문집』, 한국사회학회

2012.

램, 워렌·엘리자베스 왓슨 『몸 코드』, 신상미·전유오 옮김, 궁미디어 2017.

박홍주 「감정노동, 여성의 눈으로 다시 보기」, 『인물과사상』 2006년 11월호.

송민지 「콜센터 여성 노동자들의 노동경험에 관한 연구」, 중앙대학교 대학원 사회학과 석사학위 논문 2014.

신경아 「감정노동의 구조적 원인과 결과의 개인화: 콜센터 여성 노동자의 사례연구」, 『산업노동연구』 15권 2호, 2009.

신상미·김재리 『몸과 움직임 읽기: 라반 움직임 분석의 이론과 실제』, 이화여자대학교 출판부 2010.

윤세준·김상표·김은민 「감정노동: 조직의 감정표현 규범에 관한 질적연구」, 『산업노동 연구』 6권 1호, 2000.

이승윤·조혁진 「콜센터 하청 노동자의 불안정한 고용관계와 사회보장제 경험에 대한 질적 연구」, 『사회보장연구』 35권 2호, 2019.

정진주 외 『감정노동의 시대, 누구를 위한 감정인가?: 이론부터 대안까지』, 한울아카데 미 2017.

정형옥 「텔레마케터(Telemarketer)로 일하는 여성 노동자의 노동 경험」, 『성평등연구』 9호, 2005.

존스, 오언 『차브: 영국식 잉여 유발사건』, 이세영·안병률 옮김, 북인더갭 2014.

프라임경제 편집부 『2016 컨택센터 산업총람』, 프라임경제 2015.

해크니, 페기 『몸 움직임 세상 연결하기』, 신상미·김재리 옮김, 대경북스 2015.

휴즈, 어슐러 『싸이버타리아트』, 신기섭 옮김, 갈무리 2004.


Bain, Peter and Phil Taylor. "Entrapped by the 'Electronic Panopticon'?: Worker Resistance in the Call Centre." *New Technology, Work and Employment* vol.15 no.1 2002.

Basi, J. K. Tina. *Women, Identity and India's Call Centre Industry*. Routledge 2009.

Belt, Vicki. "A Female Ghetto?: Women's Careers in Call Centres." *Human Resource Management Journal* vol.12 no.4 2002.

Belt, Vicki, Ranald Richardson, and Juliet Webster. "Women, Social Skill and Interactive Service Work in Telephone Call Centres." *New Technology, Work and Employment* vol.17 no.1 2002.

Bhuyar, P., A. Banerjee, H. Pandve, P. Padmnabhan, A. Patil, S. Duggirala, S. Rajan and S. Chaudhury. "Mental, Physical and Social Health Problems of Call Centre Workers." *Industrial Psychiatry Journal* vol.17 no.1 2008.

Biggs, Joanna. *All Day Long: A Portrait of Britain at Work*. Serpent's Tail 2015.

Bourdieu, Pierre. "The Social Space and the Genesis of Groups." *Theory and Society* vol.14 no.6 1985.

Breathnach, Proinnsias. "Globalisation, Information Technology and the Emergence of Niche Transnational Cities: The Growth of the Call Centre Sector in Dublin." *Geoforum* vol.31 no.4 2000.

Brophy, Enda. *Language Put to Work: The Making of the Global Call Centre Workforce*. Springer 2017.

Buchanan, Ruth and Sarah Koch-Schulte. "Gender on the Line: Technology, Restructuring and the Reorganization of Work in the Call Centre Industry, Policy Report." 2000. 10.

Butler, Judith. *Gender Trouble*. Routledge 1990.

_____. *Bodies That Matter: On the Discursive Limits of Sex*. Routledge 1993.

Chae, Suhong. "Spinning Work and Weaving Life: The Politics of Production in a Capitalist Multinational Textile Factory in Vietnam." Ph.D. Dissertation, The City University of New York 2003.

Chengappa, Raj and Malini Goyal. "Housekeepers to the World." *India Today* 2002. 11. 18.

D'Cruz, Premilla and Ernesto Noronha. "Experiencing Depersonalised Bullying: A Study of Indian Call-Centre Agents." *Work Organisation, Labour and Globalisation* vol.3 no.1 2009.

D'Cruz, Premilla and Charlotte Rayner. "Bullying in the Indian Workplace: A Study of the ITES-BPO Sector." *Economic and Industrial Democracy* vol.34 no.4 2013.

Datamonitor. *Call Centres in Europe 1997-2002*. Datamonitor 1998.

Downey, John and Natalie Fenton. "Global Capital, Local Resistance? Trade Unions, National Newspapers and the Symbolic Contestation of Offshoring in the UK." *Current Sociology* vol.55 no.5 2007.

Farnell, Brenda. "Ethno-Graphics and the Moving Body." *Man* 1994.

_____. "Moving Bodies, Acting Selves." *Annual Review of Anthropology* vol.28 no.1 1999.

_____. "Getting out of the Habitus: An Alternative Model of Dynamically Embodied Social Action." *Journal of the Royal Anthropological Institute* vol.6 no.3 2000.

_____. *Dynamic Embodiment for Social Theory: I Move Therefore I Am.* Routledge 2012.

Fernie, Sue and David Metcalf. "(Not) Hanging on the Telephone: Payment Systems in the New Sweatshops." Centre for Economic Performance, London School of Economics and Political Science 1998.

Freeman, Carla. *High Tech and High Heels in the Global Economy: Women, Work, and Pink Collar Identities in the Caribbean.* Duke University Press 2000.

Fröbel, Folker, Jürgen Heinrichs and Otto Kreye. *The New International Division of Labour: Structural Unemployment in Industrialised Countries and Industrialisation in Developing Countries.* Cambridge University Press 1980.

Graeber, David. "On the Phenomenon of Bullshit Jobs: A Work Rant." *Strike! Magazine* no.3 2013.

_____. "5 Types of Bullsh't Jobs with David Graeber." *The Real News Network* 2017. 5. 9.

Hunt, Vivienne. "Call Centre Work for Women: Career or Stopgap?" *Labour & Industry: A Journal of the Social and Economic Relations of Work* vol.14 no.3 2004.

Huws, Ursula. *Labor in the Global Digital Economy: The Cybertariat Comes of Age.* Monthly Review Press 2014.

Huws, Ursula and Colin Leys. *The Making of a Cybertariat: Virtual Work in a Real World.* Monthly Review Press 2003.

Huws, Ursula, Neil H. Spencer and Dag S. Syrdal. "Online, on Call: The Spread of Digitally Organised Just–in–Time Working and Its Implications for Standard Employment Models." *New Technology, Work and Employment* vol.33 no.2 2018.

Joseph, Manu. "God, Sex, and Call Centres." *The Times of India* 2006. 10. 23.

Kim, Hyun Mee. "Labor, Politics, and the Women Subject in Contemporary Korea." Ph.D. Dissertation. University of Washington 1995.

Kim, Seung-Kyung. "Capitalism, Patriarchy, and Autonomy: Women Factory Workers in the Korean Economic Miracle." Ph.D. Dissertation. The City University of New York 1990.

Lee, Ching Kwan. *Gender and the South China Miracle: Two worlds of Factory Women.* University of California Press 1998.

McMillin, Divya C. "Outsourcing Identities: Call Centres and Cultural Transformation in India." *Economic and Political Weekly* vol.43 no.3 2006.

Mirchandani, Kiran. "Practices of Global Capital: Gaps, Cracks and Ironies in Transnational Call Centres in India." *Global Networks* vol.4 no.4 2004a.

_____. "Webs of Resistance in Transnational Call Centres." *Identity Politics at Work: Resisting Gender, Gendering Resistance.* edited by Robyn Thomas, Albert Mills and Jean Helms Mills. Routledge 2004b.

_____. "Flesh in Voice: The No-Touch Embodiment of Transnational Customer Service Workers." *Organization* vol.22 no.6 2015.

Mishra, G. A., P. V. Majmudar, S. D. Gupta, P. S. Rane, N. M. Hardikar, and S. S. Shastri. "Call Centre Employees and Tobacco Dependence: Making a Difference." *Indian Journal of Cancer* vol.47 no.5 2010.

Mol, Annemarie. *The Body Multiple: Ontology in Medical Practice.* Duke University Press 2002.

Mol, Annemarie and John Law. "Embodied Action, Enacted Bodies: The Example of Hypoglycaemia." *Body & Society* vol.10 no.2-3 2004.

Nadeem, Shehzad. *Dead Ringers: How Outsourcing Is Changing the Way Indians Understand Themselves.* Princeton University Press 2011.

Nasscom-McKinsey. *Extending India's Leadership of the Global IT and BPO Industries.* Nasscom-McKinsey Report 2005.

Nash, June C. and María Patricia Fernández-Kelly eds. *Women, Men, and the International Division of Labor.* SUNY Press 1984.

Ngai, Pun. *Made in China: Women Factory Workers in a Global Workplace.* Duke University Press 2005.

Ong, Aihwa. *Spirits of Resistance and Capitalist Discipline: Factory Women in Malaysia.* SUNY Press 2010(1987).

Pal, Amitabh. "Indian by Day, American by Night: The Call Center Industry in India

Fosters an Identity Crisis." *The Progressive* vol.68 no.8 2004.

Pangsapa, Piya. *Textures of Struggle: The Emergence of Resistance among Garment Workers in Thailand.* ILR Press 2007.

Park S, Kim Y, Yi S et al. "Coronavirus Disease Outbreak in Call Center, South Korea." *Emerging Infectious Diseases* vol.26 no.8 2020.

Patel, Reena. "Working the Night Shift: Gender and the Global Economy." *ACME: An International E-Journal for Critical Geographies* vol.5 no.1 2006.

Raja, Jeyapal Dinesh and Sanjiv Kumar Bhasin. "Health Issues amongst Call Center Employees, an Emerging Occupational Group in India." *Indian Journal of Community Medicine* vol.39 no.3 2014.

Ramesh, Babu P. " 'Cyber Coolies' in BPO: Insecurities and Vulnerabilities of Non-Standard Work." *Economic and Political Weekly* vol.39 no.5 2004.

Richardson, Ranald and J. Neill Marshall. "The Growth of Telephone Call Centres in Peripheral Areas of Britain: Evidence from Tyne and Wear." *Area* vol.28 no.3 1996.

Richardson, Ranald and Vicki Belt. "Saved by the Bell?: Call Centres and Economic Development in Less Favoured Regions." *Economic and Industrial Democracy* vol.22 no.1 2001.

Rothstein, Frances and Michael L. Blim eds. *Anthropology and the Global Factory.* J F Bergin & Garvey 1991.

Sandhu, Amandeep Singh. "Globalization of Services and the Making of a New Global Labor Force in India's Silicon Valley." Sociology Ph.D. University of California Santa Barbara 2008.

Shome, Raka. "Thinking through the Diaspora Call Centers, India, and a New Politics of Hybridity." *International Journal of Cultural Studies* vol.9 no.1 2006.

Sonntag, Selma K. "Linguistic Globalization and the Call Center Industry: Imperialism, Hegemony or Cosmopolitanism?" *Language Policy* vol.8 no.1 2009.

Stanworth, Celia. "Telework and the Information Age." *New Technology, Work and Employment* vol.13 no.1 1998.

Stone, Katherine Van Wezel. "Legal Protections for Atypical Employees: Employment Law for Workers without Workplaces and Employees without Employers." *Berkeley Journal of Employment and Labor Law* vol.27, no.2 2006.

Sudhashree, V. P., K. Rohith and K. Shrinivas. "Issues and Concerns of Health among Call Center Employees." *Indian Journal of Occupational and Environmental Medicine* vol.9 no.3 2005.

Taylor, Phil. *Covid-19: Contact/Call Centre Workers in Scotland.* GIRUY Press 2020.

Taylor, Phil and Peter Bain. "Call Centre Offshoring to India: The Revenge of History?" *Labour & Industry: A Journal of the Social and Economic Relations of Work* vol.14 no.3 2004.

_____. "'India Calling to the Far Away Towns': The Call Centre Labour Process and Globalization." *Work, Employment and Society* vol.19 no.2 2005.

Taylor, Philip, Ernesto Noronha, Dora Scholarios and Premilla D'Cruz. "Employee Voice and Collective Formation in Indian ITES-BPO Industry." *Economic and Political Weekly* vol.43 no.22 2008.

Warren, Jonathan. "Living the Call Centre: Global, Local, Work, Life, Interfaces." School of Applied Social Sciences Ph.D. Dissertation. Durham University 2011.

Wolf, Diane L. *Factory Daughters: Gender, Household Dynamics, and Rural Industrialization in Java.* University of California Press 1994.

Woodcock, Jamie. *Working the Phones: Control and Resistance in Call Centres.* Pluto Press 2016.

# 이미지 출처

20면 1-1 미디어오늘

35면 1-8 크라운제약

71면 2-4 Public Domain

89면 2-5 서울시 강동구 보건소

125면 3-1 사진 제공자 동의 후 게재

128면 3-2 사진 제공자 동의 후 게재

158면 4-1 사진 제공자 동의 후 게재

164면 4-2 사진 제공자 동의 후 게재

171면 4-3 사진 제공자 동의 후 게재

236면 6-2 미래콜센터 노동조합

245면 6-4 사진 제공자 동의 후 게재

254면 6-6 이동수

281면 7-2 (사)몸펴기생활운동협회

283면 7-3 사진 제공자 동의 후 게재

295면 7-4 사진 제공자 동의 후 게재

305면 7-5 (사)몸펴기생활운동협회

313면 8-1 연합뉴스

※별도로 출처를 밝히지 않은 사진은 저자가 촬영한 것이다.